兰州大学新型智库试点单位建设项目资金资助
(Supported by project of experimental unit construction of new think-tank of Lanzhou University)
(项目编号：2022jbkyzx014)

乡村振兴水平测度与评价

基于省、市、县、村多维度实证与经验

毛锦凰 著

MEASUREMENT AND EVALUATION OF RURAL REVITALIZATION LEVEL:
AN EMPIRICAL ANALYSIS OF MULTI-DIMENSIONAL ADMINISTRATIVE AREAS

县域经济与乡村振兴丛书

中国社会科学出版社

图书在版编目（CIP）数据

乡村振兴水平测度与评价：基于省、市、县、村多维度实证与经验／毛锦凰著． —北京：中国社会科学出版社，2023.7

（县域经济与乡村振兴丛书）

ISBN 978－7－5227－2091－3

Ⅰ.①乡… Ⅱ.①毛… Ⅲ.①农村—社会主义建设—研究—中国 Ⅳ.①F320.3

中国国家版本馆 CIP 数据核字(2023)第 112719 号

出版人	赵剑英
责任编辑	孔继萍
责任校对	杨　林
责任印制	郝美娜

出　　版	中国社会科学出版社
社　　址	北京鼓楼西大街甲 158 号
邮　　编	100720
网　　址	http://www.csspw.cn
发 行 部	010－84083685
门 市 部	010－84029450
经　　销	新华书店及其他书店

印刷装订	北京市十月印刷有限公司
版　　次	2023 年 7 月第 1 版
印　　次	2023 年 7 月第 1 次印刷

开　　本	710×1000　1/16
印　　张	18
插　　页	2
字　　数	273 千字
定　　价	98.00 元

凡购买中国社会科学出版社图书，如有质量问题请与本社营销中心联系调换
电话：010－84083683
版权所有　侵权必究

前　言

民族要复兴，乡村必振兴。实施乡村振兴战略，是党的十九大做出的重大决策部署，是决胜全面建成小康社会、全面建设社会主义现代化国家的重大历史任务，是新时代"三农"工作的总抓手，在我国"三农"发展进程中具有划时代的里程碑意义。

农业农村农民问题是关系到国计民生的根本性问题。没有农业农村的现代化，就没有国家的现代化。党的十八大以来，以习近平同志为核心的党中央团结带领全党全国各族人民，打赢了人类历史上规模空前、力度最大、惠及人口最多的脱贫攻坚战，历史性地解决了农村绝对贫困问题。脱贫攻坚战的全面胜利，标志着我们党在团结带领人民创造美好生活、实现共同富裕的道路上迈出了坚实的一大步。脱贫摘帽不是终点，而是新生活、新奋斗的起点。习近平总书记强调，脱贫攻坚取得胜利后，要全面推进乡村振兴，这是"三农"工作重心的历史性转移。[①] 在向第二个百年奋斗目标迈进的历史关口，巩固和拓展脱贫攻坚成果，全面推进乡村振兴，加快农业农村现代化，是需要全党高度重视的一个关系大局的重大问题。

习近平总书记在党的十九大报告中明确指出："中国特色社会主义进入新时代，我国社会主要矛盾已经转化为人民日益增长的美好生活需要和不平衡不充分的发展之间的矛盾。"当前，我国发展不平衡不充分的问题在乡村最为突出，我国仍处于并将长期处于社会主义初级阶段的特征很大程度上表现在乡村。全面建设社会主义现代化强国，最艰巨最繁重

[①] 《谱写农业农村改革发展新的华彩乐章——习近平总书记关于"三农"工作重要论述综述》，《人民日报》2021年9月23日。

的任务在农村,最广泛最深厚的基础在农村,最大的潜力和后劲也在农村。乡村是具有自然、社会、经济特征的地域综合体,兼具生产、生活、生态、文化等多重功能,与城镇互促互进、共生共存,共同构成人类活动的主要空间。乡村兴则国家兴,乡村衰则国家衰。在中国特色社会主义新时代,乡村是一个可以大有作为的广阔天地,迎来了难得的发展机遇。实施乡村振兴战略,是解决新时代我国社会主要矛盾、实现"两个一百年"奋斗目标和中华民族伟大复兴中国梦的必然要求,具有重大现实意义和深远历史意义。

党的二十大报告指出,全面推进乡村振兴,坚持农业农村优先发展,巩固拓展脱贫攻坚成果,加快建设农业强国,扎实推动乡村产业、人才、文化、生态、组织振兴。全面推进乡村振兴,就是要坚持农业农村优先发展,进一步调整理顺工农城乡关系,在要素配置上优先满足,在资源条件上优先保障,在公共服务上优先安排,加快农业农村经济发展,加快补齐农村公共服务、基础设施和信息流通等方面短板,不断缩小城乡差距,让农业成为有奔头的产业,让农民成为有吸引力的职业,让农村成为安居乐业的家园。全面推进乡村振兴就是要按照产业兴旺、生态宜居、乡风文明、治理有效、生活富裕的总要求,建立健全城乡融合发展体制机制和政策体系,实现乡村产业振兴、人才振兴、文化振兴、生态振兴、组织振兴,推动农业全面升级、农村全面进步、农民全面发展。

我们党高度重视乡村振兴战略的实施,并做出了三步走的战略部署:到2020年,乡村振兴取得重要进展,制度框架和政策体系基本形成;到2035年,乡村振兴取得决定性进展,农业农村现代化基本实现;到2050年,乡村全面振兴,农业强、农村美、农民富全面实现。在顺利实现第一阶段目标之后,全面推进乡村振兴开启了我国农业农村现代化新征程,阶段目标的实现不仅需要扎实推进乡村振兴政策的执行,还迫切需要对乡村振兴战略的实施进程和成果进行量化评价,这有助于各地清晰认识自身乡村振兴的现实水平,并采取针对性政策和措施推进乡村振兴战略实施进程。

本书围绕"产业兴旺、生态宜居、乡风文明、治理有效、生活富裕"的总要求,综合应用经济学、社会学、统计学、地理学等多学科的理论和方法，全面梳理了乡村振兴战略的提出背景和理论基础，并对当前学术界关于乡村振兴水平评价的研究进行了系统回顾，从省域、市域、县域、村域四个层面多维度科学评价乡村振兴水平，并对我国乡村振兴战略实施情况和甘肃省乡村战略实施情况进行中期评估，深入分析乡村振兴战略实施以来取得的成就与面临的问题和不足，为全面推进乡村振兴，实现宜居宜业和美乡村建设，促进农业农村现代化具有重要的理论与实践指导意义。

目 录

第一章 评价类研究的基本原理 …………………………………… （1）
    第一节 什么是评价类研究 ………………………………… （1）
    第二节 为什么开展评价类研究 …………………………… （2）
    第三节 怎样开展评价类研究 ……………………………… （3）

第二章 乡村振兴水平评价的重要意义 ………………………… （4）
    第一节 乡村振兴的内涵 …………………………………… （4）
    第二节 乡村振兴评价的原理 ……………………………… （14）
    第三节 乡村振兴评价的重要意义 ………………………… （18）

第三章 乡村振兴水平评价指标的选取 ………………………… （22）
    第一节 评价指标选取原则 ………………………………… （22）
    第二节 产业兴旺类评价指标 ……………………………… （25）
    第三节 生态宜居类评价指标 ……………………………… （30）
    第四节 乡风文明类评价指标 ……………………………… （34）
    第五节 治理有效类评价指标 ……………………………… （38）
    第六节 生活富裕类评价指标 ……………………………… （43）

第四章 评价指标权重的确定 …………………………………… （49）
    第一节 主观赋权法 ………………………………………… （49）
    第二节 客观赋权法 ………………………………………… （54）
    第三节 综合赋权法 ………………………………………… （60）

第五章　评价得分的计算 …………………………………………（64）
　　第一节　直接加总法 ………………………………………（64）
　　第二节　比值加总法 ………………………………………（65）
　　第三节　逼近理想解法（TOPSIS）………………………（65）

第六章　省域乡村振兴水平评价 …………………………………（68）
　　第一节　指标选取原则 ……………………………………（69）
　　第二节　评价指标的选取 …………………………………（70）
　　第三节　评价结果与分析 …………………………………（72）

第七章　市域乡村振兴水平评价 …………………………………（91）
　　第一节　评价指标的选取 …………………………………（92）
　　第二节　评价结果与分析 …………………………………（96）
　　第三节　甘肃省乡村振兴水平评价与建议 ………………（108）

第八章　县域乡村振兴水平评价 …………………………………（111）
　　第一节　研究区域概况 ……………………………………（112）
　　第二节　评价指标选取 ……………………………………（114）
　　第三节　评价结果展示与简要分析 ………………………（121）

第九章　村域乡村振兴水平评价 …………………………………（135）
　　第一节　评价指标的选取 …………………………………（136）
　　第二节　评价结果展示与简要分析 ………………………（139）

第十章　巩固拓展脱贫攻坚成果同乡村振兴有效衔接 …………（147）
　　第一节　巩固拓展脱贫攻坚成果的重要意义 ……………（147）
　　第二节　巩固拓展脱贫攻坚成果的措施 …………………（153）
　　第三节　巩固拓展脱贫攻坚成果与乡村振兴的关系 ……（158）
　　第四节　巩固拓展脱贫攻坚成果同乡村振兴有效衔接 …（166）

第十一章　我国《乡村振兴战略规划（2018—2022年）》实施情况分析 ………………………………………………………… (176)
　第一节　乡村振兴总要求完成情况 ………………………………… (176)
　第二节　重大项目工程完成情况 …………………………………… (181)
　第三节　"十四五"时期全国农村工作整体方略……………………… (184)

第十二章　《甘肃省乡村振兴战略实施规划（2018—2022年）》实施情况分析 …………………………………………………… (186)
　第一节　甘肃省乡村振兴总要求完成情况 ………………………… (187)
　第二节　重大项目工程完成情况 …………………………………… (192)
　第三节　"十四五"时期甘肃省乡村振兴战略实施重点…………… (195)

第十三章　乡村振兴典型案例分析 ……………………………………… (201)
　第一节　发展全域旅游，促进乡村产业振兴 ……………………… (201)
　第二节　繁荣乡村文化，助推乡村文化振兴 ……………………… (214)
　第三节　打造生态宜居环境，实现乡村生态振兴 ………………… (225)
　第四节　多措并举夯基础，推动乡村人才振兴 …………………… (239)
　第五节　激发基层党组织动能，推进乡村组织振兴 ……………… (251)

参考文献 ………………………………………………………………………… (263)

附　录 …………………………………………………………………………… (266)

第 一 章

评价类研究的基本原理

本章将按照"是什么—为什么—怎么做"的研究范式,从定义的角度分析评价类研究的内涵,并对评价类研究的目的和开展方式进行系统介绍。

第一节 什么是评价类研究

评价也可称作评估,通常是指根据一定的标准去判断某一特定系统的整体或系统内部诸多要素和环节的结构与功能的状态,判断系统产出的数量和质量水平与预定目标的差距等基本情况,从而得到特定信息的过程。评价的过程是一个综合咨询、观察和计算等方法的复合分析。评价类研究就是依据明确的目标,按照一定的标准,采用科学的方法,对评价对象的功能、结果、属性等进行量化,并对量化结果做出的价值性判断。评价类研究具有明确的目的和具体的目标,它以一定的客观事实资料为评价依据,必须对资料按照评价指标项进行加权的量化再处理,同时必须对量化后的结果做出价值性判断。政策评价作为一种对公共政策效益、效率和价值进行综合评价的政治行为,是政策运行过程中的一个重要环节。通过政策评价,人们不仅能够判定某一政策本身的质量和价值,从而决定政策的延续、革新或终结,而且还能够对政策过程各个阶段进行全面系统的考察和分析,总结经验,吸取教训,为以后的政策实践提供良好的基础。而多目标综合评价则是为对评价对象的社会、经济、技术、环境等因素的综合价值进行权衡、比较、优选和决策的活动。

第二节　为什么开展评价类研究

评价类研究的主要目的表现在政策前评价、政策中评价和政策后评价三个方面。政策前评价研究可以分析比较不同的政策方案，并指出每个方案的可行性以及相对的优缺点。政策中评价研究主要是对于政策执行过程中具体行为的评价研究，从而发现问题和障碍，以便进行调整。政策后评价研究主要是对已完成的政策产生的效益进行检查总结，确定是否达到预期目标。因此，评价类研究开展的主要目的为实现评价、预测和监控功能。

预测功能是指通过建立评价指标体系，在政策实施前确认政策实施的可行性，化解不必要的政策风险并找出漏洞，保证地方政府政策的顺利实施。评价指标为政府的未来工作规划了发展方向，提供了发展的范围。评价类研究是根据已经占有的数据资料，在对过去和现在进行分析的基础上，探索我国地方政府政策的客观变化规律，从而对未来可能的发展变化趋势做出预测。地方政府政策评价指标的数据统计为未来政策的效果、风险及各个实施程序进行监控与追踪，体现对地方政府已实施政策的综合、分析、总结，延伸到对地方政府未实施政策的导向功能。

监控功能是指在政策实施过程中，实现对于政策的监督和控制功能，也就是要确保用最低的成本换取政策调控效益最大化。监控功能是确保政策顺利实施的重要保障，也是政策实施过程中进行激励和实施效果评价的基础。激励功能是指在评价指标的设定上综合分析地方经济及社会发展的实际，并对政策效果进行评估和激励。评价指标有利于激励地方政府政策实施趋向可持续性和科学性，有利于资源的合理配置，有利于实现地方经济与社会的均衡发展。

本书对于乡村振兴水平的评价研究主要表现在政策中评价研究，其意义主要体现在：一方面可以检测政策的实施进程；另一方面通过总结梳理战略推进中的偏误和不足，从而引导相关政策的调整。

第三节　怎样开展评价类研究

开展评价类研究首先要以设计原则为依据，构建评价指标体系。主要包括选取相关科学的指标、调研指标数据、确定目标值、选择合适的评价方法等内容。在选取相关指标时，要以评估对象的具体特征和差异性为基础，同时兼顾指标之间的内在联系，确定指标的空间与时间尺度和指标选择的层级等因素。地方政府政策从微观目标上看包括资源配置和收入分配，宏观目标包括稳定和发展。具体而言，评价指标就是确保政策的效应能够达到实现地方收入分配公平、实现充分就业、经济稳定发展和社会生活质量的提高。政府政策使社会公众满意度在各个方面达到均衡。

在选择合适的评价方法方面，要考虑赋权方法的选择和得分计算等因素。之后要根据评价指标体系进行定量分析，找出政策实施阶段中的问题，并提出解决对策。

常用评价方法的选择大概分为两种情况：一种情况是我们掌握了现成的数据。在这种情况下，又要考虑几种情形：一是评价结果需不需要排序，如果需要排序，可以应用的方法有因子分析法、功效系数法、距离评价法、主成分分析法等；二是通过分析数据，还需要找出数据中包含的指标起主要作用的，即判断影响问题解决的关键因素，则可以应用主成分分析法、解释结构模型等；三是根据数据的特征来决定，即因为数据有可能是区间型的，则需要用区间评价方法，有可能是模糊的，则可以应用模糊评价方法，还有一些是随机数据，则可以考虑用判别分析法。还有一种可能，就是可能对三种形式的数据采用聚类分析法和神经网络法。从整体来说，这几种方法，都有一定的主观性，即可以体现决策者的偏好。如果不需要体现决策者的决策偏好，我们有时候就可以采用灰色关联度法或熵权法。另外一种情况，就是我们没有掌握现成的数据。这个时候，还需要我们应用一定的方法测度一些我们需要的数据。在这种情况下，我们经常可以采用的方法有：李克特量表、解释结构模型、平衡计分卡、层次分析法等。

第 二 章

乡村振兴水平评价的重要意义

本章从解构乡村振兴和乡村振兴评价两个角度进行分析。从乡村振兴角度，结合甘肃省乡村振兴战略落实情况，综合分析了乡村振兴政策的提出背景、战略意义、发展目标与方向。在乡村振兴评价部分，本章综合介绍了乡村振兴评价的原理与评价的重要意义。

第一节　乡村振兴的内涵

一　解构乡村振兴

（一）指导思想

全面贯彻党的十九大、二十大精神，以习近平新时代中国特色社会主义思想为指导，加强党对"三农"工作的领导，坚持稳中求进工作总基调，牢固树立新发展理念，落实高质量发展的要求，紧紧围绕统筹推进"五位一体"总体布局和协调推进"四个全面"战略布局，坚持把解决好"三农"问题作为全党工作重中之重，坚持农业农村优先发展，按照产业兴旺、生态宜居、乡风文明、治理有效、生活富裕的总要求，建立健全城乡融合发展体制机制和政策体系，统筹推进农村经济建设、政治建设、文化建设、社会建设、生态文明建设和党的建设，加快推进乡村治理体系和治理能力现代化，加快推进农业农村现代化，走中国特色社会主义乡村振兴道路，让农业成为有奔头的产业，让农民成为有吸引力的职业，让农村成为安居乐业的美丽家园。

（二）目标任务

到 2035 年，乡村振兴取得决定性进展，农业农村现代化基本实现。

农业结构得到根本性改善，农民就业质量显著提高，相对贫困进一步缓解，共同富裕迈出坚实步伐；城乡基本公共服务均等化基本实现，城乡融合发展体制机制更加完善；乡风文明达到新高度，乡村治理体系更加完善；农村生态环境根本好转，美丽宜居乡村基本实现。到2050年，乡村全面振兴，农业强、农村美、农民富全面实现。

（三）基本原则

一是坚持党管农村工作原则。毫不动摇地坚持与增强党对农村工作的领导，健全党管农村工作方面的领导体制机制以及党内法规，保证党在农村工作中始终总揽全局、协调各方，给乡村振兴提供坚强有力的政治保证。二是坚持优先发展农业农村原则。将实现乡村振兴作为全党的共同意志、共同行动，做到认识统一、步调一致，在干部配备上优先考虑，在要素配置上优先满足，在资金投入上优先保证好，在公共服务上优先安排好，加速补齐农业农村短板。三是坚持农民主体地位原则。充分尊重农民意愿，切实发挥农民在乡村振兴中的主体作用，将亿万农民的积极性、主动性、创造性调动起来，把维护农民群众根本利益、促进农民共同富裕作为出发点和落脚点，促进农民持续增收，不断增强农民的获得感、幸福感、安全感。四是要坚持乡村文化建设全面振兴原则。准确把握乡村振兴的科学内涵，挖掘乡村多种功能与价值，统筹谋划农村经济建设、政治建设、文化建设、社会建设、生态文明建设和党的建设，重视协同性、关联性，整体部署，协调推进。五是坚持城乡融合发展原则。坚决解决体制机制弊端，让市场在资源配置中起决定性作用，更好发挥政府作用，促进城乡要素自由流动、平等交换，推动新型工业化、信息化、城镇化、农业现代化同步发展，加速形成工农互促、城乡互补、全面融合、共同繁荣的新型工农城乡关系。六是坚持人与自然和谐共生原则。树牢和践行绿水青山就是金山银山的理念，落实节约优先、保护优先、自然恢复为主的方针，统筹山水林田湖草系统治理，恪守生态保护红线，以绿色发展理念助推乡村振兴。七是坚持改革创新、激起活力原则。不断深化农村改革，扩大农业开放，激活主体、激活要素、激活市场，调动多方力量投身乡村振兴。以科技创新引领和支撑乡村振兴，以人才汇聚推动和保障乡村振兴，增强农业农村自我发展动力。八是坚持因地制宜、循序渐进原则。科学掌握乡村的差异性和发展走势分化特征，搞好顶层设计，重视规划先行、因势利导、分类施策、突出重点、体现特色、丰富多彩。既尽力而为，又量力而行，不搞层层加码，不搞一刀切，不搞形式主义和形象工程，久久为功，扎实推进。

二 乡村振兴背景

党的十八大以来，在全党全国全社会的共同努力下，历经多年艰苦奋斗，在2020年精准脱贫攻坚取得举世瞩目的成绩，硕果累累。但是，脱贫攻坚依然存在一些潜在的隐患，对脱贫取得的成果造成威胁，引起部分脱贫的人口返贫或产生新贫困，面对这种情况要提高警惕、居安思危，采取相应的必要措施应对，避免发生重新返贫现象。同时，党的十八大以来我国社会主要矛盾产生转变，人民群众对物质文化生活提出更高的需求，对党中央的工作提出了新的要求。因此，2017年，党的十九大在高度肯定脱贫攻坚取得成就的同时，面对"三农"问题日益严峻的形势，针对我国乡村脱贫攻坚的进展状况，在分析我国农业农村建设的基础上提出乡村振兴战略，巩固脱贫成果，解决新的社会矛盾，破除城乡差距逐渐扩大的现状。党的十九大报告提出了实施乡村振兴战略的重大决策，报告指出："农业农村农民问题是关系国计民生的根本性问题，必须始终把解决好'三农'问题作为全党工作的重中之重，加快推进农业农村现代化。"[①] 农业农村现代化不仅关乎农民自身的生活状况，也关乎国家现代化的整体水平。

（一）乡村振兴战略是破解"三农"问题的总抓手

我国作为世界上重要的农业大国，农业经济一直是我国经济重要的构成部分，农业发展质量关系着国计民生。改革开放以来，我国经济发展的速度与质量都有了显著提升，随着我国进入经济发展的新时代，农村经济建设取得了卓越的成就。但在欣喜"三农"事业取得丰富硕果的同时，也要看到目前阻碍农村发展的现实困境。在新的时代背景下，"三农"问题主要体现在以下几个方面：在农业领域，过往的生产发展重点

---

① 习近平：《决胜全面建成小康社会 夺取新时代中国特色社会主义伟大胜利——在中国共产党第十九次全国代表大会上的报告》，http://www.gov.cn/zhuanti/2017-10/27/content_5234876.htm。

是强调农业生产产量的扩大,但在乡村振兴背景下的产业兴旺并非单纯指的是第一产业的发展,同时也涵盖了第二产业和第三产业的兴旺,内容更加具有全面性。第一、第二和第三产业的发展融合度不高的问题会导致农产品所创造的价值较低,相对处于商品经济的不利位置。因此,实施乡村振兴战略对于农村实现产业升级,加快产业成长具有重要意义。在农村领域,现阶段问题主要表现在生态治理、文化、人口与基层治理等领域,农村的生态治理一直采取"先污染,后治理"的模式。因此在很多地区存在基础设施不完善,存在着脏、乱、差问题,卫生厕所、垃圾处理等面临基础建设上的阻碍。其次,由于在乡村治理中,农民是主体,参与的积极性却不高,而同时由于城市化、工业化建设导致农村大量优质人才资源外流,农村基础设施、社会保障的缺位以及人才吸引力度不够导致愿意投身于乡村建设的高质量人才仍十分欠缺,这给农村治理带来了不小的挑战。受地区发展的限制,农民生活水平较低,受教育程度和职业技能不高,难以依靠自身劳作推动农业的发展。在农民领域,由于越来越多的社会资本进入农村发展之中,存在农民群体阶层分化日益突出的问题。同时,农村人口老龄化问题也愈发严重,接受过高等教育、具备专业知识背景、富有创新精神的青壮年劳动力十分欠缺。以上问题的解决都需要通过全面推进乡村振兴来加以解决。

(二) 乡村振兴战略是解决新时代我国社会主要矛盾的迫切要求

党的十九大指出,新时代我国社会的主要矛盾已经转化为人民日益增长的美好生活需要和不平衡不充分的发展之间的矛盾。人们物质方面的需求主要包含三个方面,即物质层面、精神文化层面、生态层面,这些也是构建精神文明社会的重要内容,而发展的不均衡性主要还是体现在农业农村,城乡经济差距较大,地区发展不平衡。这个矛盾的提出,对整个国民经济的发展提出了更高的要求。目前,城镇和乡村发展不平衡不协调,是我国经济社会发展存在的突出矛盾,是现阶段促进国家治理现代化必须解决的重大问题。乡村振兴的迫切任务就在于要采取切实措施来实现农村的发展、农业的转型、农民的富裕。一方面,乡村发展情况是制约经济社会纵深发展的主要因素。从农业来看,农业作为第一产业,其产业增加值远远落后于二、三产业仍是国民经济发展的短板所在。在农业生产中,农产品的质量有待提升,产业链条有待拓宽,农民的收入有待增加，亟须进行现代化改造以改变农业萧条现状。另一方面，我国城镇和乡村的差距在逐渐扩大的过程中，城市经济的快速增长使得城市就业机会增加、劳动力需求增加，这也使得农民对进入城市发展的意愿在逐渐提高。而农民进入城镇会造成乡村出现人力资源缺失、乡村的人均资源占有率不断下降等问题。农村衰落、农民流失等问题阻碍了乡村的发展，不利于解决发展不平衡、不充分的问题。在建设社会主义现代化国家的进程中，乡村的发展不应该也不能永远落后于城镇，因此，党和国家以推动乡村的发展来满足亿万农民群众对美好生活的追求。

（三）乡村振兴是走中国特色现代化道路的必然要求

民族要复兴，乡村必振兴。没有农业农村的现代化，就没有整个国家的现代化。农业强不强、农村美不美、农民富不富，决定着社会主义现代化的质量。现阶段我国已经全面建成小康社会，以乡村振兴战略为指导，对农业农村现代化发展工作意义重大。一方面，它关系着农民的切身利益；另一方面，也与现代化发展目标战略性提升密切相关。我国的农业农村基数庞大，也是当前社会全面发展的短板所在。因此，推进现代化发展是一项长期性、系统性工程，乡村现代化程度可以在很大程度上反映出我国现代化发展水平。为了顺应现代化社会发展的需求，满足现代化建设目标战略性提升的需要，就必须要重视农业农村现代化发展的重要性，从多方面入手构建系统完整的发展体系，全面推进乡村振兴，为农业农村发展注入新的活力，从而推动农业农村的优先发展。

（四）乡村振兴是实现共同富裕的必然要求

实现共同富裕是社会主义的本质要求，是人民群众的共同期盼，而要实现共同富裕，乡村振兴是必经之路。从历史和发展的维度来看，当前我国发展最大的不平衡是城乡发展不平衡，最大的不充分是农村发展不充分，因此缩小城乡差距是共同富裕的关键。实现共同富裕目标是一个长期的、艰巨的发展过程。脱贫攻坚是乡村振兴的先决前提，乡村振兴是巩固脱贫攻坚成果的力量保障。乡村振兴战略，就是为了从全局高度把握和处理工农关系、城乡关系，解决城乡发展不平衡不充分的问题。打赢脱贫攻坚战，全面建成小康社会，是促进共同富裕的第一阶段。加快农业农村发展、全面推进乡村振兴，是解决人民日益增长的美好生活需要和不平衡不充分的发展之间的矛盾的必然要求，是实现第二个百年奋斗目标的必然要求，是实现全体人民共同富裕的必然要求。

三 乡村振兴的意义

乡村振兴战略既是基于我国的基本国情，符合现阶段经济社会的发展特征的发展战略，而且战略实施的成功与否关系到农业农村现代化的实现、国家现代化的实现、社会主义现代化的全面实现，以及第二个百年奋斗目标的实现与否。

（一）乡村振兴的理论意义

乡村振兴战略的提出是对马克思和恩格斯关于"三农"理论的丰富和发展，是对中国特色社会主义理论体系的丰富和完善。马克思主义重视农业的基础地位，乡村振兴战略是习近平总书记结合中国乡村发展的现实情况，在继承马克思、恩格斯农业农村农民思想的基础上，又对其进行了总结、丰富与发展，并强调推进乡村振兴必须是乡村的全面振兴，这更符合我国当前的时代特点和乡村振兴的现实需要。

习近平总书记关于推进乡村振兴的相关理念是习近平新时代中国特色社会主义思想的组成部分，目的是解决"三农"发展过程中存在的问题。习近平总书记在相关论述中强调"三农"在经济发展中的重要战略地位，将乡村的建设任务作为全党工作的重中之重，这是我国乡村工作发展到一定程度的必然要求，是同时兼顾经济、政治、文化、社会、生态等多方面的发展，是推进农业农村现代化，建设宜居宜业和美乡村的重要指导。

（二）乡村振兴的实践意义

我国从贫穷落后的农业国向工业大国和工业强国奋进的征程中，农业发展一直以来处于相对落后的地位，乡村振兴战略提出的解决农业、农民和农村现存问题的一系列措施，为解决乡村发展问题提供了坚实的保障，有力推动了农业粮食增产、农村健康发展、农民收入增加，为经济社会的稳定发展提供了强大的动力，有助于焕发乡村新生机和激发新动能。

从精准扶贫到脱贫攻坚再到乡村振兴，归根结底是要解决城乡发展不平衡和农业农村发展不充分的问题，最终实现农业农村现代化。实现共同富裕是乡村振兴的前进方向，乡村振兴是实现共同富裕的必由之路。

实现高质量乡村振兴，缓解我国城乡发展不平衡问题，对我国中长期扎实推进共同富裕具有重要作用。共同富裕不仅体现在经济收入维度，还体现在公共服务、城乡基础设施、民生事业等方面发展差距的缩小上。要实现共同富裕的目标，仅靠农业现代化是不够的，农业农村现代化是迈向共同富裕的要求。因此，高质量乡村振兴既是共同富裕的重要内容，也是推进共同富裕的重要路径。

乡村振兴战略与我们整个的现代化进程是同步推进的。当前，我们在顺利实现了第一个百年奋斗目标向第二个百年奋斗目标扎实推进的关键时期，乡村地区发展还面临诸多短板，乡村振兴关乎社会主义现代化的整体实现。能否实现社会主义现代化，农业农村现代化、农民实现增收致富是其首要指标。实施乡村振兴战略的最终落脚点是要让农业强起来、农村美起来、人民群众富起来，为实现中国梦提供坚实的物质基础。实现共同富裕是人类经济社会发展的共同愿景，是马克思主义追求的崇高社会理想。乡村振兴战略是对我国过去乡村发展战略的系统总结和升华，它涵盖我国各个历史时期农村战略思想的精髓，赋予了农村发展新的内涵，是缩小区域和城乡发展差距、巩固拓展脱贫攻坚成果、全面实现农业农村现代化，促进我国经济社会高质量发展的一项重大举措。

四 推进乡村振兴举措

推进乡村振兴，要牢牢守住保障国家粮食安全和不发生规模性返贫两条底线，需要从农业稳产增产、农民稳步增收和农村稳定安宁三个角度全面推进。农业稳产增产就是要求粮食生产首先要在稳定耕地面积的基础上提高产能。农民稳步增收就是要在坚决守住不发生规模性返贫底线基础上，促进农民就业创业。农村稳定安宁就是要聚焦产业，持续推进乡村发展，同时，要扎实稳妥推进乡村建设、切实维护农村社会安宁与稳定。为落实乡村振兴发展总要求，需要从产业、生态、乡风、治理和富裕五个方面协同推进。

（一）产业振兴

推进乡村产业振兴是实施乡村振兴战略的首要任务，也是加快构建新发展格局、促进农民农村共同富裕的重要途径。

1. 高度重视农业在经济发展和乡村振兴中的功能作用

历史证明，国家经济发展之所以能大步向前，是因为始终有农业农村这个稳固的基础。稳住农业基本盘，可以为构建新发展格局、促进农民农村共同富裕提供"压舱石"。因此，推进农业农村现代化只能加强、不能淡化或偏离农业现代化。充分发挥农业在乡村振兴中的功能性作用，就是要做好粮食生产和重要农产品供给工作，要在稳产量、提品质、增效益上下功夫，推进农业结构调整，解决目前保障粮食安全结构性短缺是当前保障粮食安全面临的主要矛盾。要顺应农业专业化、规模化发展的大趋势，提升农业质量、效益、竞争力。要在保障传统业态发展的基础上推进农业农村经济多元化、综合化和融合化，鼓励培育新产业新业态新模式，引导新产业对乡村产业传统业态模式的渗透和改造，促进二者融合发展，合力带动农民增收致富。

2. 推动特色产业经济发展

推动特色产业发展要发挥好龙头企业的带动作用，重点支持、帮扶产品特色鲜明、溢出效应明显、服务范围广的龙头企业。优化特色产业布局，促进区域协同，充分发挥不同乡村企业的比较优势，引导不同类型的乡村企业和产业组织公平竞争、优势互补，协同推动乡村产业优质高效发展。在产业发展支持方面，要通过加强信贷支持和对市场营销、创新服务、质量检验检测等服务体系、公共平台建设的支持，创新支持方式，加强对小微企业和庭院经济、手工作坊等乡土特色经济发展的支持。同时，应加强政府各部门之间的统筹协调，进而引导市场调控增强前瞻性和有效性。推动特色产业发展要注意因地制宜、分类施策，注意采取不同的产业发展甚至品牌建设思路，引导特色农业和乡土特色产业瞄准细分市场，拓展发展空间。

（二）生态宜居

建设生态宜居的乡村事关村民的获得感与幸福感，是全面实现乡村振兴的必然要求。

1. 持续完善基础设施建设

目前，我国农村已经实现水电路网信基本达标，但我们必须要深刻认识到农业农村基础差、底子薄、发展滞后的问题，距离实现乡村宜居宜业和美乡村的目标还有很大差距。因此，要实现生态宜居的目标需要继续改善基础设施建设。在资金来源方面，通过财政专项经费，补强一批急需的农村短板建设，通过社会资本进入，全面提升一批资源优势明显的农村。在完善生产性基础设施方面，加强水利设施建设力度，提供规模性集中式的灌溉设施，加快产业路提质，升级农村电网，确保农业用电更加稳定，向边远地区延伸物流配送服务。在完善生活性基础设施方面，因地制宜进一步推进农村"厕所革命"，避免造成对生态环境的破坏和水源的二次污染，加强农村垃圾处理能力建设，改善农村脏乱差环境，提高农村亮化工程建设。

2. 发展生态经济

发展生态经济首先要推动乡村产业生态化发展。在制度体系层面，完善差异化激励、约束政策和绿色发展分类综合评价制度，为调整优化农业结构、调整升级现有乡村企业和培育扶持标杆企业提供制度保障。在发展特色生态产业层面，要发挥地域优势，将引入现代元素和挖掘原生态村居风貌结合起来。要有序推进乡村生态产业化发展。一方面，要积极发掘产业的生态功能，推进生态资源的转化和新型生态产业的拓展。另一方面，有效发挥乡村独特人文优势和生态资源优势，探索乡村"两山"转化的路径模式，建设一批乡村生态经济发展的样板示范，实现乡村生态经济的高质量发展。

（三）乡风文明

乡风文明建设是乡村振兴战略的重要内容之一，是乡村振兴战略的灵魂所在，也是增强农民群众幸福感的现实需要。

1. 发展农村教育事业

保障教育公平，推进教育均衡发展，对农村地区义务教育工作的顺利开展提供支持，包括师资队伍建设、教学设备采购等，培养优质师资队伍，以线上课堂等形式促进优秀师资的城乡共享，并对现有应试教育模式进行探索创新。要加大对于农村教育事业的资金支持力度，尤其是已脱贫地区，需要持续加大资金投入力度，办好农村教育，彻底解决适龄儿童上学难的问题。

2. 发展文化事业

发展乡村文化事业需要重视传统文化的传承，弘扬优秀传统文化的核心精神。通过不定期举办多种活动和制定村规民约的方式，注重传统礼仪和社会主义核心价值观教育，聚焦地方特色实施文化创新项目，打造乡村特色文化品牌，将乡村文化资源转化为教育资源与产业资源，提升农民精神素养，塑造社会主义核心价值观，涵养德育素质。

（四）治理有效

乡村治理是国家治理的基石，治理成效直接关系到国家治理体系和治理能力现代化的成色。

1. 构建共治共享治理新局面

完善基层治理要抓住群众最关心最直接的现实问题，搭建群众便捷议事平台。构建共治共享新格局要根据村民反映比较多的难点热点问题，根据"群众参与、村（居）民自治、一事一议、协商解决"的原则召开村（居）民代表会进行集中商议。要加大对基层组织的资金投入。利用基层组织运作专项资金，打通企事业单位、社会福利募捐和个人资助等渠道，拓展资金来源渠道。整合社会资源，充分发挥其在村民救助、矛盾调解、普法宣传、疫情防控等各方面的作用，着力构建乡村治理新格局。

2. 加强乡村基层党组织建设

要切实提升基层党组织的领导力和核心凝聚力，保证党的工作有效覆盖农村各类群体，做到哪里有农民哪里就有党的工作。发挥基层党组织的战略堡垒作用，建立规范严密的基层党组织管理体系，扎实推进基层党组织管理规范化，使农村党建与乡村振兴深度融合。因此，基层党组织应不断创新政务管理方式，加强新形势下乡村党组织的战斗力和凝聚力。

（五）生活富裕

乡村振兴，生活富裕是根本。让农民有着持续稳定的收入来源，实现经济宽裕、衣食无忧、生活便利、共同富裕，这是社会和谐的根本要求，也是实现乡村振兴的关键。

1. 拓宽农民就业渠道

通过城乡融合优化拓宽农民增收的外部环境，加快构建城乡要素平等交换、均衡配置公共资源、健全完善城乡融合发展体制机制和政策体系，通过加强农村基础设施建设来完善农民工资性收入增长环境。结合促进农民就近就业和促进农民外出就业，在保证农业基本发展的前提下发展农民多途径的就业渠道。加强城乡一体化公共就业服务，完善就业信息平台，开展线上线下专场招聘会，促进农民工稳岗就业。

2. 鼓励农村创新就业

加快推进农业结构调整，发展都市型农业和特色高效农业，打造特色农产品优势区，持续带动区域经济增长和农民增收。发展创新型就业环境，建立科研支撑体系，加大农业科研推广投入，加强与农业科研院所、高校的合作。加快农民合作社建设，促进农民广泛参与农业科技开发推广。在创新成果分配方面，要创新收益分配模式，加快推广"订单收购＋分红""土地流转＋优先雇用＋社会保障""农民入股＋保底收益＋按股分红"等多种利益联结方式，让农户分享加工、销售环节收益，切实增加农民收入。

第二节　乡村振兴评价的原理

一　乡村振兴水平评价指标设计原则

《乡村振兴战略规划（2018—2022年）》[1]（以下简称《规划》）中指出要加强乡村统计工作，因地制宜建立客观反映乡村振兴进展的指标和统计体系。建立规划实施督促检查机制，适时开展规划中期评估和总结评估。因此，为保证评价体系的科学性和适用性，我们在构建评价指标体系过程中遵循以下原则：

战略导向原则，国家和省级乡村振兴战略（实施）规划中对该战略的推进方向做出了重要部署，因此评价指标体系必须要对这些战略方向有所反映，以更好地引导乡村振兴战略的实施。

区际公平原则，有效地实施乡村振兴战略评价体系可根据各地的评价指数对现有农村状况进行定级，从而科学地度量乡村振兴建设的进展和水平，掌握各地乡村振兴的实际情况，为分类指导各地乡村振兴战略的实施提供量化管理依据。

可比性原则，是指评价体系应具有的比较性。因为评价体系是基于现有统计系统与数据，所以，指标的选择必须以可度量为标准，易于操

---

[1] 《乡村振兴战略规划（2018—2022年）》，人民出版社2018年版。

作，易于采集，同时兼顾可比性，可用于比较，确保其准确性。因此，评价指标所选取的指标一定要在横向和纵向上都具有一定差距的指标，而且避免采用绝对值，尽量选择平均值或比值；针对不同功能区定位的区域，虽然部分指标不一致，但要在权重赋予上面进行调整，使得区域之间具有一定的可比性。

可操作性原则，是指评价体系中指标的确定、数据的获取、分析的方式等，必须都是切实可行，若其中一个环节无法进行和实现，会导致整个体系无法顺利构建。另外，若评价指标体系不能在实际中运行，那么该体系是没有意义的。本书所选取的指标是国家及省级统计部门或政府机构发布的数据，避免采用统计口径和标准不一致的指标或反映主观感受的指标。

系统性原则，强调在研究和分析的过程中，必须考虑到研究对象的内部系统和其所包含的各个环节，以及研究对象与其外部系统的关系，避免出现注重局部而忽略整体。在评价体系构建的过程中，必须从组成系统的各个部分出发，探寻各个部分之间、部分与整体之间的联系。

二 乡村振兴水平评价指标的选取

实施乡村振兴战略，是新时代做好"三农"工作的总抓手，本身就是一个系统的大工程，这也决定了所构建的乡村振兴评价指标体系必须具有系统性，而评价指标集合正是这一系统性的核心载体。

在评价体系的一级指标选取方面，主要选取了产业兴旺、生态宜居、乡风文明、治理有效和生活富裕等五大类指标作为一级指标。乡村振兴要有强大的物质基础为后盾，产业兴旺是实现乡村振兴的基石，通常发展现代农业是产业兴旺最重要的内容，重点在于通过产品、技术、制度、组织和管理的创新，提高良种化、机械化、科技化、信息化、标准化、制度化和组织化水平，从而推动农业、林业、牧业、渔业和农产品加工业的转型升级。一方面以新型专业农民、适度规模经营、经营外包服务和绿色农业为主要内容，大力发展现代农业；另一方面促进乡村一二三产业的一体化融合发展，促进农业产业链的延伸，创造更多的就业增收机会，才能为乡村振兴战略全面推进提供持久动力。生态宜居是提高乡村发展质量的保证，其内容包括了建立干净整洁的村庄，水、电、路和其他基础设施提档升级，保护自然，适应自然，倡导保护乡村气息，保护乡村景观和乡村生态系统，管理乡村环境污染，实现人与自然和谐共处，使乡村生活环境有绿色，全面建设宜居宜业和美乡村。乡风文明则是在注重乡村物质文明振兴的同时，加强乡村精神文明建设和提振农民精神风貌。乡风文明是乡村建设的灵魂，包括了促进乡村文化教育和医疗卫生等事业发展，改善乡村基本公共服务，大力弘扬社会主义核心价值观，传承遵规守约、尊老爱幼、邻里互助、诚实守信等乡村良好习俗，努力实现乡村传统文化与现代文明的融合，并充分借鉴国内外乡村文明的优秀成果，使得乡风文明与时俱进。治理有效，更加重视乡村治理手段和治理效果，而并非仅仅强调具有程序正义的"管理民主"。治理有效是乡村善治的核心，治理的效果越好，乡村振兴战略的实施效果越好。因此，需要健全党委领导、政府负责、社会协同、公众参与、法制保障的现代乡村社会治理体制，健全自治、法治、德治相结合的乡村治理体系，同时加强乡村基层党组织建设，深化村民自治实践，建设平安乡村。进一步加强党群和干部群众关系，有效协调农民和集体利益、短期利益以及长远利益，确保乡村充满活力且和谐有序。生活富裕表明乡村振兴战略依托乡村产业兴旺的物质基础，力图实现更高层次的农民生活水平。生活富裕是乡村振兴的目标，乡村振兴战略的实施效果需用农民的富裕程度来评价，因此必须努力保持农民收入的快速增长，同时继续降低乡村居民的恩格尔系数，不断缩小城乡居民的收入差距，使广大农民和全国群众能够同时稳步迈向共同富裕的目标。这五个方面是乡村振兴战略"五位一体"的体现，在推进乡村振兴战略具体落实的过程中，绝不能只注重某方面的建设，而忽略了其他方面的建设。既要发展农村生产力，又要调整完善农村生产关系；既要加强农村物质文明建设，又要加强农村政治文明、精神文明与生态文明建设；既要促进农村经济社会发展，又要促进农民自身全面发展。乡村振兴评价也不能仅仅关注某一方面，而要进行全面的评价。

在二级指标的选取方面，本书综合考虑了指标选取范围和代表性问题，在省域层面指标设置了包含农业生产率等26项二级指标，市域和县域层面指标将农业生产条件、农业生产效率、产业融合水平、农产品质量安全、农业品牌化和农业对外开放作为产业兴旺的二级指标；将乡村生态状况、农业生产污染和农村生活污染作为生态宜居的二级指标；将文化设施硬件、文化活动组织、文化教育水平和村庄生活风气作为乡风文明的二级指标；将村委会组织状况、村委会治理水平和村民参与程度作为治理有效的二级指标；将村民收入水平、村民消费水平、基础设施建设水平和基本公共服务水平作为生活富裕的二级指标。

在指标空间维度选取方面，现有的文献在指标空间维度选择上针对某一特定区域，例如西北地区、京津冀地区等，展开相应评价研究，或者针对某一省份，例如福建、江苏、广西等，从中抽查县市村庄分析乡村振兴战略实施现状。还有文献针对特定乡村振兴方向目标展开具体评价。本书为全面系统地评估乡村振兴成果，主要选取了省域层面、西部市域层面和县域层面三个层面的指标数据进行分析。通过梳理关于构建评价指标体系的研究文献，我们发现针对评价指标选择、权重确定和得分计算是研究的区别所在，现有研究涵盖了大量的评价指标选取、指标权重确定和指标得分计算的经验和方法，但这些经验和方法存在着指标选取范围过小，代表性不足，指标权重确定没有综合考虑主客观的因素，指标得分的计算过于简单，难以对其进行相应分析等不足。本书在借鉴这些经验和方法的基础上，进一步拓展研究思路，使得指标选取的范围更广，数据来源更多样，确定指标权重和计算指标得分的方法更为科学。因此，本书省域层面乡村振兴水平的评价指标体系主要是在借鉴社会主义新农村建设、美丽乡村建设和部分乡村振兴评价指标体系研究的基础上，试图构建一套能够较为科学地反映乡村振兴水平的评价指标体系。本书依据相关原则选取了 5 项一级指标和 26 项二级指标，本书搜集了全国 31 个省、市、自治区（台湾、香港及澳门因缺乏相应的统计数据而不在研究之列）2016 年度的指标数据，从省域层面的实证分析中进行验证。在市域层面，本书主要选择甘肃省 14 个地级行政区的指标数据，共有 5 项一级指标和 26 项二级指标。在县域层面，反映县域乡村治理有效水平的统计数据极为有限，鉴于治理有效与乡风文明之间具有较高的关联度，故本书将二者结合，以产业兴旺、生态宜居、文明与治理、生活富裕为一级指标，并细分出 19 项二级指标。在县域层面的指标选取上，以甘肃省为例，将 85 个县域按乡村振兴战略总目标的五个方面作为子系统，并在子系统下选取指标。

三 乡村振兴评价方法

从评价方法来看，在省域层面，本书运用层次分析法与熵权法相结合的综合赋权法确定指标权重，使用 TOPSIS 方法计算各省域乡村振兴总体水平及各项一级指标得分，最终构建起省域层面的乡村振兴评价指标体系，为各级政府制定相应的评价指标体系提供理论参考。综合赋权法也就是主客观组合赋权方法，是将主观赋权法和客观赋权法得到的指标权重进行线性组合，可以减少由于主观赋权法太过主观，而客观赋权法又缺乏对事物真实情况的了解所带来的偏差。本书运用综合赋权法确定指标权重的过程中，首先向研究区域经济和农村经济方面的 5 位专家发放指标评价表，然后根据 5 位专家的判断结果依次进行指标权重计算，最终的主观权重取 5 个结果的均值，并利用差异系数法求出综合赋权法中线性组合的系数，最后结合熵权法得到的客观权重，计算出各二级指标的综合权重。之后在确定指标权重的基础上，运用 TOPSIS 方法计算出全国各省域乡村振兴总体水平及各项一级指标得分。

在市（州）评价角度，我们的评价思路是将市（州）数据套入之前的研究框架中，与全国省域层面的评价方法保持一致。一般来说，农业生产活动是千百年来生活在这片土地上的劳动人民所形成的与自然和谐共生的生存方式，只是近些年来在市场经济的大潮中，农业生产中的"公地悲剧"逐渐产生。从实际情况来看，农业依然是甘肃省绝大多数贫困人口实现稳定脱贫的重要基础，且合理高效的农业生产活动不会对环境造成不可逆的破坏。

在县域层面，本书采用熵权法计算乡村振兴水平各级评价指标的权重，然后采用 TOPSIS 法计算指标水平得分的评价指标体系构建方法。

第三节 乡村振兴评价的重要意义

指标体系是指由若干个相互联系相互区别的用来反映经济数量特征的统计指标的有机整体。指标体系的优势表现在其往往用来反映那些由单个指标无法反映出的总体数量特征。乡村振兴发展水平是一个复杂的抽象概念，通过单一的经济指标或者文化指标都不可能将这一概念表达清楚。本书通过构建乡村振兴水平指标体系，旨在通过指标体系量化分析全国省域、甘肃省市域及县域地区乡村振兴实际发展水平，并针对地区发展问题提出相应的政策建议。

一 有利于推进脱贫攻坚同乡村振兴有效衔接

"十四五"时期是全面脱贫攻坚后的平稳过渡期，也是首个乡村振兴战略规划与第二个规划的交汇期，乡村发展条件较好的地区面临着建立健全乡村振兴制度框架和政策体系，对首个乡村振兴战略规划进行系统性总结，继往开来全面推进乡村振兴战略的重大任务。乡村发展条件一般的已脱贫地区则面临着巩固拓展脱贫攻坚成果同乡村振兴有效衔接，向全面推进乡村振兴平稳过渡的时代命题，而二者的顺利推进均离不开乡村振兴评价指标体系的科学构建。前者可以利用评价指标体系监测战略实施进程，并通过总结梳理出战略推进中的偏误或不足，后者可以利用评价指标体系实现脱贫攻坚话语体系向乡村振兴话语体系的转变，对有关政策调整进行引导。

二 有利于明确现状、找出问题

乡村振兴战略的目标不仅需要量化，也需要具体评价标准。建立一套系统的评价标准，有利于明确乡村振兴的发展现状，进而找出问题和解决对策。党的十九大和中央农村工作会议先后提出了乡村振兴战略的总要求和总目标，要明确总目标，得有具体的评价标准来衡量。要将总目标具体化，就需要构建乡村振兴水平评价指标体系。通过定量分析，才能够对乡村振兴战略的总目标的实现作出预评估，使乡村振兴具有可预见性，也才能够准确判断乡村的实际发展水平。通过乡村振兴水平评价指标体系，就可以对乡村振兴的进展和概况作出衡量和测评，进而勾勒出未来乡村振兴的发展图景。对乡村振兴战略的直观描述，能够使乡村振兴战略的决策者、指挥者和建设者都具有明确的努力方向和目标，那么在乡村振兴战略的具体落实中，就能够高瞻远瞩，避免为了追求短期利益而忽略了全局利益和长远利益。而通过对每个阶段的实现程度进行评价，我们就可以清晰地描绘乡村振兴目标实现过程的行动轨迹。

三 有利于评估乡村振兴战略实施效果

战略实施效果是否达到了目标,只有通过科学的评价才能进行判断。乡村振兴水平评价体系既可以适用于乡村振兴战略实施前的预评估阶段,也可以适用于战略实施后的效果评估,将战略实施后的效果与目标作对比,以检测乡村实际发展水平是否达到了乡村振兴战略的预期目标,以及乡村实际振兴水平与振兴目标之间存在的差距。依据对战略实施效果的评估数据,分析差距主要在哪里,从而为具体政策的修改和完善提供可行的思路,为乡村振兴战略的具体落实提供有效路径。此外,评价有利于了解政策的实际执行情况和遇到的困难,是否偏离了既定的目标方向,并表明评价干预政策的有效性。因此,对战略实施效果的评估,能够及时发现影响乡村振兴目标实现的因素,诸如文化发展滞后、生活环境没有改善、农民收入增长缓慢、乡村治理缺乏民众参与等问题,通过提出有针对性的发展对策,进而有效促进乡村振兴的综合水平,确保乡村振兴目标的如期实现。

四 有利于弥补现阶段研究不足

目前学术界对于构建省域和市域乡村振兴评价指标体系的研究相对较多,涉及县域及以下行政区的研究较少,对于省域和市域的研究虽然有利于从宏观上把握乡村振兴战略实施成效,但对内部乡村发展差异较大地区的政策参考价值十分有限。而从乡镇和村域层面构建的评价指标体系,虽然在很大程度上考虑了区域乡镇和村庄之间的异质性,对政策制定具有极高的参考价值,但获取数据的时间及人力成本较大,大规模运用中的可操作性不强。因此,本书结合省域、市域和县域选择指标的不同特征,各地区对于构建完备的乡村振兴评价体系的现实需求,以及县域乡村振兴评价具有特殊性的现实背景,综合建立了三个层次的乡村振兴评价体系,并进行了实证检验。

五 有利于制定乡村发展长期策略

在时效和功能上,对乡村振兴战略实施过程进行持续评估,可为具体的乡村振兴政策制定提供依据,并作为乡村振兴目标实现程度的评价,为乡村振兴战略的落实提供方向指导，而持续评估则可作为今后"决定具体政策变化、政策改进和制定新政策的依据"，切实满足农村社会发展的实际需要。为了准确判断乡村振兴战略的实施效果，有必要将乡村振兴评价视为一个发展和持续评估的过程。通过定期收集相关数据和民众的反馈意见，进行横向和纵向相结合的分析，进而提高乡村振兴评价的准确性。通过评价，能够明确应该在哪些领域努力，要在哪些关键的地方用力，及时反映出在解决乡村振兴战略实施过程中各方面的发展变化情况和动态进程，充分反映出当前及今后农村存在的突出问题。通过定量测算和分析，预测未来乡村的发展趋势，对乡村振兴的发展进程进行及时监测和预警，以便决策部门及时找出乡村发展中存在的问题，为制定农村经济社会发展规划提供参考依据。

实施乡村振兴战略，是全面建设社会主义现代化国家的重大历史任务，是新时代做好"三农"工作的总抓手，也是推动形成以国内大循环为主体、国内国际双循环相互促进的新发展格局的关键。根据有限检索途径检索到的信息显示，目前官方层面仅有江西省出台了相关工作方案来指导乡村振兴战略实施的统计监测评价工作，而更多的探讨则来自学术界。我们在借鉴社会主义新农村建设、美丽乡村建设和部分乡村振兴评价指标体系研究的基础上，尽可能结合区域发展的实际情况和相关规划，探索性地构建一套能够较为科学地反映市域、县域乡村振兴水平的评价指标体系，按照乡村振兴战略的发展要求科学设计乡村振兴评价指标体系，对我国各地区的乡村振兴发展水平进行动态测评，并对各区域的乡村振兴发展差异进行测度，有利于总结各地区在乡村发展进程中存在的优势和不足，以便于在全面推进乡村振兴战略的过程中对各地区精准定位、分类施策。

第三章

乡村振兴水平评价指标的选取

本章首先明确选取乡村振兴水平评价指标的原则,然后对现有研究中关于乡村振兴水平评价的各类指标进行梳理,最后对本书采用的乡村振兴水平评价指标的使用方法进行介绍,为后续章节乡村振兴水平测度提供依据。

第一节 评价指标选取原则

乡村振兴水平的评价是一个复杂系统,涉及的问题方方面面,考虑的内容也多种多样,因而需要构建一个多指标的评价体系加以衡量。选取评价指标,不仅要遵循总括性、大方向特点,每一个维度指标还要细分为各个小类指标,也就是将指标层级化,由一级指标衍生二级指标,由此构成一个评价指标体系。为了确保指标选取的合理性,在构建评价体系时,应遵循如下原则。

一 科学性原则

乡村振兴水平评价,是一个科学严谨的系统性工程,从指标的筛选、确定到运用的全过程都必须符合科学性,不能想当然构建指标,也不能在没有进行实地调查和科学分析时做评价。所以,我们要用科学合理的主客观评价方法,选取实际工作中能有效使用的指标,也要对相关指标进行量化处理,构建科学的量化模型,使整个评价指标都建立在科学的基础之上。此外,为了使指标选取更加科学,本书不仅参考了一些论文的数据来源,还从相关统计年鉴、普查资料、官方网站等渠道搜集数据,以此从客观数据层面加强评价的科学性，为乡村振兴的水平评价提供有力支撑。

二　全面性原则

乡村振兴内容丰富，从产业兴旺、生态宜居、乡风文明、治理有效到生活富裕，涉及经济、政治、文化、社会、生态等各个方面。因此，乡村振兴水平评价指标，既不能笼统地选取，也不能选取得太单一，要涵盖乡村振兴的各个方面，既要考虑乡村经济社会发展，也要考虑到政治、文化、生态、治理等层面；既要考虑农业强，也要考虑农村美、农民富；既要考虑农业农村当前的发展，也要考虑乡村未来发展，如此才有利于在整体上统筹考虑乡村振兴水平评价指标的选取。

三　代表性原则

乡村振兴水平评价指标，要能够真实、准确、全面反映乡村经济、政治、文化、社会、生态等方面的现实情况，能够突出乡村的发展规律，有力代表"三农"工作的综合情况，也要能够凸显乡村振兴的题中之义。所以，在选取乡村振兴水平评价指标时，要选取最具有代表性的指标，剔除相关性低或重复性高的指标，同时对影响乡村振兴的各个因素进行研究，反复论证其是否合理。

四　前瞻性原则

乡村振兴战略是实现我国农业农村现代化的一项长期性战略，乡村振兴水平评价指标的选取要考虑到长远规划，要能够评估和预判乡村未来发展的基本趋势，例如在产业兴旺方面，指标应突出特色化、多元化、市场化等；在生态宜居方面，指标应突出简约、安全、健康和环保，满足农民对美好环境的向往；在乡风文明方面，指标要突出乡村层面的社会主义核心价值观，还要传承优秀农耕文明，保护古村落遗迹；在治理有效方面，指标要突出基层党建的领导作用、村干部的带头表率作用、村民参与乡村治理的积极性等，注重榜样的示范引领作用；在生活富裕方面，指标不仅要突出农民物质水平的达标程度，也要体现农民精神需要的满足程度，也就是既看农民的钱袋鼓不鼓，也看脑袋富不富。

五　可比性原则

乡村振兴战略是国家战略，实施范围涵盖全国各个地区。然而，我国地域辽阔，东中西部的乡村由于种种历史或现实原因，发展水平不尽相同。那么，全国几十万个乡村要全部实现乡村振兴，时间上是分阶段完成的，空间上是分梯度完成的。由于全国各地区的乡村情况千差万别，为便于集中分析和研究，所选的指标要便于作横向比较和纵向比较。具体来说，选取的指标既要体现乡村振兴实现路径的阶段性，又要体现在全国范围内可以互相对比分析。前者要求乡村振兴水平评价指标具有历史纵向的可比性，后者要求体现区域之间的共性，即具有横向的可比性。此外，各指标要能反映乡村振兴进程某一时点的情况，也需要通过比较才能准确了解推进程度。因此，在确定指标时，要选择可比性强又能统一量化的标准。它既可以对中国各省、市、县之间进行横向比较，又可以对不同时期乡村振兴的进展作纵向比较。前者用以揭示不同地区不同层面乡村之间的发展差距，而后者则用以反映乡村振兴的实现程度和具体进程。

六　独立性原则

乡村振兴水平评价指标，要基于独立性原则进行选取。具体来说，所选的各个指标在影响因素上是处于彼此独立的状态，既要避免高相关性，也要避免高重复率。各个指标的关系必须是互不干涉、互不影响、各自互补。所以，更多考虑采用直接指标，减少间接指标，这样可以使得指标与指标之间相互独立或不存在显著的线性关系。

七　可操作性原则

要提高乡村振兴水平评价的有效性，那么所选取的指标就必须简单易行、便于操作，最终能够得出相应的评价结果，用于支撑乡村振兴的实施情况分析。如果某项指标是核心要素，但难以计算或是要用复杂的量化模型才能得出准确数据，难以在现实情况中普遍运行，那么就不是我们所需要的指标。因此，为了避免指标失真，该类具备理论意义，但缺乏现实可行性的指标就不宜纳入选择范围。纳入指标体系的各项指标必须概念明确、界限清晰，在实际操作中易于测量或计算，以便对乡村振兴的实施情况进行量化分析。

第二节 产业兴旺类评价指标

产业兴旺是乡村振兴的重要内容，基于创新、协调、绿色、开放、共享的理念，以生产力的提高程度作为衡量标准，以发扬乡村特色作为内在要求，最终形成供应链、价值链一体结合的产业发展格局。习近平总书记强调："要推动乡村产业振兴，紧紧围绕发展现代农业，围绕农村一二三产业融合发展，构建乡村产业体系，实现产业兴旺把产业发展落到促进农民增收上来。"[1] 产业兴旺是农业农村现代化的本质要求，从根本上致力于促进农村经济发展，增加农民收入。农村经济的良好发展是农民收入增加的前提条件，而农民收入增加也是产业兴旺的成效体现。不仅如此，收入的增加在经济上还能保障农民物质利益，在政治上还能促进农民民主权利的实现。

现如今，"低碳生活"观念在全社会蔚然成风，"绿色经济"也得到快速发展，促进了技术与自然的深度融合，进一步释放了农业生产力，也进一步带动了环境质量的提高，最终促进了农民的身心健康发展。同时，城镇化加速演进，城乡发展深度融合，要求乡村产业在配套设施、生产标准等方面与城市产业发展接轨，如此有利于更好实现产业兴旺，促进乡村发展质的提升，从而缩小城乡发展差距，提高农民幸福指数。当乡村实现产业兴旺，农民与市民都能享受同等范围、同等质量的经济发展成果，也即农民同样在公共政策、基础设施、教育医疗等方面享受同等待遇，不再让乡村与城市的发展轨道脱离、农民与市民的生活品质出现根本性差异。而城乡相辅相成、相互促进、彼此融合的态势，既是产业兴旺的价值导向，也是评价乡村振兴的重要参考。

产业兴旺是乡村振兴的重点，是实现农业现代化的前提。只有实现产业兴旺，才能实现农业变强、农村变美、农民变富，才能更好实现乡村全面振兴。实现产业兴旺，要求加快推进农业生产和经营现代化，构

---

[1] 《推进农村一二三产业融合发展》，《学习时报》2015年8月17日。

建现代农业生产和经营体系,深化农村经济供给侧结构性改革,促进农村三次产业深度融合。

关于产业兴旺类评价指标,国内学者对此有不同的评价体系。

李鲁等(2019)[①] 将产业兴旺划分为6个二级指标,分别是非农产业从业人员占总劳动力人数、二三产业产值占总产值比重、特色产业产值占总产值比重、农产品商品率、农户参加农村专业合作经济组织比重、农业机械化比重。其中,非农产业从业人员占总劳动力人数比重是考量就业结构的重要指标;二三产业产值和特色产业产值在总产值中的比重体现了非农产业发展水平;特色产业产值在总产值中的比重越高,说明农产品更具有市场竞争优势;农产品商品率体现了农产品产业的附加值和产业发展的多样性;农户参加农村专业合作经济组织比重越高,表明乡村经济活动的高效多元化趋势越强;农业机械化比重体现了农业产业的现代化和科技化水平。

陈云(2020)[②] 认为,可将产业兴旺划分为7个二级指标,分别是农林牧渔业总产值增幅、粮食单产、亩均农业机械总动力、人均地区生产总值年均增幅、入选全国农业产业化龙头企业500强的企业数、乡村劳动力供给强度、农业劳动生产率。其中,农林牧渔业总产值增幅指当年农林牧渔业总产值相对前一年农林牧渔业总产值的增长率;粮食单产指全年粮食总产量与粮食作物实际播种面积之比;亩均农业机械总动力指用于农林牧渔业的各种动力机械的动力总和与农作物播种面积之比;乡村劳动力供给强度指乡村劳动力资源数量与乡村总数量之比;农业劳动生产率指农林牧渔业总产值与从事农业人员数之比。

沈剑波等(2020)[③] 指出,产业兴旺应划分为5个二级指标,分别是粮食综合生产能力、农业科技进步贡献率、农业劳动生产率、农业机械化比重、农业信息化水平。

---

① 李鲁、李剑芳、钱力:《深度贫困地区乡村振兴评价指标体系构建与实证研究——以安徽省大别山连片特困地区为例》,《北京化工大学学报》(社会科学版)2019年第2期。

② 陈云:《乡村振兴发展水平测度研究》,《延边大学学报》(自然科学版)2020年第3期。

③ 沈剑波、王应宽、朱明、王恳:《乡村振兴水平评价指标体系构建及实证》,《农业工程学报》2020年第3期。

郭翔宇等（2020）①创造性地将产业兴旺与农村经济建设联系起来，选取了农村经济发展水平、农业现代化水平、非农产业发展水平3个二级指标。其中，农村经济发展水平是指全国或某个地区农村经济发展的规模、速度和达到的水准，从理论上可以用农村地区的国内生产总值或地区生产总值的总量、人均水平、增长速度衡量；农业现代化水平，在过程上主要表现在农业科技化、机械化、水利化、信息化、组织化、规模化等方面的程度，在结果上表现为农业生产效率，主要是土地产出率和农业劳动生产率；非农产业发展水平主要是农产品加工业发展水平、休闲农业与乡村旅游产业发展水平、农村非农产业就业水平。

马成文等（2019）②将产业兴旺划分为农业综合机械化率、养殖业及服务业产值比重、农副产品加工业产值比重、非农产业劳动力比重、人均农业总产值5个二级指标。其中，农业综合机械化率反映农业现代化水平；人均农业总产值反映农业发展水平；养殖业及服务业产值比重、农副产品加工业产值比重和农村非农劳动力比重反映农村产业结构变动。

陈秧分等（2018）③引入多功能农业与乡村理论，基于乡村生产功能，将产业兴旺划分为农产品生产、农林牧渔服务业发展程度、农产品加工程度、乡村经济活动多样化水平、乡村生产效益5个二级指标。其中，农产品生产测算方法为各地区人均粮、棉、油、糖、肉、蛋、奶、水产品占有量，分别除以各单项人均农产品的最大值，各省分别累加；农林牧渔服务业发展程度为农林牧渔服务业产值与乡村人口的比值；农产品加工程度为农副食品加工业销售值与第一产业产值的比值；乡村经济活动多样化水平为农户收入多样化指数；乡村生产效益为第一产业产值与乡村人口的比值。

秦妍（2018）④基于层次分析法，将要素层中的产业兴旺细分为指标

---

① 郭翔宇、胡月：《乡村振兴水平评价指标体系构建》，《农业经济与管理》2020年第5期。

② 马成文、夏杰：《我国区域乡村振兴水平统计评价研究》，《阜阳师范学院学报》（社会科学版）2019年第6期。

③ 陈秧分、黄修杰、王丽娟：《多功能理论视角下的中国乡村振兴与评估》，《中国农业资源与区划》2018年第6期。

④ 秦妍：《我国乡村振兴的目标评价体系构建研究》，博士学位论文，厦门大学，2018年。

层下的5个二级指标，内容分别是人均GDP、土地产出率、非农从业人员比重、农民就近就业率、乡村特色产业对农民增收贡献率。其中，人均GDP是目前国际上通用的反映经济发展水平的一个综合性指标，也是反映现代化进程的核心指标；农业现代化，前提是实现农业机械化，不断提高土地利用率和产出率，农业机械化程度越高，单位面积的产出就越高，土地利用效率就越高；非农从业人员比重反映农村劳动力就业和转移情况，以从事非农产业从业人员的比例来反映非农化状况，英克尔斯的现代社会指标中提出非农业劳动力应占总劳动力的70%以上；农民就近就业率，反映了该地的发展潜力和吸引力，农民就近就业率越高，乡村发展前景越广阔，实现乡村振兴的速度就越快；乡村特色产业对农民增收贡献率反映农业产业结构调整的结果，农村产业化程度决定了乡村的经济发展程度，产业化水平越高则乡村的富裕程度也越高。

刘瑾等（2021）[①]创新性地使用四川省乡村振兴监测数据进行实证分析，选取农业机械化、农业组织化、农业创新化、农业绿色化、农业科技化、农业人才情况6个二级指标作为产业兴旺的细分指标。其中，农业机械化选用高标准农田面积占耕地总面积比重、规模经营的耕地面积占耕地总面积比重、主要农作物机播（机收）面积占农作物播种面积比重、村均年末能正常使用的机电井数量等4个三级指标综合反映，各三级指标对农业机械化的影响均为正向；农业组织化选用每村平均农业企业数量、每村平均农民合作社数量2个三级指标综合反映，各三级指标对农业组织化的影响均为正向；农业创新化选用特色景观旅游名村数量占行政村比重、开展网上销售农产品的农户数占常住户数比重、每村平均休闲农业和乡村旅游接待人次3个三级指标综合反映，各三级指标对农业创新化的影响均为正向；农业绿色化选用平均每亩农用化肥施用量、平均每亩农药使用量2个三级指标综合反映，各三级指标对农业绿色化的影响均为负向；农业科技化选用平均每村农业技术服务机构数量、平均每村农业技术人员数2个三级指标综合反映，各三级指标对农业科技化的影响均为正向；农业人才情况选用当年返乡创业人数占劳动力资源

---

① 刘瑾、李振、张仲、孟庆庄：《四川省乡村振兴评价指标体系构建及实证分析》，《西部经济管理论坛》2021年第6期。

比重、新型职业农民人数占劳动力资源比重2个三级指标综合反映，各三级指标对农业人才情况的影响均为正向。

毛锦凰（2021）[①] 基于甘肃省县域数据，运用改进的熵权—层次分析法和TOPSIS法构建的乡村振兴评价指标体系进行了实证检验，将产业兴旺划分为农业劳动生产率、农村居民工资性收入、农林牧渔服务业产值占农林牧渔业总产值比重、乡村从业人员中交通运输、仓储和邮政业从业人员占比、劳均无公害农产品数量、劳均商标注册强度、乡村从业人员中住宿和餐饮业从业人员占比7个二级指标。其中，农业劳动生产率是指农林牧渔业增加值与农林牧渔业从业人员的比值，反映农业生产效率；农村居民工资性收入是农民受雇于单位与个人，依靠自身劳动而获得的收入，反映非农产业生产效率；农林牧渔服务业产值占农林牧渔业总产值比重反映农业现代化程度；乡村从业人员中交通运输、仓储和邮政业从业人员占比反映乡村产业发展环境；劳均无公害农产品数量是指无公害农产品数量与农林牧渔业从业人员的比值，反映农产品优质化水平；劳均商标注册强度是指有效商标注册数与全社会从业人员的比值，反映乡村产业发展质量；乡村从业人员中住宿和餐饮业从业人员占比反映乡村服务业发展水平。

闫周府等（2019）[②] 通过"主成分分析"和"专家打分"两种方法，构建了一套动态评价指标体系，将产业兴旺划分为农业生产条件、农业生产效率、农业产业化水平、农产品质量安全4个二级指标。其中，农业生产条件包括耕地禀赋、要素投入以及相关农业支持等方面，用耕地保有率、农作物耕种收综合机械化率、农村互联网普及率、农业保险深度4个三级指标；农业生产效率包括要素配置效率和技术效率两方面，用劳动生产率、土地生产率、农业科技进步贡献率3个三级指标；农业产业化水平包括一次产业组织化水平的提升、二次产业链的延伸以及向三次产业服务功能的转变三个方面，用多种形式土地适度规模经营占比、

[①] 毛锦凰：《乡村振兴评价指标体系构建方法的改进及其实证研究》，《兰州大学学报》（社会科学版）2021年第3期。

[②] 闫周府、吴方卫：《从二元分割走向融合发展——乡村振兴评价指标体系研究》，《经济学家》2019年第6期。

休闲农业营收占比、农产品加工值占比 3 个三级指标；农产品质量安全用农产品质量安全抽检合格率和"三品一标"认证率 2 个三级指标。

第三节　生态宜居类评价指标

良好的生态环境有利于增进人民的福祉。绿水青山就是金山银山，生态文明事关千秋万代。生态宜居，出发点在于有效解决农村生态环境问题，着力恢复农业生态系统，达到人与自然和谐共处，最大限度提高农民的幸福感，增进农民的获得感。生态环境要恢复良好，农民应保护自然、爱护自然、守护自然，像爱护眼睛一样爱护生态环境，像守护生命一样守护生态环境。如此，农村才能更好实现绿色发展、低碳发展，实现人与自然美美与共。

过去几千年的农业发展，大部分都是粗放式和低效率的，刀耕火种，人走地荒。农民丝毫不顾土地的保护和水源的涵养，从而导致农村生态环境日益恶劣，山秃水枯，荒草丛生。不仅如此，农民随意丢弃垃圾、任意排放污水、长时间秸秆焚烧等恶习，更是严重加剧了农村生态环境问题。习近平总书记指出："农业发展不仅要杜绝生态环境欠新账，而且要逐步还旧账。"[①] 而生态宜居的要义，是要让空气清新起来、水源干净起来、食物放心起来、环境优美起来，让全体农民切切实实享受到环境变美带来的效益。同时，生态宜居的目标，是让天更蓝、山更绿、水更清、环境更优美，"让居民望得见山、看得见水、记得住乡愁"。如此，生态宜居才能逐渐成为乡村振兴的支撑点、农业发展的助推器，进而实现农民对美好生活的向往。

总之，生态宜居是乡村振兴的关键，是农民对美好环境的期待，是建设美丽家园的核心内涵。实现生态宜居，要求加快农业绿色转型，大力整治农村"三废"，注重美化村容村貌，强化生态系统修复和维护。

关于生态宜居类评价指标，国内学者对此有不同的评价体系。

---

① 《打好农业面源污染防治攻坚战　促进农业可持续发展》，http://www.gov.cn/zhengce/2015-08/18/content_2914857.htm。

李鲁等（2019）[①] 将生态宜居划分为 8 个二级指标，分别是安全饮用水普及率、村庄绿化覆盖率、卫生厕所改造率、生活垃圾集中化处理率、农村道路硬化率、河流水质标准（Ⅰ、Ⅱ、Ⅲ、Ⅳ、Ⅴ）、新农合参合率、养老保险参保率。其中，安全饮用水全面普及事关民生，是乡村振兴的基础条件；村庄绿化覆盖面积主要以乡公用设施绿化覆盖率测算，绿化覆盖程度越高，说明农村环保工作做得越好；卫生厕所改造和生活垃圾集中化处理都体现了农村的卫生情况，能直接减轻农村环境污染，提升居民幸福感；农村道路硬化考察农村道路的通达性和便捷性，硬化率越高，居民出行越方便；乡村河流是养殖业、种植业以及生活用水的保障。

陈云（2020）[②] 认为，可将生态宜居划分为 6 个二级指标，分别是化肥（农药）施用强度、农药施用强度、农村卫生厕所普及率、村卫生室数与村总数比、畜禽粪污综合利用率、绿化覆盖率。其中，化肥（农药）施用强度指每单位耕地面积使用的化肥（农药）量（采用折纯方式计算）。

沈剑波等（2020）[③] 指出，生态宜居应划分为 4 个二级指标，分别是村庄绿化覆盖率、垃圾处理率、农村卫生厕所普及率、空气质量达标天数。

郭翔宇等（2020）[④] 创造性地将生态宜居与农村生态文明建设联系起来，选取了农村生活环境美化宜居程度、农业绿色发展水平 2 个二级指标。选取村庄绿化覆盖率、治理生活垃圾的行政村占比、处理生活污水的行政村占比、农村卫生厕所普及率和农村居民住房条件 5 个三级指标反映农村生活环境的美化宜居程度；选择农药使用合理化程度、化肥施用合理化程度、主要农作物病虫害绿色防控覆盖率、畜禽粪污综合利用

[①] 李鲁、李剑芳、钱力：《深度贫困地区乡村振兴评价指标体系构建与实证研究——以安徽省大别山连片特困地区为例》，《北京化工大学学报》（社会科学版）2019 年第 2 期。

[②] 陈云：《乡村振兴发展水平测度研究》，《延边大学学报》（自然科学版）2020 年第 3 期。

[③] 沈剑波、王应宽、朱明、王恳：《乡村振兴水平评价指标体系构建及实证》，《农业工程学报》2020 年第 3 期。

[④] 郭翔宇、胡月：《乡村振兴水平评价指标体系构建》，《农业经济与管理》2020 年第 5 期。

率、农作物秸秆综合利用率5个三级指标反映农业绿色发展水平。

马成文等（2019）[①] 将生态宜居划分为沼气普及率、农村自来水供给普及率、农村卫生厕所普及率、农村生活垃圾处理率、乡镇企业工业垃圾处理率、森林覆盖率6个二级指标。其中，沼气普及率、自来水供给普及率、卫生厕所普及率、居民生活垃圾处理率用来反映农村居民基本生活环境与公共基础设施的建设情况；乡镇企业工业垃圾处理率、森林覆盖率用来衡量农村生态环境质量。

陈秧分等（2018）[②] 引入多功能农业与乡村理论，基于乡村生态与闲暇功能，将生态宜居划分为化学物质投入强度、村庄绿化程度、农村用水安全、农村厕所卫生情况、农村生活垃圾处理情况5个二级指标。其中，化学物质投入强度为化肥施用量与农作物播种面积的比值；村庄绿化程度用乡公用设施绿化覆盖率衡量；农村用水安全用农村改水受益人口占农村总人口比重衡量；农村厕所卫生情况用无害化卫生厕所普及率衡量；农村生活垃圾处理情况用对生活垃圾进行处理的行政村比例衡量。

秦妍（2018）[③] 基于层次分析法，将要素层中的生态宜居细分为指标层下的6个二级指标，分别是卫生厕所普及率、清洁能源使用率、自来水入户率、乡村干道硬化率、乡村绿化覆盖率、垃圾集中处理率。其中，卫生厕所普及率是指使用无害化卫生厕所的农户数占农村总户数的比例；清洁能源使用率是指清洁能源使用量与园区终端能源消费总量之比，能源使用量均按标煤计；自来水入户率方面，提高农民生活质量，饮用水是重要的保证，实现乡村振兴，必须确保每位农村居民能够饮用安全水；乡村干道硬化率方面，公路是经济发展的一个重要驱动力，在一定意义上，公路发展状况显示着一个国家或地区的发展水平，农村公路建设是推进乡村振兴的重要基础；乡村绿化覆盖率是指乡村绿化垂直投影面积的总和与乡村用地总面积的比率；垃圾集中处理率反映人居生活环境状况，是反映村镇科学规划的重要指标，只有垃圾集中收集、清洁能源使

[①] 马成文、夏杰：《我国区域乡村振兴水平统计评价研究》，《阜阳师范学院学报》（社会科学版）2019年第6期。

[②] 陈秧分、黄修杰、王丽娟：《多功能理论视角下的中国乡村振兴与评估》，《中国农业资源与区划》2018年第6期。

[③] 秦妍：《我国乡村振兴的目标评价体系构建研究》，博士学位论文，厦门大学，2018年。

用才有其实施的可能性。

刘瑾等（2021）[①] 创新性地使用四川省乡村振兴监测数据进行实证分析，选取自然环境条件、基础设施条件、社会环境条件3个二级指标作为生态宜居的细分指标。其中，自然环境条件选用"美丽四川·宜居乡村"达标村（特色村落）数量占行政村比重、全面消除黑臭水体行政村数量占行政村总数比重、落实"六有"环境整治长效管护机制行政村占行政村总数比重、生活垃圾全部集中处理行政村占比、生活污水全部集中处理行政村占比、设有畜禽集中养殖区的行政村占比、生活垃圾集中收集的户数占常住户数比重、生活污水进行了集中处理的户数占常住户数比重8个二级指标综合反映，各三级指标对生态宜居的影响均为正向；基础设施条件选用进村道路路面为柏油路和水泥路的行政村占比、村内道路路面为柏油路和水泥路的行政村占比、通公共交通的行政村占比、设有电子商务配送站点的行政村占比、通宽带互联网的村占行政村比重、通有线电视的村占行政村比重6个三级指标综合反映，各三级指标对生态宜居的影响均为正向；社会环境条件选用建有"1+6"公共服务中心的行政村占行政村总数比重、卫生村占行政村比重、自来水用户数占常住户数比重、使用卫生厕所的户数占常住户数比重、每村平均营业面积超过50平方米的综合商店或超市个数、每村平均村集体创办的互助型养老服务设施个数、村均卫生室个数7个三级指标综合反映，各个三级指标对生态宜居的影响均为正向。

毛锦凰（2021）[②] 基于甘肃省县域数据，对运用改进的熵权—层次分析法和TOPSIS法构建的乡村振兴评价指标体系进行了实证检验，将生态宜居划分为对垃圾进行集中处理的村占比、对污水进行集中处理的村占比、化肥使用强度、社会用电强度4个二级指标。其中，对垃圾进行集中处理的村占比和对污水进行集中处理的村占比反映乡村人居环境；化肥使用强度是指化肥施用折纯量与农作物播种面积的比值，反映种植业

[①] 刘瑾、李振、张仲、孟庆庄：《四川省乡村振兴评价指标体系构建及实证分析》，《西部经济管理论坛》2021年第6期。

[②] 毛锦凰：《乡村振兴评价指标体系构建方法的改进及其实证研究》，《兰州大学学报》（社会科学版）2021年第3期。

绿色发展水平；社会用电强度是指农村人均用电量与农村居民人均可支配收入的比值，反映一定收入水平下的电耗水平。

闫周府等（2019）[①] 通过"主成分分析"和"专家打分"两种方法，构建了一套动态评价指标体系，将生态宜居划分为生态禀赋、农业生产污染物投放强度、生活污染防治水平、农业节能减排水平、饮用水安全指数、"厕所革命"6个二级指标。其中，生态禀赋用环境空气质量优良率和村庄绿化覆盖率2个三级指标合成；农业生产污染物投放强度用化肥施用强度、农药施用强度2个三级指标合成；生活污染防治水平用生活垃圾集中处理乡村占比、农村生活污水达标处理率、禽畜粪便综合利用率3个三级指标合成；农业节能减排水平用单位能耗创造的农林牧渔增加值、农作物秸秆综合利用率2个三级指标合成；饮用水安全指数用自来水净化处理率来表示；农村"厕所革命"关系到农村居民生活环境和卫生改善，用无害化卫生厕所普及率来衡量。

第四节　乡风文明类评价指标

乡村振兴，不仅要塑造形态，也要铸造灵魂。文化是乡村的灵魂，文化兴盛有助于乡风文明，而乡风文明有助于乡村振兴。乡风文明就是在尊重乡村本位和农民主体地位的基础上，推动形成良好家风、民风，达到邻里和谐、互帮互助，同时传承优秀乡土文化，发挥先进乡土文化的引领作用，将文明乡风发展兴盛。

习近平总书记指出："要推动乡村文化振兴，深入挖掘优秀传统农耕文化蕴含的思想观念、人文精神、道德规范，弘扬主旋律和社会正气，培育文明乡风、良好家风、淳朴民风，改善农民精神风貌。"[②] 当前，我国已实现全面小康，人民物质生活条件也大大改善，然而农村的优秀传统农耕文化随着城市化的加快渐渐退却和消逝。相伴而来的是，乡风、家风、民风蕴含的美好精神特质也正经受社会变迁的冲击，这对实施乡

[①] 闫周府、吴方卫：《从二元分割走向融合发展——乡村振兴评价指标体系研究》，《经济学家》2019年第6期。

[②] 《大力推进乡村文化振兴》，《人民日报》2022年3月16日。

村全面振兴带来了重大现实考验。乡风文明是乡村振兴的软着陆，而乡风文明建设更是乡村振兴的实施难点之一，这对乡村振兴的理论和实践都提出了要求，不仅要贴近实际，而且要与时俱进。所以乡风文明，首要任务是传承优秀的传统农耕文化，保护即将遗失的乡愁和乡土，打造文明乡风的示范作用，树立良好家风的榜样作用，发挥淳朴民风的引领作用，让践行社会主义核心价值观成为农民的自觉行动和精神引领。

习近平总书记在江苏考察时指出："实施乡村振兴战略要物质文明和精神文明一起抓，特别要注重提升农民精神风貌。"[1] 培育乡风文明，也要注重用优秀的榜样引领农民、优秀的作品塑造观念、优秀的精神鼓舞人心，引导农民在思想观念、人文精神、道德规范等方面继承和弘扬农耕文化的优良传统，形成积极向上、文明健康的社会风气和精神风貌。

总之，乡风文明是乡村振兴的助推器，是农民素质提高、风貌良好的重要体现。进行乡风文明建设，要引导农民理解和认同社会主义核心价值观，加大农村普法教育力度，健全农村公共文化服务体系，培育农村特色文化产业。

关于乡风文明类评价指标，国内学者对此有不同的评价体系。

李鲁等（2019）[2] 将乡风文明划分为7个二级指标，分别是农村人口平均受教育年限、文教支出占总支出的比重、学龄儿童净入学率、居民对乡村两级公共服务满意率、党员乡贤在基层党组织中的比重、保护发展特色文化的财政收入比重、人均公共文化设施面积。其中，农村人口平均受教育年限考察九年义务教育政策背景下村民的平均受教育水平，受教育年限越长，该村文明程度越高；文教支出占总支出的比重越高，说明文教活动越来越受到整个家庭重视；学龄儿童净入学率也体现了家庭对下一代的教育重视程度；居民对乡村两级公共服务满意率考察居民在乡村两级公共服务中的幸福感和获得感；党员乡贤在基层党组织中的比重增加有助于乡风的提升；人均公共文化设施面积增加表明居民生

---

[1]《文润心 化成行——江苏省徐州市弘扬协商文化记事》，《人民政协报》2022年9月29日。

[2] 李鲁、李剑芳、钱力：《深度贫困地区乡村振兴评价指标体系构建与实证研究——以安徽省大别山连片特困地区为例》，《北京化工大学学报》（社会科学版）2019年第2期。

活质量的提高；保护发展特色文化的财政收入比重考察农村优秀传统文化和特色文化的保护和传承。

陈云（2020）[①]认为，可将乡风文明划分为5个二级指标，分别是每万人文化文物事业机构数量、农村有线电视入户率、省级农民专业合作社示范社村占比、新型职业农民的相关培训、农村居民教育文化娱乐支出占总支出的比例。

沈剑波等（2020）[②]指出，乡风文明应划分为3个二级指标，分别是农村居民教育文化娱乐支出占比、农村人口平均受教育年限、农村义务教育学校专任教师本科以上学历比例。

郭翔宇等（2020）[③]创造性地将乡风文明与农村文化建设联系起来，选取了农村思想道德建设水平、农村公共文化建设水平、乡村社会文明程度3个二级指标。其中，农村思想道德建设水平可用农村居民教育文化娱乐支出占比、农村人口受教育水平等指标间接反映；农村公共文化建设水平可用农村义务教育学校专任教师本科以上学历占比、村综合性文化服务中心覆盖率2个三级指标衡量；乡村社会文明程度可采用主客观结合的办法评价，客观评价指标采用县级及以上文明村和乡镇占比，主观评价指标采用专家打分法赋值。

马成文等（2019）[④]将乡风文明划分为农村人口平均受教育年限、每万人口文化站馆数、教育文化娱乐支出比重、农村社会治安满意度4个二级指标。其中，农村人口平均受教育年限反映农村教育发展水平；每万人口文化站馆数反映农村文化建设状况；农村社会治安满意度反映农村社会和谐稳定状态。

[①] 陈云：《乡村振兴发展水平测度研究》，《延边大学学报》（自然科学版）2020年第3期。

[②] 沈剑波、王应宽、朱明、王恳：《乡村振兴水平评价指标体系构建及实证》，《农业工程学报》2020年第3期。

[③] 郭翔宇、胡月：《乡村振兴水平评价指标体系构建》，《农业经济与管理》2020年第5期。

[④] 马成文、夏杰：《我国区域乡村振兴水平统计评价研究》，《阜阳师范学院学报》（社会科学版）2019年第6期。

陈秧分等（2018）① 引入多功能农业与乡村理论，基于乡村文化传承功能，将乡风文明划分为乡村传统美德、农民受教育程度、文化娱乐设施的可及性、文化娱乐活动的可及性、文化娱乐消费水平5个二级指标。其中，乡村传统美德用乡村离婚状况人口与乡村各类婚姻状况的人口的比值衡量；农民受教育程度用文盲人口占15岁及以上人口的比重衡量；文化娱乐设施的可及性用乡镇综合文化站数量与乡镇数量的比值衡量；文化娱乐活动的可及性用农村广播节目综合覆盖率与电视节目综合覆盖率均值衡量；文化娱乐消费水平用农村居民人均文化娱乐消费支出衡量。

秦妍（2018）② 基于层次分析法，将要素层中的乡风文明细分为指标层下的5个二级指标，内容分别是农村人口平均受教育年限、文化休闲场所覆盖率、家庭文化消费支出比重、农村社会诚信度、文明家庭所占比重。其中，农村人口平均受教育年限反映了农村人口整体的受教育情况，也体现了一个社会文明的进步程度；文化休闲场所覆盖率反映农村的文化、休闲、娱乐情况；家庭文化消费支出比重方面，全国农村居民的文教娱乐消费支出是体现农村精神文明的重要标志；农村社会诚信度在市场化、现代化进程中仍然保持着较高的水平，农民仍然认可与重视友爱互助的传统；文明家庭所占比重反映农村传统道德弘扬情况、社会主义核心价值观落实情况、乡土文化传承保护情况、文明村镇家庭开展情况，是农民思想道德素质和科学文化水平的重要体现。

刘瑾等（2021）③ 创新性地使用四川省乡村振兴监测数据进行实证分析，选取乡村文明环境、乡村教育环境2个二级指标作为乡风文明的细分指标。其中，乡村文明环境选用国家级、省级、市级传统村落占行政村比重、县以上文明村占行政村比重、开展文明家庭、星级文明户评选活动的行政村占行政村总数比重、设有综合性文化服务中心的行政村占比、村均体育健身场所个数、村均图书室、文化站个数、村均农民业余文化组织个数7个三级指标综合反映，各三级指标对乡风文明的影响均

---

① 陈秧分、黄修杰、王丽娟：《多功能理论视角下的中国乡村振兴与评估》，《中国农业资源与区划》2018年第6期。
② 秦妍：《我国乡村振兴的目标评价体系构建研究》，博士学位论文，厦门大学，2018年。
③ 刘瑾、李振、张仲、孟庆庄：《四川省乡村振兴评价指标体系构建及实证分析》，《西部经济管理论坛》2021年第6期。

为正向；乡村教育环境选用村均小学数量、村均幼儿园、托儿所个数 2 个三级指标综合反映，各三级指标对乡风文明的影响均为正向。

毛锦凰（2021）[①] 基于甘肃省县域数据，对运用改进的熵权—层次分析法和 TOPSIS 法构建的乡村振兴评价指标体系进行了实证检验，将乡风文明划分为乡村从业人员中高中及以上学历从业人员占比、农村居民平均每人观看艺术团体下乡表演的次数、农村居民人均教育文化娱乐消费支出占比 3 个二级指标。其中，乡村从业人员中高中及以上学历从业人员占比反映农村居民受教育水平；农村居民平均每人观看艺术团体下乡表演的次数是指艺术表演团体农村演出的观众人次与农村常住人口的比值，反映文化活动参与水平；农村居民人均教育文化娱乐消费支出占比反映文化消费水平。

闫周府等（2019）[②] 通过"主成分分析"和"专家打分"两种方法，构建了一套动态评价指标体系，将乡风文明划分为乡风文明创建、公共教育、文娱支出 3 个二级指标。其中，乡风文明创建用拥有图书馆和文化站的乡村占比、发展业余文化组织的乡村占比、市级以上文明村和乡镇占比 3 个三级指标合成；公共教育包括教育师资水平、教育完成质量等方面，用平均每个教师负担小学生数、平均每个教师负担中学生数、义务教育学校专任教师本科以上学历比例、义务教育巩固率 4 个三级指标合成；文娱支出用农村居民教育文化娱乐支出占消费支出比重来衡量。

第五节　治理有效类评价指标

治理有效就是要在基层党建、乡村治理、群众参与等方面取得实质性突破，高标准、高质量完成基层党建工作，逐步建立和完善乡村治理体系，有效提高农民参与乡村治理的积极性和主动性，推动乡村形成法治、德治与自治的良好局面。同时，治理有效还体现在村民会议、村务

[①] 毛锦凰：《乡村振兴评价指标体系构建方法的改进及其实证研究》，《兰州大学学报》（社会科学版）2021 年第 3 期。

[②] 闫周府、吴方卫：《从二元分割走向融合发展——乡村振兴评价指标体系研究》，《经济学家》2019 年第 6 期。

公开等制度得以完善健全，村民监督得以高度重视，村民事务得以充分处理。具体来说，应做到向村民公开村里的重大事项和为村民解决普遍反映的急难愁盼问题，做到切实鼓励、大力支持和有序引导农民参与乡村治理。

近些年，我国有序推进农村退耕、还林、还草，不断完善农村基础设施，有效保护了农村生态环境，大力改进了农村交通条件。然而，农村需要进一步治理的方面依然不少，形势依旧严峻，例如农村生活环境脏、乱、差现象，人文环境出现文明程度低、治理效率低、政治生活少等现象，农田水利出现治理较差、长期缺乏修缮等现象。以上种种，普遍存在治理缺位、错位、越位等问题，亟须加以科学有序治理。因此，要积极吸收和努力践行现代农村治理方法，结合各地区农村实际，探索出一条符合乡村发展和地方现实的治理道路，形成现代农村治理体系。

农村治理的主体，一方面是村干部，另一方面是村民。村干部方面，要压实村干部的治理责任，明晰村干部的治理边界，提高村干部的治理能力；村民方面，要调动村民参与乡村治理的积极性，在参与过程中充分尊重农民主体意愿，充分维护农民民主权利。而农村治理的关键，便是法治。所以，要发挥法治在乡村治理的核心作用，注重强调德治和法治相结合，更好促进农民自我管理、自我教育、自我提高。农村治理也离不开乡风文明建设，为此，要推动邻里守望相助、和睦相处，要培育文明乡风、良好家风、淳朴民风，形成乡村自治、法治和德治相结合的良性互动局面。

治理有效，其精髓在于在新时代更好反映乡村特色、更好保护乡村风貌、更好保留乡土人情，让天空常蓝、青山常在、绿水长流，让农业更兴旺、农村更优美、农民更富裕。当然，治理有效不仅体现在统筹大事上，还体现在治理小事上。毕竟，民生无小事，再小的民生问题也必须认真对待。

总之，治理有效是乡村振兴的基础，也是农民安居乐业、农业平稳发展、农村安定和谐的有力反映。实现乡村治理有效，必须重视乡村基层组织建设，拥有受教育程度和政治素养较高的村委班子，促进自治法治德治相结合，加大村政村务公开力度。

关于治理有效类评价指标，国内学者对此有不同的评价体系。

李鲁等（2019）[1] 将治理有效划分为 5 个二级指标，分别是乡村治理参与度、村务公开率、每千户民事纠纷发生数、农村基尼系数、贫困人口发生率。其中，乡村治理参与度主要考察选举等重大决策事项的村民参与率，村务公开有利于提升乡村政府部门的公信力和执行力，两者都是评价廉洁政府、法治乡村的基础指标；减少民事纠纷的发生是基层治理的重要工作，民事纠纷发生数越少，基层治理效果越好；农村基尼系数是衡量农村居民收入差距的指标，基尼系数越小，则居民收入越平均，乡村治理越有效；贫困人口发生率是考察贫困地区和乡村减贫成效的直观数据，贫困发生率越低越好。每千户民事纠纷发生数、农村基尼系数、贫困人口发生率都是负向指标，因此在评价乡村振兴时，要先进行标准化处理。

陈云（2020）[2] 认为，可将治理有效划分为 9 个二级指标，分别是农村社区居家养老设施覆盖率、通有线电视村数量占比、农村居民最低生活保障人数占乡村人口的比例、期末参加城乡居民基本医疗保险的参保率、期末参加城乡居民社会养老保险的参保率、村委会领导强度、人民调解委员会数量、纠纷调解次数、村委会到最远自然村或居民定居点距离在 5 千米以内村的占比。其中，村委会领导强度指农村常住人口与村委会个数之比。

沈剑波等（2020）[3] 指出，治理有效应划分为 3 个二级指标，分别是村务公开率、农村基尼系数、乡村治理村民参与率。

郭翔宇等（2020）[4] 创造性地将治理有效与农村政治建设联系起来，选取了农村基层党组织建设水平、乡村综合治理能力、农村基层服务水平、农村居民满意程度 4 个二级指标。其中，农村基层党组织建设水平影响农村基层党组织领导核心地位与作用的发挥，可采用村党组织书记

---

[1] 李鲁、李剑芳、钱力：《深度贫困地区乡村振兴评价指标体系构建与实证研究——以安徽省大别山连片特困地区为例》，《北京化工大学学报》（社会科学版）2019 年第 2 期。

[2] 陈云：《乡村振兴发展水平测度研究》，《延边大学学报》（自然科学版）2020 年第 3 期。

[3] 沈剑波、王应宽、朱明、王恳：《乡村振兴水平评价指标体系构建及实证》，《农业工程学报》2020 年第 3 期。

[4] 郭翔宇、胡月：《乡村振兴水平评价指标体系构建》，《农业经济与管理》2020 年第 5 期。

兼任村委会主任的占比；乡村综合治理能力可用村庄规划管理覆盖率、有村规民约的村占比、村民选举投票率、实行财务公开村占比4个三级指标反映；农村基层服务水平可用建有综合服务站的村占比综合反映；农村居民满意程度可选择农村居民幸福度、农村居民社会公平感知度2个三级指标反映。

马成文等（2019）[①] 将治理有效划分为村干部中党员比重、专科以上学历村干部比重、平安示范村占行政村比重、村政村务公开满意度4个二级指标。其中，村干部中党员比重、专科以上学历村干部比重反映乡村基层组织和带头人队伍建设状况；平安示范村占行政村比重反映平安乡村建设水平；村政村务公开满意度反映乡村民主管理成效。

陈秧分等（2018）[②] 引入多功能农业与乡村理论，基于乡村社会稳定功能，将治理有效划分为乡村治理参与程度、城乡收入差距程度、城乡生活差距程度、城乡一体化治理程度、农民安居乐业程度5个二级指标。其中，乡村治理参与程度用参加投票人数与当年完成选举的村委会选民登记数的比值衡量；城乡收入差距程度用乡村居民收入与城市居民收入的比值衡量；城乡生活差距程度用乡村居民消费支出与城市居民消费支出的比值衡量；城乡一体化治理程度用农村低保平均标准与城市低保平均标准的比值衡量；农民安居乐业程度用户籍人口城镇化率与常住人口城镇化率的比值衡量。

秦妍（2018）[③] 基于层次分析法，将要素层中的治理有效细分为指标层下的5个二级指标，内容分别是乡村依法自治达标率、村民对村务公开的满意度、村民对基层党组织的信任度、村民对社会治安的满意度、村民对乡村治理的参与率。其中，乡村依法自治达标率反映农村村民民主自治水平，村民自治制度包括实行民主选举、民主决策、民主管理和民主监督，真正让农民当家做主，激发他们的生产积极性，这是反映乡村政治建设的重要指标；村民对村务公开的满意度是指在村民自治中对

[①] 马成文、夏杰：《我国区域乡村振兴水平统计评价研究》，《阜阳师范学院学报》（社会科学版）2019年第6期。

[②] 陈秧分、黄修杰、王丽娟：《多功能理论视角下的中国乡村振兴与评估》，《中国农业资源与区划》2018年第6期。

[③] 秦妍：《我国乡村振兴的目标评价体系构建研究》，博士学位论文，厦门大学，2018年。

村务公开满意或基本满意的成年公民（18 周岁以上）占农村成年居民总数的比重，是反映基层民主政治和农民民主权利的主观指标，而新农村建设要求农村基层组织实现村务的完全公开；村民对基层党组织的信任度方面，农村党组织建设反映了农村基层组织的凝聚力和战斗力，党员的年龄结构要合理，定期参加党员培训活动，增强党员的理论水平和素养，使自治、法治和德治三位一体；村民对社会治安的满意度反映农村的综合治安情况，而社会治安是社会秩序的重要表现，良好的社会治安是乡风文明的基础；村民对乡村治理的参与率反映村民参与乡村治理的积极性和主动性，也是对乡村治理满意程度的体现。

刘瑾等（2021）[①] 创新性地使用四川省乡村振兴监测数据进行实证分析，选取乡村规范和法治情况、村干部情况、乡村自治情况 3 个二级指标作为治理有效的细分指标。其中，乡村规范和法治情况选用配备了"一村一法律顾问"的行政村占比、有村规民约的行政村占比、有合法村庄规划的行政村占比、乡镇内村民违法犯罪发生率为零的村占行政村比重 4 个三级指标综合反映，各三级指标对治理有效的影响均为正向；村干部情况选用村均村干部人数、女性干部人数占村干部人数比重、第一书记为村支书的行政村比重、村党支部书记为高中及以上学历的行政村占比、村委会主任为高中及以上学历的行政村占比 5 个三级指标综合反映，各三级指标对治理有效的影响均为正向；乡村自治情况选用平均每村每季度村民代表大会召开次数、基层党组织领导核心作用强的行政村占比、两委班子专业化能力强的行政村占比 3 个三级指标综合反映，各三级指标对治理有效的影响均为正向。

毛锦凰（2021）[②] 基于甘肃省县域数据，对运用改进的熵权—层次分析法和 TOPSIS 法构建的乡村振兴评价指标体系进行了实证检验，将治理有效划分为 1 个二级指标，即农民合作社成员数量占农林牧渔业从业人员比重。该指标反映村委会的组织协调能力。

---

① 刘瑾、李振、张仲、孟庆庄：《四川省乡村振兴评价指标体系构建及实证分析》，《西部经济管理论坛》2021 年第 6 期。

② 毛锦凰：《乡村振兴评价指标体系构建方法的改进及其实证研究》，《兰州大学学报》（社会科学版）2021 年第 3 期。

闫周府等（2019）[1]通过"主成分分析"和"专家打分"两种方法，构建了一套动态评价指标体系，将治理有效划分为农村人力资本水平、集体产权制度改革、公众参与水平、治理效果4个二级指标。其中，人力资本水平选择地区农村居民平均受教育年限来衡量，而人力资本是乡村治理的宝贵资源，也是自治制度能否有效运行的基础条件，在维护乡村社会秩序、实现自我管理、自我服务方面发挥着重要作用；集体产权制度改革选择农村集体产权制度改革完成率来衡量农村组织结构建设情况，而新型集体经济组织的设立可以有效减少产权纠纷问题，完善乡村治理结构，提升组织管理效率；公众参与体现了乡村治理的民主性，拥有村规民约的乡村占比、村民监督委员会覆盖率2个三级指标合成；治理效果用集体经济强村占比来衡量。

第六节 生活富裕类评价指标

生活富裕是农民富的根本体现，是实施乡村振兴战略的价值导向。农民不仅是农业农村现代化的主力军，而且是推动乡村全面振兴的实践者。"三农"问题是全党工作的重中之重，而收入问题是"三农"问题的重中之重，也是满足农民美好生活需要的重点和难点。习近平总书记用最接地气的话指出，"农业农村工作，说一千、道一万，增加农民收入是关键"[2]。乡村振兴推进得如何，关键要看农民的生活过得好不好，也就是看农民的钱袋子鼓不鼓。只有农民的收入真正增加了，农民的日子才会越过越红火。那么，在推进产业兴旺的基础上，要保障农民合法收入权益，要千方百计增加农民收入，从而增强农民的获得感和幸福感。如此一来，城乡贫富差距会不断缩小，城镇化速度也会大大加快，使农民与市民共享改革开放带来的发展成果和新时代现代化经济发展的成果，而这也是共同富裕的内涵，即全体社会成员通过勤劳努力和相互帮助，都过上幸福、宽裕、美好的物质和文化生活。

---

[1] 闫周府、吴方卫：《从二元分割走向融合发展——乡村振兴评价指标体系研究》，《经济学家》2019年第6期。

[2] 《扛牢大省责任，奋力打造乡村振兴齐鲁样板》，《大众日报》2020年11月9日。

生活富裕，根本上也是在致力于帮助人们拥有衣食无忧、积极向上的生活，从而实现广大农民生活水平从生活宽裕走向生活富裕，真正实现全面意义上的共同富裕。农民富，中国才能从根本意义上实现真富。所以，农民生活富裕是乡村振兴战略的价值导向，也是乡村振兴战略实施的出发点和落脚点，是满足农民对美好生活向往的前提条件，也是党的"以人民为中心"的发展思想的重要体现。当然，生活富裕不是单指物质富足，而是指物质和文化上的双双富足，这也是乡村振兴战略的真正内涵。

总之，生活富裕是乡村振兴的核心，是满足农民日益增长的美好生活向往的根本体现。实现生活富裕，要求拓宽农民就业渠道，完善农村生活基础设施，强化农村公共服务供给，提高农村社会保障水平，推动农民消费结构转型升级，提升农民生活质量。

关于生活富裕类评价指标，国内学者对此有不同的评价体系。

李鲁等（2019）[①]将生活富裕划分为8个二级指标，分别是人均纯收入、人均纯收入的增长率、财产性收入占比、工资性收入占比、拥有耐用消费品家庭占比、人均合格住房面积、生活信息化覆盖率、家庭恩格尔系数。其中，人均纯收入、人均纯收入的增长率是衡量农村居民生活富裕的重要指标；财产性收入、工资性收入占总收入的比重考察了家庭收入的结构比例，比重越大，农民致富能力越强，例如一些脱贫户缺乏摆脱贫困的能力，依靠转移收入达到脱贫线，故将收入比例作为重要的评价指标；拥有耐用消费品家庭占比主要考察农村居民年末主要耐用消费品——家用汽车拥有量，生活信息化覆盖率主要考察农村居民拥有移动电话和安装无线网络的家庭数量；人均合格住房面积从住房层面对生活富裕进行评价；家庭恩格尔系数是指家庭收入中或总支出中用来购买食物的支出的比重，是衡量一个家庭富裕程度的指标，恩格尔系数越小，则家庭更加富裕。家庭恩格尔系数是负向指标，因此在对乡村振兴水平评价时，要先进行标准化处理。

---

① 李鲁、李剑芳、钱力：《深度贫困地区乡村振兴评价指标体系构建与实证研究——以安徽省大别山连片特困地区为例》，《北京化工大学学报》（社会科学版）2019年第2期。

陈云（2020）[①] 认为，可将生活富裕划分为 8 个二级指标，分别是农村居民人均可支配收入增幅、农村居民恩格尔系数、农村居民人均生活消费性支出增幅、农村居民人均住房面积、城乡居民人均收入比、农村每百户居民拥有移动电话数量、农村每百户居民拥有家用汽车数量、农村自来水受益村数与村总数比。

沈剑波等（2020）[②] 指出，生活富裕应划分为 3 个二级指标，分别是城乡居民收入比、农村居民恩格尔系数、农村居民人均可支配收入。

郭翔宇等（2020）[③] 创造性地将生活富裕与农村社会建设联系起来，选取了农村居民收入水平、农村居民生活质量、农村社会保障水平 3 个二级指标。其中，农村居民收入水平可用农村居民人均可支配收入、农村贫困发生率 2 个三级指标结合起来反映；农村居民生活质量可用农村居民人均生活消费水平、农村恩格尔系数、农村自来水普及率、具备条件的建制村通硬化道路比例等指标综合反映；农村社会保障水平可选择农村居民基本养老保险参保率、农村居民基本医疗保险参保率、农村居民最低生活保障人均支出水平、农村医疗卫生人员配置水平 4 个三级指标综合体现。

马成文等（2019）[④] 将生活富裕划分为农村居民可支配收入、农村居民恩格尔系数、交通通信支出比重、每千人乡镇卫生院拥有的病床数、农村养老保险普及率 5 个二级指标。其中，农民人均可支配收入反映农村居民生活水平；以农村居民恩格尔系数、教育文化娱乐支出比重、交通通信支出比重反映农村居民消费结构状况；以每千人乡镇卫生院拥有的病床数、农村养老保险普及率反映农村公共服务供给和社会保障水平。

[①] 陈云：《乡村振兴发展水平测度研究》，《延边大学学报》（自然科学版）2020 年第 3 期。

[②] 沈剑波、王应宽、朱明、王恳：《乡村振兴水平评价指标体系构建及实证》，《农业工程学报》2020 年第 3 期。

[③] 郭翔宇、胡月：《乡村振兴水平评价指标体系构建》，《农业经济与管理》2020 年第 5 期。

[④] 马成文、夏杰：《我国区域乡村振兴水平统计评价研究》，《阜阳师范学院学报》（社会科学版）2019 年第 6 期。

陈秧分等（2018）[①] 引入多功能农业与乡村理论，基于乡村主体发展功能，将生活富裕划分为农村居民收入水平、农村居民消费水平、共同富裕程度、生活信息化程度、公共服务可及性5个二级指标。农村居民收入水平用农村居民人均可支配收入衡量；农村居民消费水平用农村居民年末主要耐用消费品家用汽车拥有量衡量；共同富裕程度用农村非贫困发生率衡量；生活信息化程度用平均每百户拥有的移动电话数量衡量；公共服务可及性用农村养老服务机构床位数与乡村65岁以上人口数量的比值衡量。

秦妍（2018）[②] 基于层次分析法，将要素层中的生活富裕细分为指标层下的6个二级指标，内容分别为农民人均纯收入、农村恩格尔系数、农民居住质量指数、农村网络覆盖率、农民重特大疾病救助率、农村人口平均预期寿命。其中，农民人均纯收入是农村居民当年从各个来源得到的总收入相应扣除所发生的费用后的净收入，反映的是一个地区农村居民的平均收入水平，也反映农民生活的富裕状况；农村恩格尔系数是反映农民富裕程度和生活水平及质量的重要指标，等于农民用于食物消费的支出与总消费支出之比，而国际上常常用恩格尔系数来衡量一个国家和地区人民生活水平的状况；农民居住质量指数反映村民的居住情况，是决定农民的生活幸福指数，除了合格的砖混结构住房与相当宽敞的面积外，也要有一定的家具和舒适度；农村网络覆盖率反映农村信息基础设施现代化状况，农村网络是反映现代农村居民生活水平、信息化程度的一项重要标志，对农村居民日常生活的影响日益扩大，重要性也不断加强；农民重特大疾病救助率反映农民因获大病而得到大病保险覆盖救助的程度，生活越富裕，受到救助的经济保障程度越高；农村人口平均预期寿命是指在一定的年龄死亡率水平下，当活到确切年龄以后，农村居民平均还能继续生存的年数，是衡量农村居民健康水平的一个指标，反映出我国农村居民生活质量的高低。

---

① 陈秧分、黄修杰、王丽娟：《多功能理论视角下的中国乡村振兴与评估》，《中国农业资源与区划》2018年第6期。

② 秦妍：《我国乡村振兴的目标评价体系构建研究》，博士学位论文，厦门大学，2018年。

刘瑾等（2021）[①] 创新性地使用四川省乡村振兴监测数据进行实证分析，选取村民收入情况、城乡收入差距情况、村集体收支情况、社会保障情况4个二级指标作为生活富裕的细分指标。其中，村民收入情况选用农村居民人均可支配收入、农村居民人均可支配收入1.5万元以上的行政村数量占比2个三级指标综合反映，各三级指标对生活富裕的影响均为正向；城乡收入差距情况用农村居民人均可支配收入占城镇居民人均可支配收入比重衡量，该三级指标对生活富裕的影响为正向；村集体收支情况选用每村平均全年村集体收入、每村平均全年村级办公支出总额2个三级指标综合反映，各三级指标对生活富裕的影响均为正向；社会保障情况选用低保人员占户籍人口比重、特困人员占户籍人口比重、参加医疗保险人数占户籍人口比重、参加养老保险人数占户籍人口比重4个三级指标综合反映，前两个指标对生活富裕的影响为负向，后两个指标对生活富裕的影响为正向。

毛锦凰（2021）[②] 基于甘肃省县域数据，对运用改进的熵权—层次分析法和TOPSIS法构建的乡村振兴评价指标体系进行了实证检验，将生活富裕划分为城乡居民人均可支配收入比、人均食品烟酒消费支出比重、通自来水的户数占比、通公共交通的村占比4个二级指标。其中，城乡居民人均可支配收入比反映农村居民相对收入水平；人均食品烟酒消费支出比重反映农村居民消费水平；通自来水的户数占比反映农村基础设施建设水平；通公共交通的村占比反映农村居民出行便利程度。

闫周府等（2019）[③] 通过"主成分分析"和"专家打分"两种方法，构建了一套动态评价指标体系，将生活富裕划分为农民收入、消费结构、交通可达性、社会保障水平4个二级指标。其中，农民收入用农村居民人均可支配收入和城乡居民收入比2个三级指标合成；消费结构用农村居民恩格尔系数表示，恩格尔系数能在一定程度上反映农村居民的生活

[①] 刘瑾、李振、张仲、孟庆庄：《四川省乡村振兴评价指标体系构建及实证分析》，《西部经济管理论坛》2021年第6期。

[②] 毛锦凰：《乡村振兴评价指标体系构建方法的改进及其实证研究》，《兰州大学学报》（社会科学版）2021年第3期。

[③] 闫周府、吴方卫：《从二元分割走向融合发展——乡村振兴评价指标体系研究》，《经济学家》2019年第6期。

富裕水平；交通可达性选择村通公路占比和铺设路灯的村庄占比2个三级指标合成，来表示交通可达性程度；社会保障用农村居民最低生活保障标准与农村居民人均衣食住行消费支出比、拥有自己住房的村民比例2个三级指标合成。

第四章

评价指标权重的确定

在乡村振兴发展水平测度过程中，由于乡村振兴目标评价指标体系中各指标的重要程度存在差异，因此需对各个指标科学地赋予权重系数。从赋权方法来看，现有主流赋权方法主要包括主观赋权法、客观赋权法和综合赋权法等，以下是三种方法的详细介绍。

第一节 主观赋权法

主观赋权法主要是参与评价的专家依据自己的知识经验，比较评价体系中各指标的重要程度，从定量的角度来考量评价指标对于评价目标相对重要程度，通过直接分配权重或构造出判断矩阵的方法来计算权重。主观赋权法主要包括德尔菲法、环比评分法、层次分析法等。

一 德尔菲法

德尔菲法[1]又称为专家调查法，是一种非见面形式的专家意见收集方法。其流程是由各专家对项目评价体系中各指标重要性进行评价，对评价意见进行整理、归纳、统计后以匿名的形式反馈给其他专家，再次征求意见，并重复进行打分，通过多轮的意见收集和信息反馈，最后汇总成专家基本一致的看法。德尔菲法本质上是一种反馈匿名函询法，它有匿名性、多次反馈两个明显的特点。

---

[1] 徐蔼婷：《德尔菲法的应用及其难点》，《中国统计》2006年第9期。

(一) 匿名性

匿名是德尔菲法的极其重要的特点,不同的专家在从事预测时彼此互不知道有哪些人参加预测,他们是在完全匿名的情况下交流思想的。采用这种方法时所有专家组成员不直接见面,只是通过函件交流,这样就可以消除权威的影响。

(二) 反馈性

使用该方法一般需要经过3—4轮的信息反馈,通过专家组对每次反馈的分析使得研究可以深入进行,最终研究结果大体上能够反映专家们的一致的共识,结果较为客观、可信。

在使用德尔菲法收集意见的过程中,具体实施步骤如下:

(1) 确定调查题目,准备好向专家提供的资料;

(2) 组成专家小组。在课题所需要的知识领域内确定专家,专家小组人数的多少,可根据预测课题的大小,一般不超过20人;

(3) 向所有专家介绍问题及相关要求,并提供给专家相关课题的所有材料;

(4) 各个专家根据他们所收到的材料,提出自己的意见,并说明依据;

(5) 将所有专家第一次判断意见汇总,再分发给各位专家,让专家比较不同意见后,修改自己的意见和判断;

(6) 收集汇总所有专家的修改意见,再次分发给各位专家,以便做第二次修改。收集意见和信息反馈一般要经过三四轮。重复进行这一过程,直到每一个专家不再改变自己的意见为止;

(7) 对专家的意见进行综合处理。

当然并不是所有问题都要经过四五轮才能达到统一,也会有许多问题四五轮结束后并不能达到统一,当意见不统一的时候也可以用中位数得出结论。使用德尔菲法来收集意见,由于其采用匿名发表意见的方式,专家之间不发生横向联系,只能与调查人员发生关系,在很大程度上克服了权威人物的意见左右其他人的意见等弊病,使得各位专家能真正充分地发表自己的预测意见。德尔菲法的主要缺点在于存在一定的主观片面性,易忽视少数人的意见,从而导致意见的结论偏离实际,其次也存在着过程比较复杂、花费时间较长等缺点。德尔菲法作为一种主观、定性的方法，不仅可以用于预测领域，而且可以广泛应用于各种评价指标体系的建立和具体指标的确定过程。例如，我们在综合评价一项投资项目时，需要对该项目的市场吸引力作出评价。通过列出评价项目吸引力的若干因素，如整体市场规模、年市场增长率、历史毛利率、竞争强度、技术要求、对能源的要求、对环境的影响等，市场吸引力的这一综合指标就等于上述因素加权求和，市场吸引力每一个因素的重要性用权重来表示，而权重的多少则需要由管理人员的主观判断来确定，在做出主观判断时，可以采用德尔菲法。

二 环比评分法

环比评分法[①]评价和选择方案是通过确定各种因素的重要性系数来实现的，该方法适用于各个评价对象之间的可比关系较为明显、评价功能重要程度比值较为明确的情况。在运用时每个指标只与上下指标进行对比，从上至下依次比较相邻两个指标的重要程度并给出重要度值，然后令最后一个被比较的指标的重要度值为1.0（作为基数），依次修正重要性比值，以排列在下面的指标的修正重要度比值乘以与其相邻的上一个指标的重要度比值，得出上一指标修正重要度比值。用各指标修正重要度比值除以功能修正值总和，即得各指标权重。具体做法如下：

首先将最下面一项功能 D 的修正重要性系数定为 1.0，填入第（3）栏倒数第二行。

根据第（2）栏给出的上下相邻两项功能之间的相应关系（A = 2.0B、B = 1.5C、C = 2.0D），得出各功能修正重要性系数，将第（3）栏各数相加，即得全部功能区的总分 12.0。

将第（3）栏中各功能的修正重要性系数除以全部功能总分 12.0，即得各功能区的重要性系数，填入第（4）栏。

[①] 杨虹、万忠伦：《价值工程中确定功能权重的方法》，《西华大学学报》（自然科学版）2005 年第 2 期。

表4-1　　　　　　　　　环比评分法修正系数表

功能区	暂定系数	修正重要性系数	功能重要性系数
(1)	(2)	(3)	(4) = (3)/12
A	2.0	6.0	0.50
B	1.5	3.0	0.25
C	2.0	2.0	0.17
D		1.0	0.08
合计		12.0	1.00

在使用环比评分法确立乡村振兴评价指标体系中指标权重时，首先需要将指标分为三层，最上层为目标层，中间层为要求层共有5个评价指标，最下层为指标层共有26个评价指标，先对中间层要求层使用环比评分法，根据实际情况及经验，对比中间层各指标之间的相对重要程度，设定与之相适应的评价系数，其中5个指标的暂定系数表示相对重要程度，将要求层5个指标从上到下进行排序，然后将乡村振兴要求层指标中最下面的指标设为1.0，按照评价系数各指标间的系数关系得出其他指标的修正系数，从而得出整个指标体系要求层的评价系数表，假设要求层指标之间的系数关系为：

$$B_1 = 1.2 B_2 \quad B_2 = 1.5 B_3 \quad B_3 = 2B_4 \quad B_4 = 1 B_5$$

表4-2　　　　　　　　　B层次评价系数表

指标名称	暂定系数	修正系数	评价系数
B_1	1.2	3.6	0.34
B_2	1.5	3.0	0.28
B_3	2	2.0	0.19
B_4	1	1.0	0.095
B_5	—	1.0	0.095
合计		10.6	1

在按要求层B层的5个指标之间的系数关系进行权重划分后，再分别对每个指标的下一层指标层C层之间的系数关系来确定该层级的权重，

在将要求层 B 层权重评价系数和该层下指标层 C 层的评价系数相乘，得到最终的指标层 C 层级每个指标的权重。

三　层次分析法

层次分析法[①]是通过深入分析决策问题的影响因素及其内在关系，采用定量的方法，利用较少的定量信息使决策的思维过程数学化，从而为复杂决策问题提供简便的决策方法。该方法尤其适合于对问题的决策结果难于直接准确计量的场合，其基本思路是把复杂的问题分解成几个密切相关的指标，将这些指标按支配关系分组，并将各个分组构建成有序的递阶层次体系。通常将与问题相关的各级指标划分为目标层、要求层和指标层等诸多层次，由专家对属于同一支配元素的指标进行两两对比并得出判断矩阵。根据判断矩阵的数据，确定每一支配元素中的指标相对于其支配元素的重要程度（权重），然后由下往上逐层合成不同层级的指标权重，最终得到层次体系最底层指标相对于目标层的权重。

在乡村振兴评价指标体系主观赋权法中最常使用的方法是层次分析法，该方法把决策问题作为一个整体，按照分解、比较判断、综合的思维方式进行决策，把定性方法与定量方法有机地结合起来，既不单纯追求高深数学，又不片面地注重逻辑推理，使用起来简单实用。层次分析法在操作中首先需要构建各层次两两比较的判断矩阵，再基于专家给判断矩阵的打分，分别计算出矩阵的最大特征根、特征向量及一致性检验，最终得出指标层到要求层、要求层到目标层的权重。具体的操作如下：

（1）建立评价指标层次模型

在深入分析乡村振兴评价指标的基础上，将有关的各个因素自上而下地分解成三个层次，最上层为目标层，只有 1 个评价指标为乡村振兴评价指标，要求层由产业兴旺、生态宜居、乡风文明、治理有效、生活富裕 5 个指标组成，最下层为指标层共有 26 个评价指标。

（2）构造判断矩阵

根据建立的乡村振兴目标评价指标体系结构图，即由目标层、要求

---

① 杨虹、万忠伦：《价值工程中确定功能权重的方法》，《西华大学学报》（自然科学版）2005 年第 2 期。

层和指标层组成的层次分析模型,通过比较每一层次各因素相对上一层次因素的相对重要性,分析出各指标之间彼此影响、彼此制约的重要程度,用数值的形式作出判断,并以矩阵的形式进行表示。

(3) 计算特征向量、最大特征值权重及一致性检验

设最大的特征值为 λ,其特征向量为 W,首先计算判断矩阵每行元素的乘积之和 M,其次计算 M 的 n 次方根 W_i,对向量 W 进行归一化得到指标权重,通过计算判断矩阵的最大特征根 λ,最后对指标进行一致性检验:$CI = \dfrac{\lambda - n}{n - 1}$,一般来说 CI 越大,判断矩阵的一致性越差,当 $CI = 0$ 时,说明该矩阵具有完全一致性,而矩阵通过了一致性检验则说明特征向量可以作为该矩阵的权重向量。

(4) 计算系统的总排序权重

通过以上的分析可以得出要求层指标的权重,再根据相似的流程,对要求层每个指标所包括的指标层指标进行计算和检验,并得出其相应的权重。最后通过将要求层指标的权重和指标层指标的权重相乘,得出系统最终的总排序权重。

层次分析法具有简洁实用、所需要的定量信息较少的优点,但是也存在着主观成分较多的缺点,虽然计算模型看似定量,但同级指标权重的排序依旧依赖主观判断,同时,在多指标的复杂体系中,权重需要精确,其细小差别可能影响最终结果,但层次分析法未能实现。

第二节 客观赋权法

客观赋权法不依赖于人的主观判断,主要是根据原始数据之间的关系来进行赋权,该方法基于一定的数学理论,在对指标实际数据进行定量分析的基础上确定指标权重,其测度结果具有较强的数学理论依据,可以保证权重的绝对客观性。目前使用的客观赋权法主要包括熵权法、主成分分析法、因子分析法、变异系数法等。

一 熵权法

熵是热力学中的一个物理概念,是体系混乱度或无序度的度量,熵

越大表示系统越乱，熵越小表示系统越有序。信息熵借鉴了热力学中熵的概念，用于描述平均而言事件信息量的大小，所以在数学上，信息熵是事件所包含的信息量的期望，根据期望的定义，可以设想信息熵的公式大概是：信息熵 = Σ每种可能事件的概率 × 每种可能事件包含的信息量。在信息论中，系统无序程度可以用信息熵来度量，系统有序程度可以用信息度量，二者绝对值相等、符号相反。熵权法[①]是根据信息熵的大小来确定指标权重，某项指标的数值变异程度越大，信息熵越小，该指标提供的信息量就越大，则其权重也应越大；反之，该指标的权重就越小。熵权法对指标赋权的优点在于其充分衡量了指标数值之间的差异程度，克服了主观赋权法主观性过大的缺点，同时也能提高指标数据间的对比度，避免指标数据差异过小所导致的分析评价等问题。目前，该方法的应用比较成熟，适用于对包含多元指标的对象进行指标赋权或综合评价。使用熵权法赋权的具体步骤如下：

（1）数据标准化：将各个指标的数据进行标准化处理，假设给定了 k 个指标 $X_1, X_2, \cdots, X_k$，其中 $X_i = \{x_1, x_2, x_3, \cdots, x_n\}$，假设对各数据指标标准化后的值为 $Y_1, Y_2, \cdots, Y_k$，则有：$Y_{ij} = \dfrac{X_{ij} - \min X_{ij}}{\max X_{ij} - \min X_{ij}}$；

（2）求各指标的信息熵：根据信息论中信息熵的定义，一组数据信息熵为 $E_j = -k \sum\limits_1^n P_{ij} \ln(P_{ij})$，$k = \dfrac{1}{\ln(n)}$，其中 $P_{ij} = Y_{ij} / \sum\limits_1^n Y_{ij}$；

（3）确定各指标权重：根据信息熵的计算公式，计算出各个指标的信息熵为 $E_1, E_2, \cdots, E_k$。通过信息熵计算各指标的权重：$W_i = \dfrac{1 - E_i}{k - \sum E_i}(i = 1, 2, \cdots, k)$；

（4）根据最终的目的和要求将指标重要性权重确定为 α_j，$j = 1, 2, \cdots, n$，结合指标的熵权 w_j 就可以得到指标 j 的综合权数：$\beta_j = \dfrac{\alpha_i w_i}{\sum\limits_{i=1}^{m} \alpha_i w_i}$。

---

① 郭显光：《改进的熵值法及其在经济效益评价中的应用》，《系统工程理论与实践》1998年第12期。

熵权法目前已经在工程技术、社会经济等领域得到了非常广泛的应用。对乡村振兴评价指标进行赋权的时候，在客观赋权法中使用较多的是熵权法，当各备选项目在指标 j 上的值完全相同时，该指标的熵值达到最大值1，其熵权为零。这说明该指标未能向决策者提供有用的信息，即在该指标下，所有的备选项目对决策者来说是无差异的，可考虑去掉该指标。目前为止，熵权法只在确定权重的过程中使用，所以适用范围有限，解决的问题也有限，但是其优势在于精度较高、客观性较强、适应性较强，能够更好地解释所得到的结果。

二　主成分分析法

主成分分析[①]也称主分量分析，是考察多个变量间相关性的一种多元统计方法，其主要目的是利用降维的思想，把多指标转化为少数几个综合指标（即主成分），希望用较少的变量去解释大部分变量，将许多相关性很高的变量转化成彼此相互独立或不相关的变量。从原始变量中导出的少数几个主成分都能够反映原始变量的大部分信息，且所含信息互不重复。该方法是一种数学变换的方法，它把给定的一组相关变量通过线性变换转成另一组不相关的变量，这些新的变量按照方差依次递减的顺序排列。通常数学上的处理就是将原来 P 个指标作线性组合构造新的综合指标，第一主成分用 F_1（即第一个综合指标）来表达，作为第一主成分其包含的信息最多，因此在所有的线性组合中选取的 F_1 应该是方差最大的，即 Var（F_1）最大。当第一主成分不足以代表原来 P 个指标的信息时，再考虑选取第二主成分 F_2（即选第二个综合指标），为了真实有效地反映原来的信息，F_1 与 F_2 所包含的信息应该互不重复，用数学语言表达就是要求 Cov（F_1，F_2）＝0，依此类推可以构造出第三、第四……、第 P 个主成分。这种方法在引进多方面变量的同时将复杂因素归结为几个主成分，使问题简单化，同时得到结果更加科学有效的数据信息。这种方法避免了在综合评分等方法中权重确定的主观性和随意性，评价结果比较符合实际情况；同时，主成分分量表现为原变量的线性组合，如

[①] 林海明、杜子芳：《主成分分析综合评价应该注意的问题》，《统计研究》2013 年第 8 期。

果最后综合指标包括所有分量，则可以得到精确的结果，100%地保留原变量提供的变量信息，即使舍弃若干分量，也可以保证将85%以上的变量信息体现在综合评分中，使评价结果真实可靠。主成分分析法是在实际中应用得比较广的一种方法，具体的计算步骤如下：

（1）原始指标数据的标准化：

采集 P 维随机变量 $X = (X_1, X_2, \cdots, X_P)^T$，选取 n 个样品 $x_i = (x_{i1}, x_{i2}, x_{i3}, \cdots, x_{ip})^T$，$i = 1, 2, 3, \cdots, n, n > p$，构造样本矩阵，对样本矩阵进行如下标准化变换：$Z_{ij} = \dfrac{x_{ij} - \bar{x}_j}{s_j}, i = 1, 2, \cdots, n; j = 1, 2, \cdots, p$

其中 $\bar{x}_j = \dfrac{\sum_{1}^{n} x_{ij}}{n}, s_j^2 = \dfrac{\sum_{i=1}^{n}(x_{ij} - \bar{x}_j)^2}{n - 1}$，得出标准化矩阵 Z；

（2）对标准化矩阵求相关系数矩阵：

$R = [r_{ij}]_P xp = \dfrac{Z^T Z}{n - 1}$，其中，$r_{ij} = \dfrac{\sum z_{kj} \cdot z_{kj}}{n - 1}, i, j = 1, 2, \cdots, p$；

（3）解出样本相关矩阵 R 的特征方程得 p 各特征根，确定单位特征向量 b_j；

（4）将标准化后的指标变量转换为主成分：$F_{ij} = z_i^T b_j, j = 1, 2, \cdots, m$，$F_1$ 是第一位主成分，F_2 称为第二位主成分，……，F_p 称为第 P 位主成分；

（5）对 m 个主成分进行综合评价，通过加权求和后得到最终的评价值。

使用主成分分析法进行分析可以减少指标选择的工作量和计算的工作量，也可以消除评估指标之间的相关影响，当然，在使用主成分分析法的时候要保证前几个主成分的重要性要达到较高的水平，符合实际的背景。

三　因子分析法

因子分析的基本目的就是用少数几个因子去描述许多指标或因素之间的联系，即将联系比较密切的几个相关变量归在同一类中，每一类变量就成为一个因子，以较少的几个因子反映原始资料的大部分信息。在多变量分析中，存在着不能直接观测到但影响可观测变量变化的公共因子，这些公共因子使得变量间具有相关性，因子分析法[①]（Factor Analysis）就是寻找这些公共因子的模型分析方法。它从变量内部相关的依赖关系出发，把一些具有错综复杂关系的变量归结为少数几个综合因子，通过对观测变量进行分类，将联系比较紧密、相关性较高的分在同一类中，由于不同类变量之间的相关性较低，每一类变量实际上就代表了一个基本结构，即公共因子。可以说，因子分析是主成分分析的推广，也是一种把多个变量化为少数几个综合变量的多变量分析方法，在主成分的基础上构筑若干意义较为明确的公共因子，并以它们为框架来分解原变量，可以达到用有限个不可观测的隐变量来解释原始变量之间关系的目的。因子分析的核心问题有两个：一是如何构造因子变量；二是如何对因子变量进行命名解释。因此，因子分析的基本步骤和解决思路就是围绕这两个核心问题展开的。因子分析有以下几个基本步骤：

（1）计算相关矩阵 R：

将原始数据标准化，以消除变量间在数量级和量纲上的不同。并求出标准化数据的相关矩阵，设有 n 个样本，每个样本测得 p 个变量，原始数据矩阵 $(X_{ij})_{n \times p}$（X_{ij} 是指第 i 个样本第 j 个评价指标），利用这些单因子评价指标求相关矩阵 $R = (r_{ij})_{p \times p}$（$r_{ij}$ 是各因子间的相关系数）。

$$r_{ij} = \frac{\sum_{k=1}^{n}(x_{ki} - x_i)(x_{kj} - x_j)}{\sqrt{\sum_{k=1}^{n}(x_{ki} - x_i)^2 (x_{kj} - x_j)^2}}$$

（2）求相关矩阵 R 的特征值和特征向量；特征值 λ_i 按大小顺序排列，特征向量 U_i 也按相关的顺序排列；

（3）求出主因子个数 M：给定一个靠近 1 的数值 PD，取前 M 个主因子，使其累计贡献率 $\frac{\sum_{i=1}^{M} \lambda_i}{P} \geq PD$；

（4）求主因子 $F = (F_1, F_2, \cdots, F_M)^T$ 的因子荷载矩阵 $A = (U_{ij}\sqrt{\lambda_j})_{P \times M}$，将 A 按行规格化得 A^*；

[①] 陈培彬、谢源、王海平、朱朝枝：《福建省乡村振兴实施成效分析及其优化路径——基于2015—2019年9地市面板数据》，《世界农业》2020年第1期。

(5) 对规格化后的因子载荷矩阵 A^* 施行方差最大的正交矩阵;
(6) 计算因子得分:

$$F_1 = A_{11} x_1 + A_{12} x_2 + \cdots + A_{1p} x_p$$
$$F_2 = A_{21} x_1 + A_{22} x_2 + \cdots + A_{2p} x_p$$
$$\vdots$$
$$F_M = A_{M1} x_1 + A_{M2} x_2 + \cdots + A_{Mp} x_p$$

A_{ij} 是第 i 个主因子对第 j 个变量的得分值;

(7) 求出权重:

权系数 $\beta_i = A_{1j} f_1 + A_{2j} f_2 + \cdots + A_{Mj} f_M$,其中 f_i 是第 i 个主因子 F_i 的贡献率(特征值所占的百分比),计算时 A_{ij} 取其绝对值。最终的权重为:

$$W_j = \frac{\beta_j}{\sum_{j=1}^{p} \beta_j}。$$

四 变异系数法

变异系数反映单位均值上的离散程度,当进行两个或多个资料变异程度的比较时,如果度量单位与平均数相同,可以直接利用标准差来比较。如果单位和(或)平均数不同时,比较其变异程度就不能采用标准差,而需采用标准差与平均数的比值来比较,标准差与平均数的比值称为变异系数,记为 V_i。各项指标的变异系数公式如下:$V_i = \frac{\delta_I}{\bar{x}_i} (i = 1, 2, \cdots, n)$,其中,$V_I$ 是第 i 项指标的变异系数;δ_i 是第 i 项指标的标准差,$\bar{x}_i$ 是第 i 项指标的平均数,各项指标的权重为:$W_i = \frac{V_i}{\sum_{i=1}^{n} V_i}$。变异系数的好处是不需要参照数据的平均值。因此在比较两组量纲不同或均值不同的数据时,应该用变异系数而不是标准差来作为比较的参考。变异系数法[1]是根据统计学原理计算得出系统各指标变化程度的方法,该方法能够比较客观地求出各指标的权重。根据评价指标当前值与目标值的变异程度

---

[1] 储莎、陈来:《基于变异系数法的安徽省节能减排评价研究》,《中国人口·资源与环境》2011 年第 S1 期。

来对指标进行赋权,当指标现有值与目标值差距较大时,说明该指标较难实现目标值,应该赋予较大的权重,反之则应该赋予较小的权重。该方法的具体步骤如下:

(1) 原始数据的收集与整理:

假设有 n 个待评价样本,p 项评价指标,形成原始指标数据矩阵:

$$X = \begin{pmatrix} x_{11} & \cdots & x_{1p} \\ \vdots & \ddots & \vdots \\ x_{n1} & \cdots & x_{np} \end{pmatrix}$$

其中,X_{ij} 表示第 i 个样本第 j 项评价指标的数值;

(2) 计算第 j 项评价指标的均值和标准差:

$$\begin{cases} \bar{x}_j = \dfrac{1}{n} \sum_{i=1}^{n} x_{ij} \\ s_i = \sqrt{\dfrac{\sum_{i=1}^{n}(x_{ij} - \bar{x}_j)^2}{n-1}} \end{cases}$$

(3) 计算第 j 项评价指标的变异系数:

$$v_i = \frac{s_i}{\bar{x}_i}, j = 1, 2, \cdots, p$$

(4) 对变异系数进行归一化处理,进而得到各指标的权重:

$$w_j = \frac{v_j}{\sum_{j=1}^{p} v_i}$$

经过计算最终得到的指标权重:$W = \{w_1, w_2, \cdots, w_p\}$。

第三节 综合赋权法

在进行综合评价的过程中,权重的确定对最终的结果会起着决定性的影响,现在大多数采用的都是主客观结合的综合赋权法。主观赋权法用得最多的是层次分析法,客观赋权法用得最多的是熵权法,客观赋权完全依赖于样本数据,当样本数据变化时,权重也会发生变化,从统计规律来讲,随着样本容量的增加,权重的变化应该越来越小,最终趋于一个稳定的值,但在我们实际的评价过程中不可能让样本数达到足够大,因此我们在有限样本下求出的只能是近似值。主观赋权法看似简单，但依赖人为因素的主观性太强，这两种方法都存在着信息的损失，采用综合赋权就是最大限度地减少信息的损失，使赋权的结果尽可能地与实际结果接近。综合赋权法，即主客观组合赋权法，该方法基于主、客观赋权法各自的优势，将两者所得的权重进行综合集成，或根据一种权重对另一种权重进行部分修正。通过对主观赋权法和客观赋权法得到的指标权重进行线性组合，可以减少由于主观赋权法太过主观，而客观赋权法又缺乏对事物真实情况的了解所带来的偏差，在进行乡村振兴指标赋权时最常用的综合赋权方法是熵权—层次分析法[①]。

熵权—层次分析法将熵权法和层次分析法进行了有机的结合，熵权法的优点在于充分利用了数据所传递出的信息熵，并以此来判断指标的相对重要程度，可以降低基于专家自身认识局限所造成的偏误。层次分析法的优点则在于很好地利用了专家对于评价对象发展现状的认识，避免了诸多干扰因素对指标数据信息熵的扭曲，使得评价结果的导向性更符合实际。将熵权法和层次分析法的优点相结合，可以使所求的指标权重更加合理。熵权—层次分析法的思路是：首先按照完整的层次分析法步骤计算出各项指标权重，然后利用熵权法计算的指标权重对层次分析法所得的指标权重进行修正。该思路在评价对象相对微观或数量较多时（异质性较强）存在一定的局限性，因为专家的判断会随着评价对象异质性的增强而产生较大的误差，而部分指标的熵值也会随着评价对象异质性的增强偏向于增大，但这种熵值增大可能是评价对象自身环境差异等因素干扰的结果，若不加以矫正便会造成赋权结果失真，降低评价结果的政策参考价值。具体的计算步骤如下：

（1）构造初始指标数据矩阵。评价指标体系的目标层为 A，要求层 B 有 1 个指标，指标层 C 有 n 个指标，有 m 个待评价地区，基于待评价地区与指标层构成的初始指标数据矩阵为：

$$X = (x_{ij})_{m \times n} \tag{1}$$

其中，x_{ij} 为第 i 个待评价地区第 j 个指标的数值；

[①] 毛锦凰：《乡村振兴评价指标体系构建方法的改进及其实证研究》，《兰州大学学报》（社会科学版）2021 年第 3 期。

(2) 数据标准化。由于各指标数据之间存在量纲、量级及正负号等差异,所以在对数据进行相关操作之前需要进行标准化处理,本书采用极差标准化方法对初始数据进行标准化处理,计算公式为:

$$P_{ij} = (x_{ij} - \text{Min } x_{ij})/(\text{Max } x_{ij} - \text{Min } x_{ij}) \qquad (2)$$

该式只针对正向指标,若指标为负向指标,则取其相反数后再运用该公式;

(3) 定义标准化矩阵:

$$P = (P_{ij})_{m \times n}, \text{其中} 0 \leqslant P_{ij} \leqslant 1 \qquad (3)$$

(4) 计算指标层指标的熵值:

$$e_j = \left(\frac{-1}{\ln m}\right) \sum_{i=1}^{m} p_{ij} \ln p_{ij} \qquad (4)$$

其中,若 $P_{ij} = 0$,则定义 $P_{ij} \ln P_{ij} = 0$。

(5) 计算指标层指标的差异性系数:

$$k_j = 1 - e_j \qquad (5)$$

(6) 定义指标层指标的权重:

$$w_j^c = \frac{k_j}{\sum_{i=1}^{m} k_j} \qquad (6)$$

由式(5)得到指标层指标对应于目标层的权重矩阵: $w^c = (w_1^c, w_2^c, \cdots, w_n^c)^T$,将 w^c 中隶属于同一要求层的元素相加,即可得到要求层指标对应于目标层的权重矩阵: $w^b = (w_1^b, w_2^b, \cdots, w_l^b)^T$。最后,由 w^c 中隶属于同一要求层的元素除以对应的要求层指标权重(即 w^b 中的相应元素),得到指标层指标对应于要求层指标的权重矩阵: $w^d = (w^{d_1}, w^{d_2}, \cdots, w^{d_l})_{1 \times n}^T$,该矩阵为分块矩阵,$w^{d_l}$ 为要求层指标 B_1 所支配的指标对应于 B_1 的权重行向量,其余指标含义类推。

(7) 倒推并调整各层次判断矩阵。层次分析法中通过对指标进行两两对比,即对要求层和指标层中隶属于同一支配元素的指标进行两两对比,并用数字1—9及其倒数作为标度来表示两者的相对重要程度,由量化结果的标度来构造判断矩阵。本书并不需要事先根据专家打分情况来构造判断矩阵,而是根据熵权法计算的指标权重的比值来倒推判断矩阵,这里以倒推并调整要求层判断矩阵为例来说明其计算方法。

倒推判断矩阵。首先定义以下矩阵：$W^{-b} = \left(\dfrac{1}{w_1^b}, \dfrac{1}{w_2^b}, \cdots, \dfrac{1}{w_l^b}\right)^T$，$B = (W^b, W^b, \cdots, W^b,)_{l \times l}$，$C = (W^{-b}, W^{-b}, \cdots, W^{-b},)_{1 \times n}$，令 $A = (a_{ij})_{l \times l}$ 为判断矩阵，则 $A = (a_{ij})_{l \times l} = B \cdot C = \left| \dfrac{w_2}{w_1} \vdots 1 \ddots \dfrac{w_2}{w_{l-1}} \vdots \dfrac{w_2}{w_l} \right|$

调整判断矩阵。提取出判断矩阵 A 的上三角形矩阵，在结合指标数据分析与专家经验的基础上，对判断矩阵的元素 a_{ij} 进行调整，从而得到最终的判断矩阵，其他层次的判断矩阵亦是通过这种方法计算得到。

（8）采用层次分析法进行后续计算。根据调整过的各层次判断矩阵进行层次单排序及其检验、层次总排序及其检验等后续步骤，并最终得到指标层指标对应于目标层的权重。

第五章

评价得分的计算

在指标得分计算方面，主要涉及加权求和法和 TOPSIS 法，后者也称理想解法，以各评测对象与理想解的接近程度作为计算评测对象指标得分的依据，这是一种多目标决策或评价的方法。

第一节 直接加总法

直接加总法，即将乡村振兴水平评价指标转化为相应的分值，然后直接汇总起来的一种方法，主要包括区间打分法和区间增量法。

一 区间打分法

区间打分法一般分为 5 个等级，每个级别由低到高依次是从 0 至 10，均以 2 分递增，旨在划分标准后对指标进行打分，然后根据各个指标赋予好的权重，进行线性加权求和，最后获得一个综合得分。该方法适用于非连续性变量，不因指标形式的变化而变化。比如，对乡风文明指标进行打分，其细分后的二级指标得分处于 ABCDE 对应水平，而每个级别对应的分数为 10—8、8—6、6—4、4—2、2—0，最后将其汇总起来，便可以得出乡风文明指标分数。

二 区间增量法

区间增量法对乡村振兴水平评价各项指标的实际值，一般基于同类指标的标准水平 x_0 进行打分，要么取均值要么取其他值，如果高出标准水平，分数就相应提高，反之亦然，程度由分母 D 决定，具体公式如下：

$$F_i = \left[\frac{x_i}{x_0}\right] + \frac{x_i - x_0}{D}$$

最后基于各项指标的得分，进行线性加权得到综合得分。其缺点是存在评价对象区分不明显的现象。

第二节 比值加总法

比值加总法，即对乡村振兴水平评价各项指标的实际值与标准值进行对比后，进行线性综合汇总，最后获得一个综合评分的方法，具体公式如下：

$$z = \sum_{i=1}^{p} w_i \frac{x_i}{x_0}$$

其中 x_0 为标准值，根据实际需要灵活调整，p 表示评价指标个数，w 表示权重，若把最小值设为 0，则该公式等同于规格化后进行线性加权。其缺点是存在线性替代的现象。

第三节 逼近理想解法（TOPSIS）

TOPSIS 法[1]（Technique for Order Preference by Similarity to Ideal Solution）即理想解法，以各评测对象与理想解的接近程度作为计算评测对象指标得分的依据，是一种多目标决策或评价的方法。TOPSIS 法作为一种常用的综合评价方法，能充分利用原始数据的信息，其结果能精确地反映各评价方案之间的差距。TOPSIS 法基本过程为先将原始数据矩阵统一指标类型（一般正向化处理）得到正向化的矩阵，再对正向化的矩阵进行标准化处理以消除各指标量纲的影响，并找到有限方案中的最优方案和最劣方案，然后分别计算各评价对象与最优方案和最劣方案间的距离，获得各评价对象与最优方案的相对接近程度，以此作为评价优劣的依据。该方法对数据分布及样本含量没有严格限制，数据计算简单易行，其基

---

[1] 毛锦凰、王林涛：《乡村振兴评价指标体系的构建——基于省域层面的实证》，《统计与决策》2020 年第 19 期。

本原理是通过检测评价对象与理想解、非理想解的距离来进行排序，所谓理想解是设想的最优的解（方案），它的各个属性值都达到各备选方案中的最好的值，而负理想解则是设想的最劣的解（方案），它的各个属性值都达到各备选方案中的最坏的值。若其中有一个方案最接近理想解同时又远离负理想解，则该方案是备选方案中最好的方案。利用 TOPSIS 方法可以对众多的方案进行排序，具体步骤为：

1. 评价指标赋权：

遇到多目标最优化问题时，通常有 m 个评价目标 B_1，B_2，…，B_m，每个目标有 n 个评价指标 X_1，X_2，…，X_n。首先邀请相关的专家对评价指标（包括定量指标和定性指标）进行打分，将打分结果表示成数学矩阵形式，将矩阵进行规范化后由规范化决策矩阵 B 与指标权重矩阵 G 的哈达马积（Hadamardproduct），得到加权规范化决策矩阵 X：

$$X = B \times G = \begin{bmatrix} x_{11} & \cdots & x_{1n} \\ \vdots & \ddots & \vdots \\ x_{m1} & \cdots & x_{mn} \end{bmatrix} \tag{1}$$

$$G = [W, W, \cdots, W]_{n \times m}^T \tag{2}$$

2. 确定理想解和负理想解：

假设理想解和负理想解分别为 X^+ 和 X^-，令：

$$X^+ = \{X_j^+ \mid j = 1, 2, 3, \cdots, n\} = \{\text{Max } X_{i,j}, j = 1, 2, 3, \cdots, n\} \tag{3}$$

$$X^- = \{X_j^- \mid j = 1, 2, 3, \cdots, n\} = \{\text{Min } X_{i,j}, j = 1, 2, 3, \cdots, n\} \tag{4}$$

3. 计算各评价目标值与理想解和负理想解的距离：令 D_i^+ 和 D_i^- 分别为评价目标 i 的各项指标值到理想解和负理想解的距离，计算公式为：

$$D_i^+ = \sqrt{\sum_{j=i}^{n} (X_{ij} - X_j^+)^2} \tag{5}$$

$$D_i^- = \sqrt{\sum_{j=i}^{n} (X_{ij} - X_j^-)^2} \tag{6}$$

其中，X_j^+ 和 X_j^- 分别为第 j 个目标到最优目标及最劣目标的距离，X_{ij} 是第 i 个目标第 j 个评价指标的权重规格化值，D_i^+ 是各评价目标与最优目标的接近程度，D_i^+ 越小，评价目标距离理想目标越接近，方案越优。

4. 计算各评价地区指标值与理想解的相对贴近度：

$$S_i = \frac{D_i^-}{D_i^+ + D_i^-} \tag{7}$$

式中，$0 < S_i < 1$，按 S_i 值的大小进行排序，该值越大，表明越接近理想解；当 $S_i = 0$ 时，表示该目标为最劣目标；当 $S_i = 1$ 时，表示该目标为最优目标。

TOPSIS 对数据分布及样本含量、指标多少没有严格的限制，数据计算亦简单易行，不仅适合小样本资料，也适用于多评价对象、多指标的大样本资料。在进行综合评价时，TOPSIS 分析法有如下特点：有多个评价指标，这些指标是可测量或可量化的、有一个或多个评价对象，根据多指标信息计算一个综合指标，把多维空间问题简化为一维空间问题进行解决，可以依据综合指标值大小对评价对象优劣程度进行排序。利用 TOPSIS 法进行综合评价，可得出良好的可比性评价排序结果，该方法在使用中具有以下优点：

（1）避免了数据的主观性，不需要目标函数，不用通过检验，而且能够很好地刻画多个影响指标的综合影响力度；

（2）原理简单，能同时进行多个对象评价，计算快捷，评价客观，具有较好的合理性和适用性，实用价值较高；

（3）不仅能确定各评价对象所属的级别，还能进行不同评价对象间质量的优劣比较。

当然，TOPSIS 法在使用中也具有一些难以避免的缺点：

（1）每个指标的数据，对应的量化指标选取会有一定难度；

（2）不确定指标的选取个数多少适宜，才能够很好地刻画指标的影响程度；

（3）必须有两个以上的研究对象才可以进行使用。

多目标综合评价排序的方法较多，各有其应用价值，尽管 TOPSIS 法在使用的过程中存在一些难以避免的缺陷，但是在诸多的评价方法中，TOPSIS 分析法对原始数据的信息利用最为充分，其结果能精确反映各评价方案之间的差距。

第 六 章

省域乡村振兴水平评价

党的十八大以来，以习近平同志为核心的党中央把脱贫攻坚摆在治国理政的突出位置，作为实现第一个百年奋斗目标的重点任务，对此作出一系列重大部署和安排，全面打响脱贫攻坚战，脱贫攻坚成果举世瞩目。到2020年，我国现行标准下，农村贫困人口全部实现脱贫，贫困县全部摘帽，区域性整体贫困得到解决，脱贫攻坚取得全面胜利。打赢脱贫攻坚战后要进一步巩固拓展脱贫攻坚成果，接续推动脱贫地区发展和乡村全面振兴。为实现巩固拓展脱贫攻坚成果同乡村振兴有效衔接，2017年10月18日，党的十九大报告首次提出乡村振兴战略，指出农业、农村、农民问题是关系国计民生的根本性问题，必须始终把解决好"三农"问题作为全党工作的重中之重，实施乡村振兴战略。乡村振兴战略从全局和战略高度来把握和处理工农关系、城乡关系，解决"一条腿长、一条腿短"的问题，其实施效果的好与坏，涉及国家战略利益的得与失，关系到农业农村现代化的实现，关系到社会主义现代化的全面实现，关系到第二个百年奋斗目标的实现。2018年，国家出台《乡村振兴战略规划（2018—2022年）》，以习近平总书记关于"三农"问题的重要论述为指导，按照产业兴旺、生态宜居、乡风文明、治理有效、生活富裕的总要求，对乡村振兴战略实施作出阶段性谋划。其中提到了要加强乡村统计工作，丰富完善统计数据，根据乡村特点因地制宜建立客观反映乡村振兴进展的指标和统计体系，同时建立规划实施督促检查机制，适时开展规划中期检验监测和期末总结评估，助力脱贫攻坚与乡村振兴有效衔接。

推进乡村振兴战略，除了要有科学合理的实施规划，也必须要有能够准确衡量乡村振兴战略规划实施进程的评价指标体系。本章立足于中国全局，在全面理解乡村振兴战略规划和借鉴社会主义新农村建设、美丽乡村建设以及部分乡村振兴评价指标体系的研究基础上，试图构建一套能够较为科学地反映区域乡村振兴水平的评价指标体系。以31个省域（不含港澳台）为研究对象，选用2020年数据，构建起由产业兴旺、生态宜居、乡风文明、治理有效和生活富裕5个一级指标和26项二级指标组成的乡村振兴评价指标体系，并运用层次分析法（AHP）与熵权法相结合的综合赋权法确定各个指标权重，同时采用TOPSIS方法计算各省域乡村振兴总体水平及其各项一级指标的得分，并对计算结果进行分析，实时监测乡村振兴战略的实施进程和推进效果。

第一节　指标选取原则

构建科学合理的乡村振兴评价指标体系，指标的选取必须要遵循相应的原则，本书参考现有研究成果，结合本书的研究思路，提出以下指标选取的原则：(1) 科学性原则，科学性是任何指标体系设计中应遵守的最基本的原则。选择评价指标要尽可能与"乡村振兴"的界定范围保持一致，能够客观揭示"乡村振兴"的本质特征。(2) 突出国家战略发展方向原则，《乡村振兴战略规划（2018—2022年）》对于乡村振兴战略的发展方向作出了部署，坚持党管农村工作，坚持农业农村优先发展，坚持农民主体地位，坚持乡村全面振兴，坚持城乡融合发展，坚持人与自然和谐共生，坚持改革创新、激发活力，坚持因地制宜、循序渐进。评价指标体系必须要对这些方向全面反映，以便更好地引导乡村振兴战略的实施。(3) 可比性原则，所选取的指标在横纵向上具有一定差距的指标，两个方面都可进行比较，而且避免采用绝对值，注意普遍适用性，将不可比因素转化为可比因素，尽量选择平均值或比值。(4) 以农民为中心原则，所选取的指标应该能真正体现农民的获得感、幸福感，不能只考虑硬件环境，应统筹推进农村经济建设、政治建设、文化建设、社会建设、生态文明建设和党的建设，加快推进乡村治理体系和治理能力现代化，加快推进农业农村现代化。(5) 可操作性原则，指标体系的设计应考虑到实际操作的可行性，是否精练、简明，是否易于理解和能否适用于现有的信息基础。指标体系需考虑指标量化的难易程度和可靠性，选用指标最好有能够计算的数据作为基础。所选取的指标需是国家及各省、市、自治区统计部门或政府机构公布的数据，避免采用统计口径和标准不一致的指标或者是反映主观感受的指标。(6) 典型性原则，反映"乡村振兴水平"的数据纷繁复杂，有的只反映了个别的、次要的、分散的现象，有的只说明了某一短暂时刻的状态，这些不具备全面性、代表性的统计数据都难以作为"乡村振兴水平"评价指标，因此只有那些能对"乡村振兴"的实际水平有所解释和说明的统计数据，才能上升至指标的层次。

第二节　评价指标的选取

一　数据来源

本章数据来自《中国农村统计年鉴 2021》《中国社会统计年鉴 2021》《中国民政统计年鉴 2021》《中国人口和就业统计年鉴 2021》《中国农村贫困监测报告 2021》、国家统计局网站、中国农业农村部网站、中国商务部网站、中国绿色食品发展中心网站、各地方市场监督管理局网站，个别缺失数据采用插值法补充。

二　评价指标体系构建

本章紧扣乡村振兴国家战略总体要求，即党的十九大提出的乡村振兴发展总体要求——"产业兴旺、生态宜居、乡风文明、治理有效、生活富裕"，搜集了我国 31 个省（市、区）（不含港澳台）2020 年度的指标数据，从省域层面构建中国乡村振兴水平评价指标体系。本章选取的省（市、区）分别为：上海、北京、浙江、福建、江苏、天津、黑龙江、海南、广东、山东、辽宁、内蒙古、湖北、新疆、广西、吉林、河北、江西、湖南、陕西、宁夏、安徽、河南、重庆、山西、四川、青海、甘肃、贵州、云南、西藏。本章将乡村振兴战略总目标的五个方面，即产业兴旺、生态宜居、乡风文明、治理有效和生活富裕作为一级指标，并在一级指标下遵循上面的指标选取原则来选取二级指标，构建起乡村振兴描述指标体系（如表 6-1 所示）。

表 6-1 乡村振兴评价指标体系

一级指标	二级指标	单位	指标解释
产业兴旺 Y_1	农田节水灌溉率 X_1	%	节水灌溉面积/灌溉面积
	劳动生产率 X_2	元/人	农林牧渔业增加值/农业生产经营人员
	农业规模经营化率 X_3	%	农业规模经营户/农业经营户
	农副食品加工业产值与农林牧渔业产值比 X_4	%	农副食品加工业产值/农林牧渔业产值
	农村中农业从业人员比重 X_5	%	农村中农业从业人员数/农村总的从业人员数
	人均农产品出口额 X_6	美元	农产品出口总额/农业生产经营人员
	农产品优质化水平 X_7	个/万元	无公害农产品认证数量/农林牧渔业增加值
生态宜居 Y_2	农业生产中化肥使用强度 X_8	千克/公顷	农业生产中化肥施用量/农作物的播种面积
	卫生厕所普及率 X_9	%	水冲式卫生厕所普及率+卫生旱厕普及率
	对生活垃圾进行处理或部分处理的村占比 X_{10}	%	生活垃圾处理率
	对生活污水进行处理或部分处理的村占比 X_{11}	%	生活污水处理率
乡风文明 Y_3	农村居民高中及以上学历占比 X_{12}	%	具有高中及以上学历的农村居民人数/农村总人口
	农村居民平均每人观看艺术团体下乡表演的频数 X_{13}	%	农村观看艺术团体下乡表演的观众人次/农村总人口
	人均教育文化娱乐消费支出占比 X_{14}	%	人均教育文化娱乐消费支出/人均消费支出
	有农民业余文化组织的村占比 X_{15}	%	农民参与文化组织情况

续表

一级指标	二级指标	单位	指标解释
治理有效 Y_4	村民委员会中党员比例 X_{16}	%	村民委员会委员中的党员人数/村民委员会委员总数量
	村民委员会中本科及以上学历普及率 X_{17}	%	村民委员会中具有本科及以上学历的委员数量/村民委员会委员总数量
	党支部书记兼任村委会主任比率 X_{18}	%	党支部书记兼任村委会主任的数量/村委会主任数量
	农民专业合作社密度 X_{19}	个/千人	工商部门注册的农民专业合作社数量/农村总人口
生活富裕 Y_5	农村非贫困率 X_{20}	%	1－农村贫困发生率
	人均食品烟酒消费支出比重 X_{21}	%	人均食品烟酒消费支出/人均消费支出
	城乡居民人均可支配收入比 X_{22}	%	城镇居民人均可支配收入/农村居民人均可支配收入
	饮用经过处理的自来水的农户占比 X_{23}	%	安全饮水水平
	农村养老机构密度 X_{24}	个/万人	农村养老机构数量/农村总人口
	互联网宽带覆盖率 X_{25}	%	农村互联网接入户/农村总户数
	农村居民每百户拥有家用汽车数 X_{26}	辆	农村汽车拥有量/户数×100

第三节　评价结果与分析

一　指标权重确定

本章的权重采用综合赋权法，首先向研究区域经济和农村经济方面的5位专家发放指标评价表，根据5位专家的判断结果依次进行指标权重计算，最终的主观权重取5个结果的均值，并利用差异系数法求出综合赋权法中线性组合的系数 α，最后结合熵权法得到的二级指标的客观权重计算出各二级指标的综合权重，结果如表6-2所示。

表6-2　　　　　　　　　　　指标权重表

一级指标	一级指标综合权重	二级指标	二级指标主观权重	二级指标客观权重	二级指标综合权重
Y_1	0.4623	X_1	0.0674	0.0207	0.0442
		X_2	0.1534	0.0283	0.0779
		X_3	0.0279	0.0815	0.0565
		X_4	0.0428	0.0494	0.0545
		X_5	0.0176	0.0195	0.0220
		X_6	0.0114	0.1053	0.0411
		X_7	0.1062	0.1856	0.1662
Y_2	0.1215	X_8	0.0137	0.0188	0.0190
		X_9	0.0865	0.0049	0.0245
		X_{10}	0.0538	0.0186	0.0374
		X_{11}	0.0220	0.0536	0.0406
Y_3	0.1158	X_{12}	0.0095	0.0251	0.0183
		X_{13}	0.0454	0.0661	0.0648
		X_{14}	0.0044	0.0135	0.0092
		X_{15}	0.0212	0.0187	0.0236
Y_4	0.0841	X_{16}	0.0106	0.0078	0.0108
		X_{17}	0.0228	0.0699	0.0472
		X_{18}	0.0048	0.0435	0.0170
		X_{19}	0.0022	0.0267	0.0091
Y_5	0.2613	X_{20}	0.0602	0.0111	0.0306
		X_{21}	0.1128	0.0340	0.0733
		X_{22}	0.0396	0.0189	0.0324
		X_{23}	0.0261	0.0174	0.0252
		X_{24}	0.0133	0.0319	0.0244
		X_{25}	0.0171	0.0118	0.0168
		X_{26}	0.0075	0.0174	0.0135

注：以上结果根据原始数据计算得出。

从确定的指标权重来看，主客观赋权方法都对产业兴旺赋予了较大的权重，说明人们的主观认知与统计数据所反映出来的差异是一致的。

作为排在首位的"产业兴旺",是实施乡村振兴战略的首要任务和工作重点,更是乡村振兴的基础和保障。只有做大做强做优乡村产业,才能保持乡村经济发展的旺盛活力,为乡村振兴提供不竭动力。"治理有效"的主观权重和客观权重差距较大,且客观权重大于主观权重,说明各地方反映治理有效的指标数据存在较大差异,而专家主观上认为其并不重要,实际在乡村振兴中发挥了一定的作用。"生活富裕"的主客观权重差距在5个一级指标中最大,主观权重远高于客观权重,说明生活富裕是反映乡村振兴水平的重要指标,但整体乡村振兴依赖于五个维度的全局发展。总的来看,综合权重与主观权重较为接近,但又对主观权重进行了部分修正,使得指标权重更加合理。

二 指标得分计算

在确定指标权重的基础上,运用TOPSIS方法计算出全国各省域乡村振兴总体水平及其各项一级指标的得分,计算结果如表6-3所示。

表6-3 各省域乡村振兴总体水平及其各项一级指标得分

排名	地区	乡村振兴总体水平	产业兴旺总体水平	生态宜居总体水平	乡风文明总体水平	治理有效总体水平	生活富裕总体水平
1	上海	0.6967	0.3469	0.0970	0.0410	0.0645	0.1472
2	北京	0.5876	0.2883	0.1002	0.0409	0.0532	0.1049
3	浙江	0.5181	0.1573	0.1114	0.0995	0.0455	0.1044
4	福建	0.4231	0.1608	0.0922	0.0292	0.0135	0.1274
5	海南	0.3822	0.1061	0.0827	0.0232	0.0318	0.1383
6	江苏	0.3769	0.1223	0.0884	0.0330	0.0264	0.1068
7	天津	0.3767	0.1621	0.0815	0.0198	0.0221	0.0912
8	广东	0.3646	0.0805	0.0857	0.0153	0.0338	0.1494
9	安徽	0.3153	0.0462	0.0712	0.0537	0.0238	0.1204
10	新疆	0.3105	0.1260	0.0404	0.0252	0.0213	0.0976
11	山东	0.3078	0.0921	0.0754	0.0275	0.0276	0.0852
12	湖北	0.3026	0.0818	0.0692	0.0304	0.0299	0.0914
13	内蒙古	0.3015	0.1227	0.0410	0.0317	0.0252	0.0808

续表

排名	地区	乡村振兴总体水平	产业兴旺总体水平	生态宜居总体水平	乡风文明总体水平	治理有效总体水平	生活富裕总体水平
14	黑龙江	0.2906	0.1521	0.0236	0.0142	0.0158	0.0849
15	重庆	0.2870	0.0572	0.0534	0.0359	0.0221	0.1184
16	广西	0.2858	0.0811	0.0759	0.0221	0.0108	0.0959
17	辽宁	0.2674	0.0951	0.0631	0.0236	0.0186	0.0670
18	河北	0.2607	0.0777	0.0574	0.0275	0.0190	0.0791
19	四川	0.2563	0.0577	0.0585	0.0116	0.0098	0.1186
20	宁夏	0.2558	0.0770	0.0502	0.0200	0.0176	0.0909
21	甘肃	0.2490	0.0500	0.0303	0.0324	0.0257	0.1106
22	陕西	0.2472	0.0729	0.0475	0.0333	0.0139	0.0797
23	江西	0.2471	0.0636	0.0692	0.0234	0.0096	0.0813
24	河南	0.2371	0.0540	0.0496	0.0400	0.0199	0.0737
25	山西	0.2322	0.0508	0.0471	0.0402	0.0138	0.0802
26	云南	0.2291	0.0428	0.0348	0.0252	0.0147	0.1116
27	湖南	0.2258	0.0473	0.0625	0.0294	0.0174	0.0692
28	青海	0.2117	0.0588	0.0300	0.0137	0.0133	0.0959
29	吉林	0.2026	0.0828	0.0343	0.0239	0.0116	0.0500
30	西藏	0.2015	0.0266	0.0379	0.0098	0.0135	0.1137
31	贵州	0.1865	0.0390	0.0295	0.0149	0.0089	0.0943

注：表中排名依据乡村振兴总体水平得分。

从乡村振兴及五个维度的总体水平得分的计算结果来看：

表6-4　　乡村振兴总体水平及五个维度水平排序表

乡村振兴总体水平					
1	上海	0.6967	29	吉林	0.2026
2	北京	0.5876	30	西藏	0.2015
3	浙江	0.5181	31	贵州	0.1865

续表

产业兴旺总体水平					
1	上海	0.3469	29	云南	0.0428
2	北京	0.2883	30	贵州	0.0390
3	天津	0.1621	31	西藏	0.0266
生态宜居总体水平					
1	浙江	0.1114	29	青海	0.0300
2	北京	0.1002	30	贵州	0.0295
3	上海	0.0970	31	黑龙江	0.0236
乡风文明总体水平					
1	浙江	0.0995	29	青海	0.0137
2	安徽	0.0537	30	四川	0.0116
3	上海	0.0410	31	西藏	0.0098
治理有效总体水平					
1	上海	0.0645	29	四川	0.0098
2	北京	0.0532	30	江西	0.0096
3	浙江	0.0455	31	贵州	0.0089
生活富裕总体水平					
1	广东	0.1494	29	湖南	0.0692
2	上海	0.1472	30	辽宁	0.0670
3	海南	0.1383	31	吉林	0.0500

注：依据表6-3分类排序。

从以上得分结果可见：

第一，从总体上看，全国省域乡村振兴总体水平普遍较高。在研究的31个省、市、自治区当中，乡村振兴总体水平得分大于0.25的省域有20个，约占总数的2/3，得分大于0.4的省域有上海市、北京市、浙江省、福建省，占总数的比重为20%，而上海甚至达到0.6967，说明全国绝大多数省域乡村振兴总体水平与理想水平差距不大，乡村振兴成效明显。

第二，部分省域乡村振兴总体水平与经济发展水平并不总是协调发展的。我国经济强省湖南省，GDP排名在全国前十，但其乡村振兴总体水平得分不到 0.25，仅为 0.2258。位于中西部地区的内蒙古和新疆，其乡村振兴总体水平要高于经济发展水平较好的中部省域。经济落后的海南省 GDP 总量排名多年在倒数第四，但乡村振兴总体水平却排到了第五，甚至高于广东省。由此说明乡村振兴总体水平可能快于也可能慢于经济发展水平，并不一定与经济发展水平同步发展。

第三，乡村振兴总体水平前三分别是上海市、北京市、浙江省，皆为东部地区省（市），综合得分皆在 0.5 以上，后三名分别是吉林省、西藏自治区、贵州省，同时也是经济落后地区，其中贵州省为 0.1865，中国全局乡村振兴总体水平区域差异悬殊，第一名为最后一名的 3.7 倍，且由表 6-4 可知，上海市、北京市、浙江省的产业兴旺、生态宜居、乡风文明、治理有效、生活富裕总体水平几乎皆为前三，同样乡村振兴总体水平靠后的地区五个维度水平亦排名靠后。

第四，31 个省域乡村振兴水平的主要驱动因素并不相同，如上海、北京受多个维度指标影响而维持了全国第一、第二的乡村振兴总体水平，浙江省则多是生态宜居和乡风文明总体水平推动。我国地域辽阔，各省（市、区）的自然地理状况和经济发展水平的差异很大，产业演进的阶段和主导产业的发展明显不处于同一层次上，再加上社会、政治、历史等诸方面的原因，我国各省（市、区）乡村振兴不可能步调一致。因此，全国不可能有一个统一的振兴模式和发展过程，必须根据各省（市、区）不同的社会经济特征采取不同的振兴模式和路径，因地制宜和充分发挥各地特色优势相结合，形成乡村振兴新模式、新路径。

三 乡村振兴总体水平及各维度空间布局分析

以下分别从乡村振兴总体水平和 5 个一级指标总体水平的空间分布角度来分析中国省域乡村振兴水平，从而更直观地了解 31 个省域乡村振兴水平在空间上的分布特征：

（一）总体分析

第一，全国地区间乡村振兴总体水平的差异十分明显。结合乡村振兴总体水平得分，我们把 31 个省、市、自治区的乡村振兴总体水平分为三个梯队，将乡村振兴总体水平得分排名前十位的省域定义为第一梯队，排名中间的 10 个省域定义为第二梯队，排名后十一位的定义为第三梯队。

第二，东部省域的乡村振兴总体水平明显高于中西部省域。第一梯队也有安徽、新疆等中西部省（区），乡村振兴水平紧追经济更发达的东部省份。第三梯队的11个省域都是中西部省域，其中中部省域有5个，西部省域有6个，这说明全国地区间乡村振兴总体水平与经济发展水平一样存在很大的差异。

第三，全国各省域内部乡村振兴不均衡。从5个一级指标的得分来看，不论乡村振兴总体水平得分排名靠前还是靠后的省域，其内部各项一级指标得分之间均存在较大差异。上海市和北京市的乡风文明总体水平得分就明显低于其他四项指标，且上海市产业兴旺总体水平是其乡风文明总体水平的8.5倍多，北京市则为7倍，而广东省、安徽省、湖北省、重庆市、四川省等的产业兴旺总体水平则不如生活富裕总体水平，说明各省域在乡村发展的过程中并不是均衡推进的。

第四，全国省域间乡村振兴各项一级指标总体水平差异程度不同。通过计算5个一级指标总体水平的方差（见表6-5），可以发现全国省域间治理有效总体水平和生活富裕总体水平的方差比较小，说明这两项指标在全国省域间的差距相对较小，各省域重视度和推进成效较为一致；产业兴旺总体水平之间的方差较大，说明全国省域间的乡村产业建设水平差距相对较大，部分省域乡村已有完整的产业发展体系，而有的省域尚在建设中。

表6-5 各项一级指标总体水平方差表

指标	产业兴旺总体水平	生态宜居总体水平	乡风文明总体水平	治理有效总体水平	生活富裕总体水平
方差	0.1131	0.0688	0.0234	0.0162	0.0126

注：依据表6-2结果计算得出。

（二）分维度分析

从产业兴旺总体水平来看，上海市、北京市、天津市、福建省、浙江省处于第一梯队，而黑龙江省、新疆、内蒙古也出现在第一梯队，湖南省、安徽省反而落入了第三梯队，在农村现代化产业体系构建上，经济水平一定程度影响产业兴旺总体水平,但并不绝对。这两个省份一方面农业产业化组织程度较低,贸工农、产加销一体化的产业体系还未完善,一、二产业融合层次较低,农副食品精深加工产品少,多是初加工产品,且农业加工产品科技含量低,附加值不高,绿色、有机特色产品少。另一方面规模化程度低,一家一户的分散经营及农户"重生产、轻销售"的观念制约着农业的集约化、规模化进程,也影响了大型农机设备的有效利用,土地产出率和规模效益较低的问题突出,造成产业兴旺总体水平排名落后。

从生态宜居总体水平来看,第一梯队多为南方及沿海省份,这些地区河湖众多,水网纵横,山地丘陵区大多植被繁茂、郁郁葱葱,景色秀丽,且经济结构优化,以轻工业、第三产业、高新技术产业为主,污染排放偏少,而东北地区、西北地区和西南地区以重工业为主,空气质量差,PM2.5超标十分严重,宜居环境相对较差。第三梯队的省(市、区)煤炭石油矿产资源丰富,重工业发达,大气污染、水污染、土壤污染严重,加之乡镇企业的异军突起,使环境污染向农村急剧蔓延,同时生态破坏的范围也在扩大。还有些省份(市、区)如新疆、内蒙古则深居欧亚大陆,气候干旱少雨,沙尘暴肆虐,土地沙漠化,居住环境恶劣。

从乡风文明总体水平来看,河南省进入了第一梯队,作为中原地带的省份,儒家文化影响深远。乡风文明的核心要义或本质就是农村精神文明建设,内容涉及文化、法制、风俗、社会治安等多个方面。中原地区受儒家文化影响深厚,尤其是孟子思想中的仁政思想、民本思想、经济思想,在当代仍有跨越时空的永恒魅力,对于培育文明乡风、良好家风、淳朴民风,对于涵养干部为政之德,提升乡村治理能力,都有着积极的借鉴意义。儒家传统的乡村治理是以人伦道德、礼治法治为基本内容的社会教化,通过社会教化维护乡村的道德人心、社会秩序,儒学走进乡村可以将乡村民众道德理想的火焰重新点燃,落实以文化人、以文育人的理论实践。儒家的教化传统和乡村治理经验在乡村振兴战略中具有重要的现实意义,也影响中原地区乡风文明总体水平的提高。

从治理有效总体水平来看,第一梯队省(市、区)分布零散,甘肃省进入第一梯队。甘肃省尊重并充分发挥农民的首创精神，在发展乡村产业、实施乡村建设行动、推动城乡融合发展等领域，全方位鼓励和引导农民参与乡村治理的政策制定、活动实施、进程监督和成果分享，做到问需于民、问计于民。同时把农村基层党组织建设成坚强战斗堡垒，以强有力的组织力量为支撑，把农村基层党组织建设贯穿乡村治理全过程，促进乡村治理与农村基层党建工作的深度融合，为乡村善治提供组织保障。多方面积极推进自治、法治、德治融合的乡村治理实践探索，推动乡村治理取得更大成效。

从生活富裕总体水平来看，第一梯队省域与经济发展水平并不一致，其中需要指出的是海南省、西藏自治区、云南省的生活富裕总体水平进入了第一梯队。2020 年西藏城乡居民人均可支配收入比 2010 年翻一番。农村居民人均可支配收入 14598 元，比上年增长 12.7%，连续 18 年保持两位数增长，近 5 年增速保持在 13% 左右，增速均居全国第一。城镇居民人均可支配收入 41156 元，比上年增长 10%[①]。海南省积极拓宽农民增收渠道，增加农民低收入者收入，扩大农村中等收入群体，保持农村居民收入增速快于城镇居民。健全覆盖城乡公共就业服务体系，大规模开展职业技能培训，促进农民工多渠道转移就业，提高就业质量。加强扶持引导服务，实施乡村就业创业促进行动，大力发展文化、科技、旅游、生态等乡村特色产业。培育一批家庭工场、手工作坊、乡村车间，鼓励在乡村地区兴办环境友好型企业，实现乡村经济多元化，提供更多就业岗位。

四 分经济区分析

乡村振兴水平受区域特点如经济发展水平、乡村产业结构、农村基础设施建设、民生保障水平等因素影响，相同发展模式省域的乡村振兴方式方法可互相借鉴，对比也更有现实意义。故本章依据国务院发展研究中心发布的报告中提出的将内地划分为东部、中部、西部、东北四大板块，并将四个板块划分为八大综合经济区的具体构想，按省（市、区）

---

① 数据来源于《西藏自治区 2020 年国民经济和社会发展统计公报》，https://www.neac.gov.cn/seac/xxgk/202108/1150390.shtml。

发展特点、产业优势，来具体分析每个经济功能区内省域的乡村振兴总体水平。八大经济区分别为：（1）东北综合经济区：辽宁、吉林、黑龙江。重型装备和设备制造业基地；保持能源原材料制造业基地的地位；全国性的专业化农产品生产基地。（2）北部沿海综合经济区：北京、天津、河北、山东。最有实力的高新技术研发和制造中心之一；加速区域一体化进程。（3）东部沿海综合经济区：上海、江苏、浙江。最具影响力的多功能的制造业中心；最具竞争力的经济区之一。（4）南部沿海经济区：福建、广东、海南。最重要的外向型经济发展的基地；消化国外先进技术的基地；高档耐用消费品和非耐用消费品生产基地；高新技术产品制造中心。（5）黄河中游综合经济区：陕西、山西、河南、内蒙古。最大的煤炭开采和煤炭深加工基地、天然气和水能开发基地、钢铁工业基地、有色金属工业基地、奶业基地。（6）长江中游综合经济区：湖北、湖南、江西、安徽。以水稻和棉花为主的农业地区专业化生产基地及相关深加工工业；以钢铁和有色冶金为主的原材料基地；武汉"光谷"和汽车生产基地。（7）大西南综合经济区：云南、贵州、四川、重庆、广西。以重庆为中心的重化工业和以成都为中心的轻纺工业两大组团；以旅游开发为龙头的"旅游业—旅游用品生产"基地。（8）大西北综合经济区：甘肃、青海、宁夏、西藏、新疆。重要的能源战略接替基地；最大的综合性优质棉、果、粮、畜产品深加工基地；向西开放的前沿阵地和中亚地区经济基地和特色旅游基地。八大经济区乡村振兴总体水平分析如下：

（一）东北综合经济区：辽宁、吉林、黑龙江

由图6-1可知，黑龙江省的乡村振兴总体水平在东三省最高，其次为辽宁省、吉林省，这与三省经济发展水平顺序相异，可见经济发展水平不能完全决定乡村振兴总体水平。黑龙江省乡村振兴总体水平居于东三省第一，得益于产业兴旺总体水平远高于吉林省和辽宁省，而乡风文明总体水平偏低于其他两省，说明乡村社会文化管理、乡村治理需进一步提升，乡风文明建设需持续加强。吉林省和辽宁省的乡村振兴总体水平、产业兴旺总体水平、生态宜居总体水平、乡风文明总体水平、治理有效总体水平、生活富裕总体水平都高度接近，二者地缘相近，经济发展模式相似，人文风情一母同胞，因此乡村振兴总体水平差距微小。

82 ◇ 乡村振兴水平测度与评价

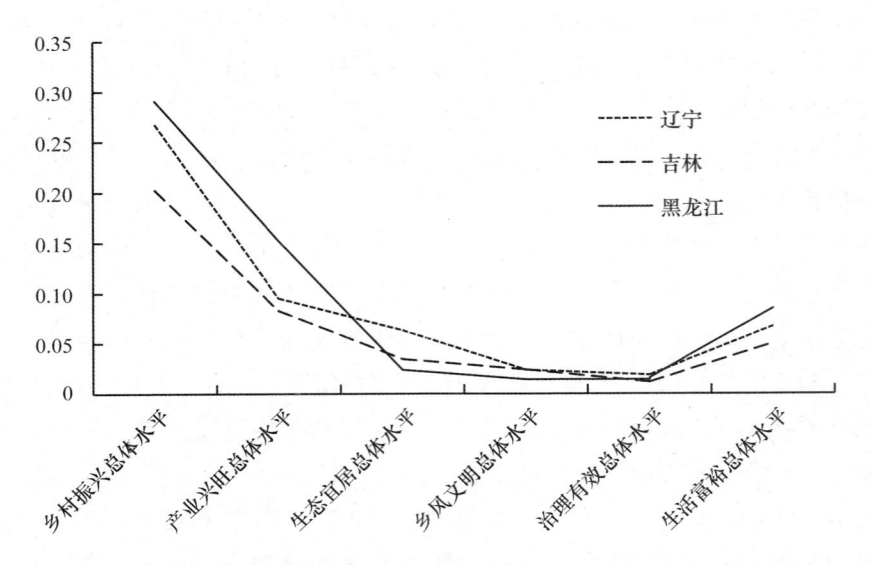

图 6-1 东北综合经济区乡村振兴总体水平及五个维度总体水平

注：依据表 6-3 绘制而得。

（二）北部沿海综合经济区：北京、天津、河北、山东

由图 6-2 可见，北京市作为首都，乡村振兴总体水平远高于其他省（市、区），产业兴旺总体水平较高是推动其乡村振兴总体水平提升的关键因素，其他四个维度水平也高于其他省（市、区）。在京津冀都市经济圈中乡村振兴总体水平排序分别是北京市、天津市、河北省，且三者存在较大差距，这与三者经济发展水平相一致。天津市农村产业结构完善、多元丰富，产业兴旺总体水平高于河北省，由此乡村振兴总体水平亦高于河北省。此外，河北省工业体系以重化工业为主，第三产业仍处于加工和服务的初级阶段，生产总值在全省所占的比重仍然不高，致使大气污染、雾霾天气、水污染成为当地突出的生态环境问题，同时地形地貌造成水资源极其贫乏，生态宜居总体水平偏低。2020 年，山东省 GDP 总值依然稳居全国前三，雄厚的经济实力带动全省农村脱贫致富、实现乡村振兴，其乡村振兴总体水平与天津市差距较小，除产业兴旺总体水平，其他四个维度总体水平皆高度接近天津市。

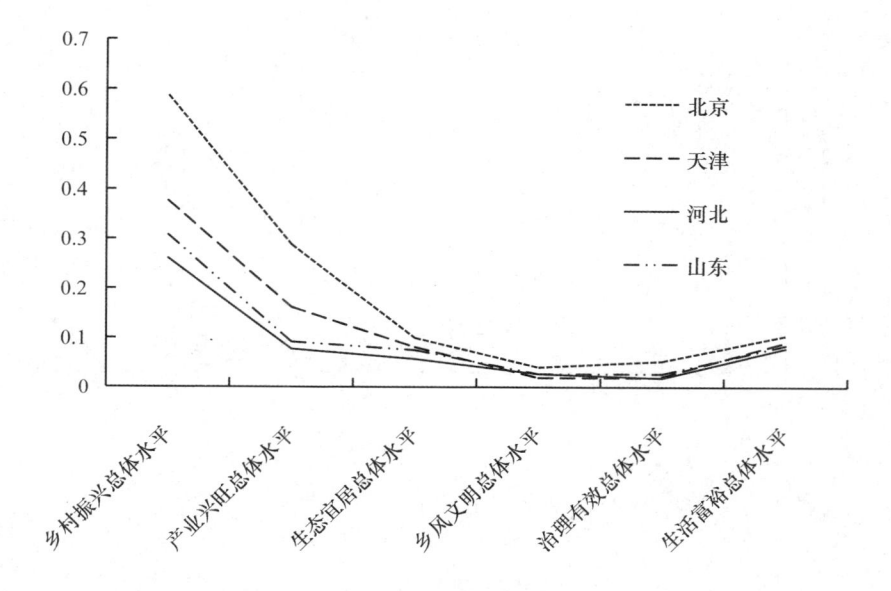

图 6-2　北部沿海综合经济区乡村振兴总体水平及五个维度总体水平

注：依据表 6-3 绘制而得。

（三）东部沿海综合经济区：上海、江苏、浙江

由图 6-3 可知，上海作为我国城市的排头兵，肩负着面向世界、推动长三角地区一体化和长江经济带发展的重任，其乡村振兴总体水平高达 0.6967，在产业兴旺、治理有效、生活富裕三个方面总体水平都高于东部沿海综合经济区的江苏省和浙江省，尤其是产业兴旺总体水平，远远高于其余二省。上海市在自身高速发展的同时对口帮扶一系列贫困地区，实现全部如期脱贫摘帽。浙江省在经济区内居于第二，这源于产业兴旺总体水平和乡风文明总体水平显著高于江苏省，尤其是乡风文明总体水平甚至高于上海市，在东部沿海综合经济区居第一，农村社会文化素质提升、管理规范有序，其他维度总体水平与江苏省极其接近，并无明显差别。此外，总体来看，东部沿海综合经济区内部差异显著，上海市的乡村振兴总体水平为江苏省的近两倍。

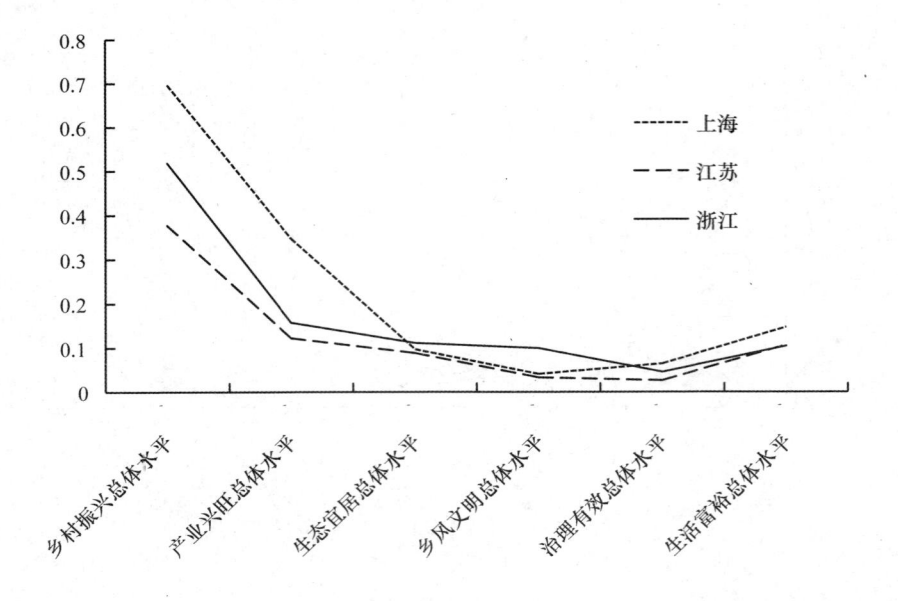

图6-3　东部沿海综合经济区乡村振兴总体水平及五个维度总体水平

注：依据表6-3绘制而得。

(四) 南部沿海经济区：福建、广东、海南

由图6-4可知，福建省乡村振兴总体水平在三省中排名第一，远高于GDP总量为其三倍之多的广东省，反映出经济实力不能完全决定乡村振兴总体水平，福建省乡村振兴总体水平高于广东省主要源于产业兴旺总体水平较高，说明构建现代乡村产业体系，充分发挥农业多种功能，推动形成辐射式产业体系，提升整体功能效益，依托乡村特色优势资源，打造农业全产业链、兴办村镇企业可有效提升乡村振兴总体水平。海南省经济发展水平远远落后于广东省，但乡村振兴总体水平却高于广东省。海南省拥有优越的光、热、水等条件，生物生长繁殖速率较温带和亚热带为优，农田终年可以种植，不少作物每年可收获2—3次。农林牧渔产业发展较好，再加上海南省气候宜人，重化工业少，自然环境优美，发展旅游业带动当地农民增收致富，生活富裕总体水平高。

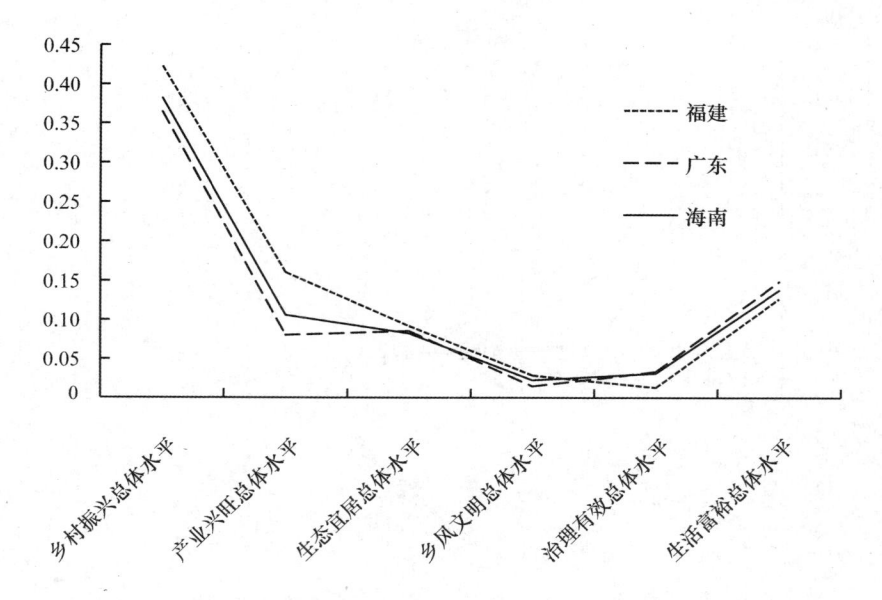

图 6-4　南部沿海经济区乡村振兴总体水平及五个维度总体水平

注：依据表 6-3 绘制而得。

（五）黄河中游综合经济区：陕西、山西、河南、内蒙古

由图 6-5 可知，黄河中游综合经济区内蒙古自治区乡村振兴总体水平、产业兴旺总体水平均居第一，其中产业兴旺总体水平是其乡村振兴总体水平稳居第一的关键。其他省份乡村振兴总体水平及五个维度总体水平差异不大。内蒙古自治区产业兴旺总体水平远高于第二的陕西省，乡村产业主要以畜牧业和乳畜业等优势产业为主，草原畜牧业是内蒙古最具有地区特色的传统产业，更是内蒙古经济社会发展的基础产业。随着畜牧业发展，草原牧区基础设施有了很大改善，牧民生活条件不断提高，由此乡村振兴总体水平不断提升。乡村振兴总体水平排名第二的陕西省得益于产业兴旺总体水平略高于河南省和山西省，三省的生态宜居总体水平、乡风文明总体水平、治理有效总体水平、生活富裕总体水平四个维度发展水平一致，地理位置相近，发展模式类似，乡村振兴步伐较为一致。

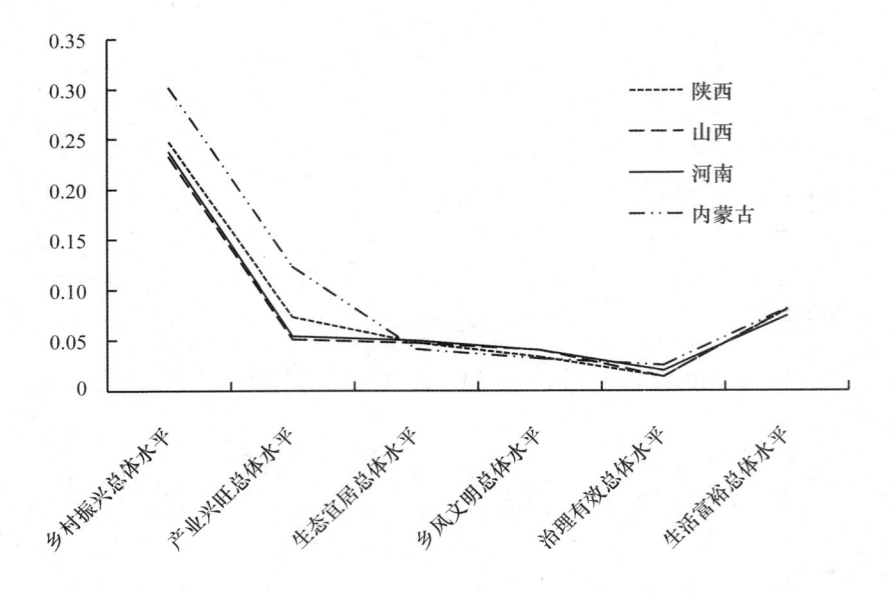

图 6-5　黄河中游综合经济区乡村振兴总体水平及五个维度总体水平

注：依据表 6-3 绘制而得。

（六）长江中游综合经济区：湖北、湖南、江西、安徽

由图 6-6 可知，在长江中游综合经济区中湖北省和安徽省引领着经济区乡村振兴的推进，但总体而言四省乡村振兴总体水平及五个维度的总体水平比较一致。长江中游城市群发展整体性、协调性、可持续性不断提高，协同发展取得实质性进展，城市群、都市圈对周边地区的辐射带动作用进一步增强。仅安徽省在乡风文明总体水平和生活富裕总体水平上显著高于其他三省。理论上，乡风文明建设作为乡村振兴的软件基础，但这个软件不能软；实践上，乡风文明建设是乡村振兴的难点，需要着重突破。乡风文明总体水平的提升反映出农民自身思想道德素质和科学文化素质提高、生活幸福感增强，为乡村振兴提供了强大的智力支持和精神动力。此外，安徽省深厚的经济实力为提高乡村居民生活富裕水平提供了坚强支撑。

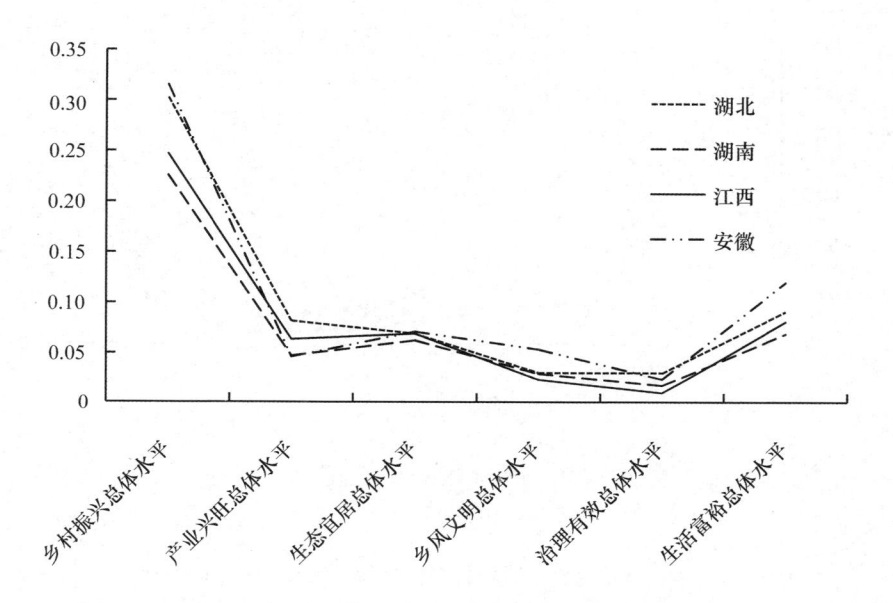

图 6-6　长江中游综合经济区乡村振兴总体水平及五个维度总体水平

注：依据表 6-3 绘制而得。

（七）大西南综合经济区：云南、贵州、四川、重庆、广西

由图 6-7 可知，大西南综合经济区五个省区乡村振兴总体水平皆偏低，乡村振兴成效有待提升。其中贵州省乡村振兴总体水平及产业兴旺总体水平明显低于其他四省。贵州省位于中国西南腹地，地势高且险要，到处都是连绵的大山，长久以来，闭塞、贫瘠是贵州的另一张名片，贫困面广、贫困程度深、贫困任务重，因而脱贫攻坚后乡村振兴的难度也更大，乡村振兴总体水平不高。从大西南综合经济区总体来看，西南地区作为我国脱贫攻坚时期最为贫困的地区之一，如何通过产业扶贫将"输血式"扶贫变成"造血式"扶贫，实现脱贫攻坚同乡村振兴的有效衔接尤为关键。西南地区沟壑纵横、山高地少，人均耕地资源不到一亩，而且在许多喀斯特地貌区域，耕地往往分成多块，不能集中连片耕作，其土质条件也十分贫瘠，生产生活条件艰苦，农户都以小规模生产为主，资源禀赋不足，难以应对农业生产中的自然风险和市场风险，乡村振兴之路任重道远。

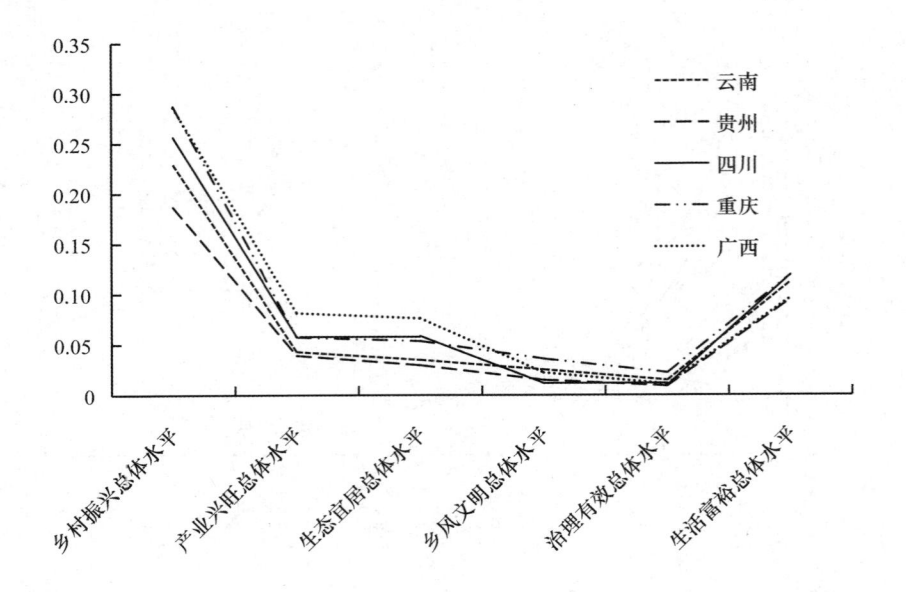

图 6-7　大西南综合经济区乡村振兴总体水平及五个维度总体水平

注：依据表 6-3 绘制而得。

(八) 大西北综合经济区：甘肃、青海、宁夏、西藏、新疆

由图 6-8 可见，大西北综合经济区中西藏自治区乡村振兴总体水平最低。西藏地处青藏高原腹心地区，是重要的国家安全屏障和生态安全屏障，由于自然和历史的双重因素制约，曾经是全国最大的集中连片深度贫困区，基础设施建设及教育、医疗等民生事业发展相对滞后，宗教信仰氛围浓厚，信教群众脱贫致富的内在动力不足。由此，西藏制定出了"坚持生态保护"第一原则，改善基础设施条件，扶智和扶志双结合，大力发展文化产业等具体措施，取得了良好效果，但因各类因素制约，一些深层次的问题还没有找到有效的解决方案，巩固拓展脱贫攻坚成果压力较大，乡村振兴效果欠佳。新疆乡村振兴总体水平在五省区中最高，2020年，现行标准下新疆306.49万农村贫困人口全部脱贫，3666个贫困村全部退出，35个贫困县全部摘帽[①]，新疆绝对贫困问题得到历史性解

---

① 数据来源于《新疆维吾尔自治区2020年国民经济和社会发展统计公报》，http://www.xinjiang.gov.cn/xinjiang/tjgb/202106/5037ac528c58479dbaabddce9050a284.shtml。

决。新疆通过多年的建设，实现从输血式、救济式扶贫向造血式、开发式扶贫转变，从分散帮扶、普惠扶持向精准扶贫、精准脱贫转变，走出了一条符合新疆实际、具有新疆特色的脱贫攻坚之路，为乡村振兴奠定了良好基础。

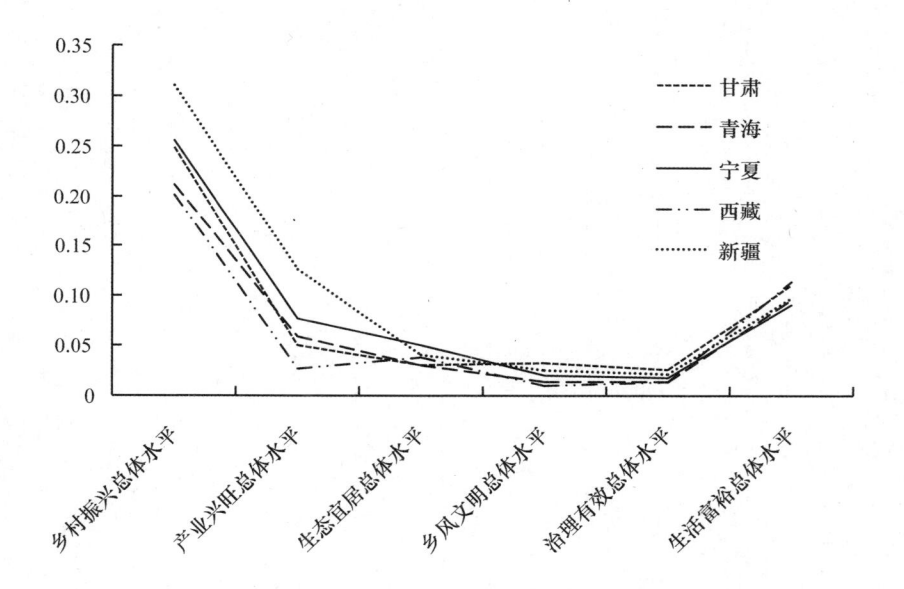

图 6-8　大西北综合经济区乡村振兴总体水平及五个维度总体水平

注：依据表 6-3 绘制而得。

本章运用层次分析法和熵权法相结合的综合赋权法确定指标权重，运用 TOPSIS 方法计算指标得分，从而构建起一套评价乡村振兴总体水平的指标体系与方法，并利用该评价指标体系对我国 31 个省域进行了实证分析。结论如下：（1）综合赋权法结合主观权重与客观权重的优势，又克服存在的缺陷，在反映专家主观判断的基础上，依据统计数据的差异程度对主观权重进行了修正，使其更符合实际情况。（2）从总体上看，全国省域乡村振兴总体水平普遍合理，与理想水平差距不大，乡村振兴成效明显。（3）部分省域乡村振兴总体水平与经济发展水平并不总是协调发展的，经济发展水平落后省域也可以通过其他维度水平较好地推进乡村振兴。（4）全国地区间乡村振兴总体水平的差异十分明显，主要体现在东部省域乡村振兴总体水平明显好于中西部省域。（5）全国省域间各项一级指标总体水平差异程度不同，内部乡村振兴不全面。从方差结果来看，治理有效总体水平和生活富裕总体水平在全国省域间的差距相对较小，产业兴旺总体水平在全国省域间的差距相对较大。

第七章

市域乡村振兴水平评价

推进乡村振兴是一项系统性、长期性的重大工程，必须立足实际，深入了解区域内乡村经济社会运行现状，只有对当下发展实际了解的越全面、越准确，后续政策制定的精准性和政策实施的有效性才能得到充分保障，要想全面了解真实情况，必须构建完善的乡村振兴评价指标体系。本章以甘肃省14个市（州）为研究对象，设计市域层面乡村振兴水平测度指标，以此作为市域层面乡村振兴水平测度的参考。考虑到甘肃省的发展状况，实现乡村振兴面临巨大挑战，因此，在乡村振兴战略大背景下，密切结合甘肃省14个市（州）发展实际，构建适应性强、科学简便、功能完善的乡村振兴评价指标体系，对于研究考核省内各市（州）乡村振兴的具体发展现状，使各市（州）准确了解、精准把握、全面推进乡村振兴过程中自身的优势与不足之处，明确当下重点、难点及未来发展规划，进而因地制宜制定实施相应的政策具有重要意义，并可进一步为甘肃省做好脱贫攻坚和乡村振兴衔接工作提供数据支持与现实指导。

乡村振兴上升为国家战略后，全社会对其关注度不断提高，学术界也取得了丰富的研究成果。梳理已有文献可知，现有研究主要集中在以下方面，一是着眼于乡村振兴的科学内涵解读、战略重点把握，二是乡村振兴评价体系构建。关于乡村振兴评价体系，学者们多围绕乡村振兴的二十字总要求与"五个振兴"的实施路径等角度进行指标构建。李树德等（2006）[1]立足天津市农村的特点，以新农村建设要求为指导，选取

---

[1] 李树德、李瑾：《天津市社会主义新农村建设考核评价研究》，《农业技术经济》2006年第6期。

生产发展、生活宽裕、乡风文明、村容整洁、管理民主5个一级指标28个二级评价指标,再利用德尔菲法确定了各项指标的权重,对天津市新农村建设进行实证研究。王富喜(2009)[1]从经济发展、人口素质、生活质量、社会发展、环境状况五个方面出发,选取18项指标构建了新农村建设与农村发展水平评价指标体系,运用均方差权值法对山东省17地市农村建设发展水平进行了评价。贾晋等(2018)[2]从乡村振兴五大目标入手,理论解构乡村振兴战略目标体系,建立适用于全国的"六化四率三治三风三维"的评价体系。韦家华等(2018)[3]围绕产业兴旺、生态宜居、乡风文明、治理有效和生活富裕等五大目标,构建28项乡村振兴评价指标。张挺等(2018)[4]进一步对五大维度筛选细化,构建了15个三级指标和44个四级指标,对11省份的35个乡村进行了实证评价分析。本章结合已有文献关于乡村振兴评价指标构建方法,根据甘肃省乡村发展特点,构建适合甘肃省市域层面乡村振兴水平评价指标体系。

第一节 评价指标的选取

一 评价指标体系构建

本书在参考已有研究的基础上,尽可能结合甘肃省乡村振兴具体现状和相关规划,严格遵循战略导向原则、区际公平原则、可比性原则、以农民为中心原则、可操作性原则,探索性地构建一套能够科学合理反映甘肃省各市(州)乡村振兴水平的评价指标体系。

本章以乡村振兴"二十字方针"为根本指导,将产业兴旺、生态宜居、乡风文明、治理有效、生活富裕等五大维度作为一级指标,在深入分析5个一级指标内涵的基础上,设置26个二级指标,如表7-1所示。

第一,产业兴旺一级指标包括农田节水灌溉率、劳动生产率、主要

---

[1] 王富喜:《山东省新农村建设与农村发展水平评价》,《经济地理》2009年第10期。

[2] 贾晋、李雪峰、申云:《乡村振兴战略的指标体系构建与实证分析》,《财经科学》2018年第11期。

[3] 韦家华、连漪:《乡村振兴评价指标体系研究》,《价格理论与实践》2018年第9期。

[4] 张挺、李闽榕、徐艳梅:《乡村振兴评价指标体系构建与实证研究》,《管理世界》2018年第8期。

农作物机播（机收）面积占农作物播种面积比重、农村中农林牧渔业从业人员比重、农业技术服务机构个数、农业技术人员6个二级指标，这些指标选取与国家在农业农村方面的政策导向高度贴合，充分体现了实现农业发展规模化、探索新型农业发展模式、积极发展绿色农业是发展现代化农业的重要途径。

第二，乡风文明一级指标包括农村居民高中及以上学历占比、农村居民平均每人观看艺术团体下乡表演的次数、人均教育文化娱乐消费支出占比、小学数量、图书馆数5个二级指标。在实现乡村振兴过程中，提高农民受教育程度和文化素质是促进乡村发展的根本动力，习近平总书记强调，"实行扶贫和扶志扶智相结合，既富口袋也富脑袋"[1]，充分显示了教育的重要性，只有积极发展教育、充实思想，广泛调动全体农村居民在乡村振兴中的主体作用，才能为解决"三农"问题提供不竭的智力源泉。

第三，生态宜居一级指标包括农业生产中化肥使用强度、垃圾集中处理村占比、污水集中处理村占比、通公共交通的村占比、营业面积超过50平方米的综合商店或超市的村占比5个二级指标。优美的农村环境、完善的基础设施、生活是否便利是衡量乡村是否宜居的重要标准，在很大程度上影响农村居民生活的满足感和幸福感，以上指标的选取充分体现了农村居民对美好生活的向往。

第四，治理有效一级指标包括村民委员会中党员比例、村民委员会中本科及以上学历普及率、党支部书记兼任村委会主任比率、农民专业合作社密度4个二级指标。能否有效提升乡村治理水平是实现乡村振兴的关键，新时代对乡村治理有了全新的、更高的要求，因此，乡村基层组织在农村经营方式发生变化、农民利益诉求发生转变的情况下必须建立新的治理模式和治理手段，提升农村治理效率。而农村治理效率提升的关键在于村干部的受教育水平和基层党组织的领导能力，一般情况下，文化程度越高的村干部越有可能探索创新治理模式、更善于团结群众力量办大事。

---

[1] 习近平：《在全国脱贫攻坚表彰大会上的讲话》，新华网，www.news.cn，2021年2月25日。

第五，生活富裕一级指标包括城乡居民人均可支配收入比、人均食品烟酒消费支出比重、通宽带的村占比、最低生活保障人员占户籍人口比重、养老保险参保人数占户籍人口比重、医疗保险参保人数占户籍人口比重6个二级指标。这些指标从城乡收入差距的相对量比较、低收入群体的保障问题两个维度出发，反映了提高农民收入水平、实现城乡协调发展是衡量农民生活富裕的必要条件，同时，按照习近平总书记提出的"全面建成小康社会，一个也不能少"[①]的号召，实现农村居民生活富裕还要求政府坚持"兜底线、保基本"的原则，注重解决极端贫困人群的生活问题，严格防范返贫风险。

总体来看，表7-1包含了多个乡村振兴实现过程中的关键点，能够充分、客观地度量甘肃省14个市（州）乡村振兴发展水平。在评价指标体系构建过程中，需要指出两点：一是对部分指标的原始数据采取求比重的方法，目的是使各市（州）之间的数据具有可比性；二是在26个二级指标中，有4个是负向指标，负向指标与乡村振兴发展水平呈反向关系，即指标值越高，乡村振兴发展水平越低。

表7-1　　　　　　　　　　乡村振兴评价指标

一级指标	二级指标	单位	指标解释
产业兴旺	农田节水灌溉率	%	节水灌溉面积/灌溉面积
	劳动生产率	%	农林牧渔业增加值/农业生产经营人员
	主要农作物机播（机收）面积占农作物播种面积比重	%	主要农作物机播（机收）面积/农作物播种面积比重
	农业技术服务机构个数	个	—
	农业技术人员	人	—
	农村中农林牧渔业从业人员比重	%	农村中农林牧渔从业人员/农村从业人员

---

① 习近平：《中国实现全面小康，一个人也不能少!》，新华网，www.xinhuanet.com，2020年6月3日。

续表

一级指标	二级指标	单位	指标解释
乡风文明	农村居民高中及以上学历占比	%	具有高中及以上学历的农村居民人数/农村总人口
	农村居民平均每人观看艺术团体下乡表演的次数	次/人	农村观看艺术团体下乡表演的观众人次/农村总人口
	人均教育文化娱乐消费支出占比	%	人均教育文化娱乐消费支出/人均消费支出
	小学数量	个	—
	图书馆数	个	—
生态宜居	农业生产中化肥使用强度	千克/公顷	农业生产中化肥施用量/农作物的播种面积
	垃圾集中处理村占比	%	垃圾集中处理村/行政村个数
	污水集中处理村占比	%	污水集中处理村/行政村个数
	通公共交通的村占比	%	通公共交通的村/行政村个数
	营业面积超过50平方米的综合商店或超市的村占比	%	营业面积超过50平方米的综合商店或超市的村/行政村个数
生活富裕	人均食品烟酒消费支出比重	%	人均食品烟酒消费支出/人均消费支出
	城乡居民人均可支配收入比	%	城镇居民人均可支配收入/农村居民人均可支配收入
	最低生活保障人员占户籍人口比重	%	最低生活保障人数/户籍人口
	养老保险参保人数占户籍人口比重	%	养老保险参保人数/户籍人口
	医疗保险参保人数占户籍人口比重	%	医疗保险参保人数/户籍人口
	通宽带的村占比	%	通宽带的村/行政村个数
治理有效	村民委员会中党员比例	%	村民委员会委员中的党员人数/村民委员会委员总数
	村民委员会中本科及以上学历普及率	%	村民委员会中具有本科及以上学历的委员数量/村民委员会委员总数量
	党支部书记兼任村委会主任比率	%	党支部书记兼任村委会主任的数量/村委会主任数量
	农民专业合作社密度	个/千人	工商部门注册的农民专业合作社数量/农村总人口

二 数据来源

本章所需数据来源于《甘肃省发展年鉴》《甘肃农村统计年鉴》《甘肃民政统计年鉴》，该数据源有助于更加多维、深入地研究甘肃省乡村的发展面貌。

三 研究方法

在对已有研究中指标选取过程和赋权方法选择等方面进行思考和改进的基础上，本章选择熵权法计算各指标综合得分。这一方法有效克服了主观赋权法主观性大的缺点，能充分衡量指标数值之间的差异程度，使评价结果更加真实可信，通过观察各指标权重还可以进一步考察指标所含的信息量。

第二节 评价结果与分析

一 运用熵权法确定指标权重

以下为甘肃省乡村振兴指标体系的权重结果。将各二级指标相对权重相加可得一级指标相对权重。可以看出，产业兴旺、乡风文明、生态宜居、生活富裕、治理有效5个一级指标的权重分别为0.2392、0.1668、0.1275、0.1114和0.3550，治理有效所占比重最高，生活富裕所占比重最低。同时，通过分析各二级指标相对权重，可以进一步了解当下发展现状，同时也可以对比各市（州）在某一方面的发展程度，分析其存在的优势与不足，从而因地制宜，有针对性地谋求发展。以垃圾集中处理村占比这一指标为例，经过熵权法确定权重后，得分最高的是武威市，得分最低的是定西市，以该结果为参照，可以适当增加对定西市生态建设方面的财政支持，定西市也可以在对生活垃圾集中处理建设方面与武威市进行对比，借鉴其先进经验，有针对地对进行提升和改造。

表7-2 乡村振兴指标体系的权重结果

一级指标	一级指标相对权重	二级指标	二级指标相对权重
产业兴旺	0.2392	农田节水灌溉率	0.0546
		劳动生产率	0.0494
		主要农作物机播（机收）面积占农作物播种面积比重	0.0298
		农业技术服务机构个数	0.0194
		农业技术人员	0.0445
		农村中农林牧渔业从业人员比重	0.0416
乡风文明	0.1668	农村居民高中及以上学历占比	0.0129
		农村居民平均每人观看艺术团体下乡表演的次数	0.0233
		人均教育文化娱乐消费支出占比	0.0143
		小学数量	0.0857
		图书馆数	0.0307
生态宜居	0.1275	农业生产中化肥使用强度	0.0145
		垃圾集中处理村占比	0.0347
		污水集中处理村占比	0.0159
		通公共交通的村占比	0.0320
		营业面积超过50平方米的综合商店或超市的村占比	0.0305
生活富裕	0.1114	人均食品烟酒消费支出比重	0.0087
		城乡居民人均可支配收入比	0.0396
		最低生活保障人员占户籍人口比重	0.0203
		养老保险参保人数占户籍人口比重	0.0190
		医疗保险参保人数占户籍人口比重	0.0153
		通宽带的村占比	0.0086
治理有效	0.3550	村民委员会中党员比例	0.0219
		村民委员会中本科及以上学历普及率	0.2118
		党支部书记兼任村委会主任比率	0.0877
		农民专业合作社密度	0.0336

注：以上结果根据原始数据计算得出。

二 乡村振兴水平测算结果与分析

（一）横向对比分析

从乡村振兴总体水平来看，2020年甘肃省乡村振兴总体水平得分为0.2490，仅为排名第一上海的35.74%，排名全国第21位，在西北五省中排名第4，其余各方面水平得分情况如表7-3所示。

表7-3 各省份乡村振兴水平得分情况

排名	地区	乡村振兴总体水平	产业兴旺总体水平	生态宜居总体水平	乡风文明总体水平	治理有效总体水平	生活富裕总体水平
1	上海	0.6967	0.3469	0.0970	0.0410	0.0645	0.1472
2	北京	0.5876	0.2883	0.1002	0.0409	0.0532	0.1049
3	浙江	0.5181	0.1573	0.1114	0.0995	0.0455	0.1044
4	福建	0.4231	0.1608	0.0922	0.0292	0.0135	0.1274
5	海南	0.3822	0.1061	0.0827	0.0232	0.0318	0.1383
6	江苏	0.3769	0.1223	0.0884	0.0330	0.0264	0.1068
7	天津	0.3767	0.1621	0.0815	0.0198	0.0221	0.0912
8	广东	0.3646	0.0805	0.0857	0.0153	0.0338	0.1494
9	安徽	0.3153	0.0462	0.0712	0.0537	0.0238	0.1204
10	新疆	0.3105	0.1260	0.0404	0.0252	0.0213	0.0976
11	山东	0.3078	0.0921	0.0754	0.0275	0.0276	0.0852
12	湖北	0.3026	0.0818	0.0692	0.0304	0.0299	0.0914
13	内蒙古	0.3015	0.1227	0.0410	0.0317	0.0252	0.0808
14	黑龙江	0.2906	0.1521	0.0236	0.0142	0.0158	0.0849
15	重庆	0.2870	0.0572	0.0534	0.0359	0.0221	0.1184
16	广西	0.2858	0.0811	0.0759	0.0221	0.0108	0.0959
17	辽宁	0.2674	0.0951	0.0631	0.0236	0.0186	0.0670
18	河北	0.2607	0.0777	0.0574	0.0275	0.0190	0.0791
19	四川	0.2563	0.0577	0.0585	0.0116	0.0098	0.1186
20	宁夏	0.2558	0.0770	0.0502	0.0200	0.0176	0.0909
21	甘肃	0.2490	0.0500	0.0303	0.0324	0.0257	0.1106
22	陕西	0.2472	0.0729	0.0475	0.0333	0.0139	0.0797

续表

排名	地区	乡村振兴总体水平	产业兴旺总体水平	生态宜居总体水平	乡风文明总体水平	治理有效总体水平	生活富裕总体水平
23	江西	0.2471	0.0636	0.0692	0.0234	0.0096	0.0813
24	河南	0.2371	0.0540	0.0496	0.0400	0.0199	0.0737
25	山西	0.2322	0.0508	0.0471	0.0402	0.0138	0.0802
26	云南	0.2291	0.0428	0.0348	0.0252	0.0147	0.1116
27	湖南	0.2258	0.0473	0.0625	0.0294	0.0174	0.0692
28	青海	0.2117	0.0588	0.0300	0.0137	0.0133	0.0959
29	吉林	0.2026	0.0828	0.0343	0.0239	0.0116	0.0500
30	西藏	0.2015	0.0266	0.0379	0.0098	0.0135	0.1137
31	贵州	0.1865	0.0390	0.0295	0.0149	0.0089	0.0943

注：表中排名依据乡村振兴总体水平得分。

从表7-3可以看出，甘肃省乡村振兴水平较低，与发达省份相比仍有较大差距，且省内各方面发展水平之间也存在较大差异。从各个方面来看，产业兴旺水平得分为0.0500，仅为排名第一上海市的14%，排名全国第26位，西北五省第4位，排名低于乡村振兴总体水平，表明甘肃省乡村产业发展水平不高；生态宜居水平得分为0.0303，与全国排名第一浙江省差距较大，仅为27.20%，排名全国第28位，西北五省第4位；乡风文明水平得分为0.0324，仅为排名第一浙江省的32.56%，排名全国第10位，西北五省第1位，但其发展水平并不高，说明大多数省份乡风文明发展水平都偏低；治理有效水平得分为0.0257，仅为排名第一上海市的39.84%，排名全国第8位，西北五省第1位，表明甘肃省乡村治理取得较大成就；生活富裕水平得分为0.1106，是排名第一广东省的74.03%，排名全国第10位，西北五省第1位，发展水平明显更高，与中上游省份的发展差距相对较小。

总体来看，甘肃省乡村振兴总体水平较为落后，这也是甘肃省农村贫困面广、发展难度大的真实写照，但在全省上下的共同努力下，甘肃省乡村振兴总体水平取得了较为长足的进步。在脱贫攻坚取得重大胜利的基础上，乡村生态与文明建设也取得了较好的成绩，这也将进一步缩小甘肃省乡村振兴各方面与高水平省份之间的差距。事实证明，在脱贫攻坚与乡村振兴的衔接中，产业发展与生活改善的关系最为密切，而这两者也是乡村振兴中最为重要的方面，应该给予更多的重视。乡村振兴的五项要求紧密相关、不可偏废，虽然直观上脱贫攻坚与村庄环境整治、文明进步和治理优化并非直接相关，但却真实存在着千丝万缕的关系，因此在后期巩固拓展脱贫攻坚成果的工作中要进一步挖掘其中的关系。

（二）纵向对比分析

本章将甘肃省14个市（州）2020年度数据纳入评价指标体系，测算出各市（州）乡村振兴水平得分，测算结果如表7-4所示。以下分别从总体、产业兴旺、生态宜居、乡风文明、治理有效和生活富裕六个方面对甘肃省14个市（州）乡村振兴现状进行分析。

表7-4 甘肃省各市（州）乡村振兴水平得分情况

地区\指标	乡村振兴综合得分	产业兴旺水平得分	生态宜居水平得分	乡风文明水平得分	治理有效水平得分	生活富裕水平得分
兰州市	0.2835	0.0412	0.0472	0.0799	0.0628	0.0524
嘉峪关市	0.7103	0.1441	0.1411	0.0208	0.3331	0.0712
金昌市	0.2514	0.0667	0.0682	0.0316	0.0306	0.0543
白银市	0.2747	0.0871	0.0487	0.0610	0.0272	0.0507
天水市	0.2701	0.0654	0.0180	0.0708	0.0524	0.0636
武威市	0.3357	0.0861	0.0527	0.0440	0.0700	0.0828
张掖市	0.3477	0.0770	0.0822	0.0442	0.0497	0.0947
平凉市	0.3320	0.0883	0.0496	0.0971	0.0403	0.0567
酒泉市	0.3311	0.1140	0.0500	0.0371	0.0477	0.0822
庆阳市	0.2903	0.0760	0.0619	0.0819	0.0162	0.0544
定西市	0.2344	0.0701	0.0230	0.0752	0.0099	0.0562
陇南市	0.2171	0.0691	0.0122	0.0629	0.0275	0.0453
临夏州	0.2111	0.0300	0.0670	0.0448	0.0095	0.0599
甘南州	0.2359	0.1007	0.0440	0.0283	0.0160	0.0469
平均水平	0.3090	0.0797	0.0547	0.0557	0.0566	0.0622

注：以上结果根据原始数据计算得出。

1. 总体水平

从表7-4可以看出，甘肃省各市（州）乡村振兴发展水平差距明显。14个市（州）乡村振兴总体水平得分在0.21以上，其中嘉峪关市、张掖市等5市的得分高于全省平均水平0.3090，且嘉峪关市的得分高达0.7103，远高于其余市（州）；庆阳市、兰州市、白银市、天水市等4市的得分低于全省平均水平，但与全省水平差距不大；定西市、临夏州等5市（州）的综合得分远低于全省平均水平，尤其是临夏州和陇南市综合得分仅有0.21。高于全省平均水平的市（州）主要集中分布在河西地区，河西走廊地区有优越的农业生产条件，自然资源和旅游资源较为丰富，因而乡村发展水平较高，低于全省水平的市（州）多分布在属于连片特困地区的六盘山区，这里的农业发展面临诸多不利条件，导致其农业生产和农民生活条件较为落后，不利于乡村振兴总体水平提高。总体来看，甘肃省仅有少数市（州）乡村振兴发展形势较好，但先进地区与落后地区有较大差距，这可能是因为甘肃省乡村发展不够充分、城乡发展不均衡所致。

为了观察各指标的变异程度，对以上数据做进一步处理，计算乡村振兴总指标与其5个一级指标的变异系数（变异系数=标准差/均值）。一般情况下，当变异系数高于0.15时可认为不同主体之间差异较大，如表7-5所示，甘肃省各市（州）乡村振兴总指标及其5个一级指标的变异系数均超过0.15，反映出不同市（州）之间的差距较大，其中，治理有效、生态宜居的变异系数最高，说明这两项是导致各市（州）之间乡村振兴水平差距大的主要原因。

表7-5　　　　　　　　　　变异系数计算

指标	乡村振兴	产业兴旺	生态宜居	乡风文明	治理有效	生活富裕
标准差	0.1241	0.0284	0.0317	0.0231	0.0819	0.0150
均值	0.3090	0.0797	0.0547	0.0557	0.0566	0.0622
变异系数	0.4017	0.3564	0.5787	0.4156	1.4456	0.2403

注：以上结果根据原始数据计算得出。

2. 产业兴旺

由表7-4可知，14个市（州）中产业兴旺水平得分普遍低于乡村振兴总体水平。就产业兴旺水平得分来看，超过六成的市（州）低于全省平均水平，且市（州）间的差距明显。从图 7-1 可以发现，乡村振兴总体水平与产业兴旺水平之间存在较强的正向关系，这再次证明了发展乡村产业对于推动乡村振兴的重要性。此外，从图 7-1 中还可以发现，嘉峪关市、酒泉市的产业兴旺水平明显高于省内其他地区，这得益于河西地区近年来积极尝试推广的现代寒旱农业、休闲农业以及乡村旅游的发展取得巨大成效，极大地促进了乡村产业发展和生产环境改善，而兰州市处于中下游水平，究其原因还需从原始数据入手（见表 7-6）。

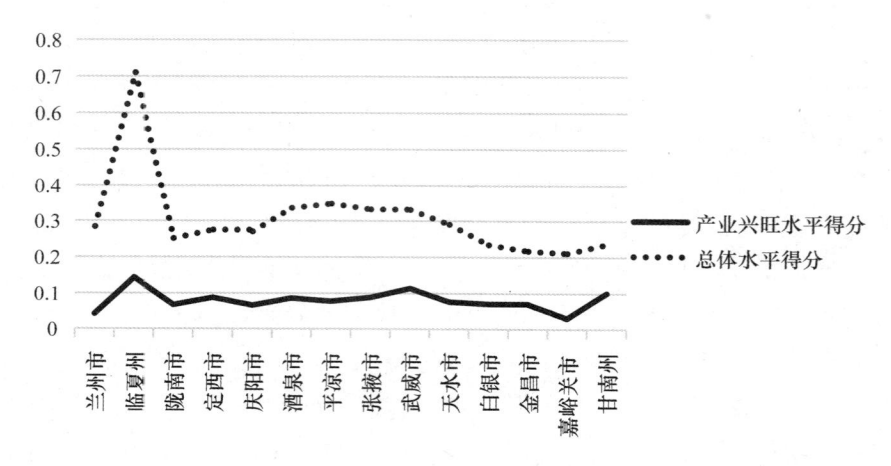

图 7-1 各市（州）乡村振兴总体水平与产业兴旺水平得分对比

注：依据表 7-4 绘制而得。

表 7-6   各市（州）产业兴旺水平得分及评价指标原始数据

地区 指标	产业兴旺水平得分	农田节水灌溉率（%）	劳动生产率（元）	主要农作物机播（机收）面积占农作物播种面积比重（%）	农业技术服务机构个数（个）	农业技术人员（人）	农村中农林牧渔业从业人员比重（%）
兰州市	0.1441	66.33	16693.20	48	201	1225	51.54
嘉峪关市	0.0667	21.3	65061.11	53	5	20	61.83
金昌市	0.0871	49.08	40401.37	84	34	123	54.54
白银市	0.0654	71.76	20453.68	48	195	1116	68.11

续表

地区\指标	产业兴旺水平得分	农田节水灌溉率（%）	劳动生产率（元）	主要农作物机播（机收）面积占农作物播种面积比重（%）	农业技术服务机构个数（个）	农业技术人员（人）	农村中农林牧渔业从业人员比重（%）
天水市	0.0861	62.70	13442.43	19	370	6624	54.71
武威市	0.0770	59.97	34990.63	72	300	2864	55.49
张掖市	0.0883	61.00	38423.00	76	196	1489	54.11
平凉市	0.1140	41.14	19841.52	58	390	9794	52.19
酒泉市	0.0760	63.34	53592.87	94	210	2921	57.52
庆阳市	0.0701	54.35	14461.10	63	371	5098	55.69
定西市	0.0691	40.48	9790.59	28	493	3845	62.36
陇南市	0.0300	34.48	11504.33	16	501	9639	53.29
临夏州	0.1007	55.67	10355.97	28	260	1302	52.60
甘南州	0.1441	16.18	20536.70	22	173	696	67.69

注：以上数据来源于《甘肃农村统计年鉴》，结果根据原始数据计算得出。

由表7-6可以看出，农业领域的劳动生产率是产业兴旺的决定性因素，说明在市（州）层面上，农村的主导产业依然为农业，发展产业也必须要以农业为重要基石，这也从侧面印证了甘肃省围绕做大做强"牛羊菜果薯药"六大特色产业构建乡村产业体系的正确性，且这一政策应适当向陇中南和陇东等农业生产条件相对较差的地区倾斜。市（州）间主要农作物机播（机收）面积占农作物播种面积比重差异较大，这也说明甘肃省在优质农产品机械化方面仍有很大的提升空间。农业技术服务机构个数和农业技术人员与农业劳动生产率和产业兴旺水平呈现出较为明显的正向关系，说明持续提升农业科技水平、培养农业人才是甘肃省发展现代化农业的重要途径。

3. 生态宜居

从表7-7可以看出，各市（州）生态宜居水平得分差异较大，兰州市和甘南州得分远高于其他市（州），这主要是由于甘南州、兰州市近年来陆续启动的城乡环境综合整治行动和生态文明小康村建设，以及"全域旅游无垃圾示范区"建设等工程，在拉动旅游业蓬勃发展的同时，也切实改善了农民的生活环境,在决定生态宜居水平的四个指标中,生活垃圾处理和生活污水处理是关键变量,而这三者也是《甘肃省农村人居环境整治三年行动实施方案》中明确的主攻方向,该方案于2018年5月印发,随着这一方案逐步推进,对各市(州)乡村生态宜居水平提升效果明显。

表7-7　各市(州)生态宜居水平得分及评价指标原始数据

地区 指标	生态宜居水平得分	农业生产中化肥使用强度（千克/公顷）	通公共交通的村占比（%）	垃圾集中处理村占比（%）	污水集中处理村占比（%）	营业面积超过50平方米的综合商店或超市的村占比（%）
兰州市	0.1411	612.1212	90.92	77.17	8.94	39.25
嘉峪关市	0.0682	145.1799	100.00	100.00	100.00	16.47
金昌市	0.0487	1224.8986	100.00	83.45	9.35	33.23
白银市	0.0180	432.0448	83.05	73.93	6.70	26.95
天水市	0.0527	574.7283	76.07	66.32	6.58	37.19
武威市	0.0822	1585.1894	95.05	93.68	15.48	15.86
张掖市	0.0496	1043.0278	95.10	98.45	38.11	23.79
平凉市	0.0500	912.2438	89.72	72.97	30.22	19.33
酒泉市	0.0619	867.6071	91.55	92.74	4.57	22.87
庆阳市	0.0230	543.0599	80.10	81.84	16.18	32.65
定西市	0.0122	581.2813	81.51	62.00	5.41	13.97
陇南市	0.0670	533.6364	73.35	40.32	8.05	19.09
临夏州	0.0440	480.3183	95.68	81.28	13.86	26.94
甘南州	0.1411	97.1252	76.44	87.61	6.95	14.44

注：以上数据来源于《甘肃农村统计年鉴》,结果根据原始数据计算得出。

4. 乡风文明

从表7-8可以看出,几乎与产业兴旺水平排名截然相反,乡风文明水平得分较高的市(州)主要集中在陇东地区和邻近兰州市的中部地区,主要是因为以上区域正是华夏文明传承创新区中重点建设的"三区",即以始祖文化为核心的陇东南文化历史区、以敦煌文化为核心的河西走廊文化生态区和以黄河文化为核心的兰州都市圈文化产业区,甘南州、临夏州等民族地区基础设施薄弱，教育水平相对落后，乡风文明得分较低。观察表7-8中的指标数据可得：农村居民平均每人观看艺术团体下乡表演的次数是乡风文明水平的决定因素，这一指标虽然没有考虑到艺术文化的区域性差异，但作为文化下乡的重要组成部分，是政府在持续推进惠民生中应该做的，而且这也是村民实实在在可以享受到的文化体验。另外，受教育程度也是较为重要的变量，乡风文明水平排名前列的市（州）其农村居民高中及以上学历占比也较高，而排名较低的市（州）其农村居民高中及以上学历占比也较低。报告中采用了人均教育文化娱乐消费支出占比衡量待评价区域对文化的重视程度，可以看出，这一指标与乡风文明呈正向关系，人均教育文化娱乐消费支出占比较高的市（州）其乡风文明水平得分也较高。图书馆数对乡风文明影响较小，可能存在部分市（州）图书馆虚设，并未发挥其在提升居民文化素养中的重要作用。

表7-8　各市（州）乡风文明水平得分及评价指标原始数据

地区指标	乡风文明水平得分	农村居民高中及以上学历占比（%）	农村居民平均每人观看艺术团体下乡表演的次数（次/人）	人均教育文化娱乐消费支出占比（%）	小学数量（个）	图书馆数（个）
兰州市	0.0799	20.34	0.9633	12.20	1229	105
嘉峪关市	0.0208	13.55	0.2000	14.88	5	2
金昌市	0.0316	15.65	0.9587	13.82	23	7
白银市	0.0610	21.39	1.6193	12.17	535	41
天水市	0.0708	14.94	1.6975	11.58	1486	24
武威市	0.0440	19.43	0.3594	15.32	429	27
张掖市	0.0442	17.56	1.0977	13.55	267	27
平凉市	0.0971	17.61	2.6558	10.52	923	157
酒泉市	0.0371	19.66	0.4463	10.46	105	57
庆阳市	0.0819	20.02	2.2139	10.49	1153	66
定西市	0.0752	19.01	3.2672	11.09	659	27
陇南市	0.0629	12.58	0.7087	8.79	1445	80
临夏州	0.0448	11.85	0.7399	5.06	1089	57
甘南州	0.0283	8.77	0.6400	4.43	367	81

注：以上数据来源于《甘肃农村统计年鉴》，结果根据原始数据计算得出。

5. 治理有效

从表 7-9 可以看出，各市（州）治理有效水平得分两极分化极其严重，排在首位的嘉峪关市得分高达 0.3331，而排在末位的临夏州得分仅为 0.0095，相差悬殊；处在中间的市（州）得分普遍在 0.03—0.09 之间。治理有效水平得分的决定因素是村民委员会中本科及以上学历普及率和党支部书记兼任村委会主任比率，而这两个指标的数据差异也是最大的，再加上有些市（州）乡村村民委员会中党员比例偏低，说明甘肃省乡村基层党组织的战斗堡垒作用整体上并未充分发挥。

表 7-9　各市（州）治理有效水平得分及评价指标原始数据

地区指标	治理有效水平得分	村民委员会中党员比例（%）	村民委员会中本科及以上学历普及率（%）	党支部书记兼任村委会主任比率（%）	农民专业合作社密度（个/千人）
兰州市	0.0628	42.30	11.69	6.87	10.20
嘉峪关市	0.3331	67.67	51.25	50.06	24.19
金昌市	0.0306	63.45	3.00	3.00	12.92
白银市	0.0272	53.34	3.00	3.29	12.76
天水市	0.0524	27.45	3.00	26.38	8.62
武威市	0.0700	68.52	3.26	22.56	12.95
张掖市	0.0497	62.41	3.13	12.33	13.67
平凉市	0.0403	67.86	3.00	11.27	9.34
酒泉市	0.0477	13.39	3.00	22.54	12.31
庆阳市	0.0162	43.02	3.00	3.00	9.50
定西市	0.0099	16.37	3.20	3.05	10.62
陇南市	0.0275	61.09	3.00	3.82	11.07
临夏州	0.0095	34.07	3.00	3.00	7.81
甘南州	0.0160	29.43	3.00	3.00	11.78

注：以上数据来源于《甘肃农村统计年鉴》，结果根据原始数据计算得出。

6. 生活富裕

结合表7-4和表7-10可以看出，各市（州）生活富裕水平得分是5个一级指标里较高的，与总体水平及产业兴旺水平得分排名基本一致，嘉峪关、酒泉等河西四市生活富裕水平得分排名前列，定西、陇南等六盘山区市（州）的生活富裕水平得分排名靠后。河西和中部地区主要得益于以蔬菜、马铃薯、草食畜牧业、中药材、优质林果、制种和酿酒原料等六大特色农业产业为主导的农业产业体系快速发展，以及地理环境较为优越，农户收入水平和基础设施持续改善，其生活富裕指数得分也较高。从指标上来看，生活富裕水平的决定因素为城乡居民可支配收入比与人均食品烟酒消费支出比重，这些指标与农民收入水平息息相关，而根据产业兴旺水平与生活富裕水平的排名直观判断，农民收入水平依赖于农村产业发展（依赖于转移支付等输血式扶贫是没有出路的），故提升生活富裕水平的根本出路在于提升产业兴旺水平。

表7-10　　各市（州）生活富裕水平得分及评价指标原始数据

地区指标	生活富裕水平得分	人均食品烟酒消费支出比重（%）	城乡居民人均可支配收入比（%）	最低生活保障人员占户籍人口比重（%）	养老保险参保人数占户籍人口比重（%）	医疗保险参保人数占户籍人口比重（%）	通宽带的村占比（%）
兰州市	0.0524	30.82	2.7404	1.57	66.02	87.67	88.45
嘉峪关市	0.0712	30.23	1.9919	2.54	84.5	96.59	100.00
金昌市	0.0543	29.59	2.5412	3.25	62.67	82.67	96.40
白银市	0.0507	32.47	3.0906	8.13	69.04	81.21	93.59
天水市	0.0636	29.17	3.3132	1.64	73.04	87.50	84.79
武威市	0.0828	33.05	2.3443	4.81	69.95	79.89	97.57
张掖市	0.0947	28.57	1.8087	5.70	63.27	84.09	99.04
平凉市	0.0567	27.30	3.1874	9.02	60.03	80.32	98.57
酒泉市	0.0822	29.01	2.0123	3.63	76.99	89.27	93.61
庆阳市	0.0544	32.18	3.2255	8.86	66.88	86.29	96.35
定西市	0.0562	33.32	3.1225	8.80	63.98	78.21	99.31
陇南市	0.0453	33.34	3.1985	8.76	60.69	83.52	63.55
临夏州	0.0599	31.63	2.8074	11.35	58.90	77.32	99.64
甘南州	0.0469	42.31	3.0295	5.39	58.15	75.10	87.46

注：以上数据来源于《甘肃农村统计年鉴》，结果根据原始数据计算得出。

第三节 甘肃省乡村振兴水平评价与建议

甘肃省是传统农业大省，是国家西部重要生态安全屏障和华夏文明的重要发祥地，全面推进乡村振兴是全省建设现代化经济体系的重要基础，是建设美丽甘肃的关键举措，也是传承中华优秀传统文化的根本保障。当前，甘肃省各市（州）乡村振兴中最突出的问题是各市（州）总体水平较低，且差距明显，这严重影响了甘肃省全面推进乡村振兴及目标的按期实现。甘肃省的临夏州、甘南州等地曾是我国深度贫困地区，存在扶贫成本高、脱贫难度大、返贫率高等诸多问题，同时，这些地区为少数民族聚居区，教育普及率较低，要促进这些地区的农业农村发展，全面实现乡村振兴有较大难度。针对这些落后市（州）的乡村发展，需要有针对性地采取措施，加大政策支持力度，在基础性政策上予以倾斜，缩小地区发展差距。具体来说，在乡村振兴战略实施阶段，要坚持"因地制宜、发挥优势、分类指导、突出特色、区域互补、效益提升"的原则，统筹推进、有序实现乡村振兴。

1. 构建乡村振兴优势产业体系

乡村振兴，产业兴旺是重点，产业发展是推动乡村振兴的根本落脚点。甘肃省一直在围绕做大做强"牛羊菜果薯药"六大特色产业构建乡村产业体系是正确的，而这也是推动脱贫攻坚与乡村振兴有效衔接的主要抓手，后期还应持续推进。同时，支持河西走廊灌区、沿黄灌区、陇东优势产区和城市近郊区加快特色农产品生产基地建设，发展现代高效农业、精品农业、外向型农业和城郊生态休闲农业。大力改善陇南丘陵山地和陇东陇中旱作农业区生产条件，结合各地资源优势和发展实际，壮大特色优势产业，改造提升农业生产能力，坚持品牌兴农质量兴农，建立现代农业经营体系。

2. 持续改善农村人居环境

乡村振兴，生态宜居是关键。在实现生态宜居的乡村建设中，要以建设美丽宜居村庄为导向，以垃圾、污水治理和村容村貌提升为重点，全面提升农村人居环境。同时注重加快推进通村组道路、入户道路建设与乡村综合性超市建设，基本解决村民生产和出行不便等问题，健全完善乡村服务功能，打造立足乡土社会、富有地域特色、体现现代文明的美丽乡村，同时，应加强乡村建设规划许可管理，完善农村人居环境建设和管护机制，保障乡村振兴战略实施成效。

3. 丰富乡村文化生活

乡村振兴，乡风文明是保障。今后一段时期，各市（州）持续推进农村精神文明建设，提高农民综合素质和精神风貌，文化下乡是提升乡村乡风文明水平的重要举措，后期应进一步增加优秀乡村文化产品和服务供给，充分利用各类文化活动，用农民群众听得懂的语言和喜闻乐见的方式，深化中国特色社会主义和中国梦宣传教育。此外，教育振兴也是推动脱贫攻坚与乡村振兴有效衔接的着力点，扶贫先扶智，兴村先兴智，要持续做好优秀教师定期下乡支教、改善农村教学条件、资助困难学生等工作，从激发贫穷地区孩子的学习积极性和提高家长对孩子教育的重视程度两方面出发，在保学控辍的基础上引导更多孩子主动接受高中及本科教育，加大对脱贫地区、革命老区、少数民族地区支持力度，推动教育资源重点向乡村倾斜，为乡村发展积累更多智力资源。

4. 健全完善乡村治理体系

乡村振兴，治理有效是基础。甘肃省各市（州）农村基层党组织建设比较薄弱，村委会成员受教育程度普遍偏低。后期确保农村基层党组织体系健全、基层党组织带头人有能力，加快推进党支部书记兼任村委会主任全覆盖，积极吸纳有知识、有志向、肯奉献的村民成为党员，强化基层党组织的战斗堡垒作用。继续用好脱贫攻坚中摸索的驻村干部、大学生村官等制度，以乡镇政府为实施主体和重要中介，向组织涣散、秩序混乱、观念落后的村庄派遣高素质驻村干部或大学生村官，通过切身示范来提升当地村干部治理能力，实现自治、法治、德治相结合，推动乡村组织振兴，确保乡村社会和谐有序。

5. 保障和改善民生

乡村振兴，生活富裕是根本。未来甘肃省进一步实现农民生活富裕，要把农村基础设施建设放在突出位置，持续加大投入力度，加强脱贫地区农村基础设施建设，加快补齐农村基础设施短板，促进城乡基础设施互联互通，重点推进新一代信息基础设施建设工程，实施数字乡村战略，加快物联网、地理信息、智能设备等现代信息技术与农村生产生活的全面深度融合。同时，认真落实"脱贫不脱政策、减贫不减力度"要求，持续改善落后地区和相对贫困人口发展条件，完善公共服务体系，增强脱贫地区"造血"功能，培育提升贫困群众发展生产和务工经商的基本能力，逐步消除"精神贫困"，对完全和部分丧失劳动能力的特殊人口，综合实施保障性扶持政策，确保病有所医、残有所助、生活有兜底。

第 八 章

县域乡村振兴水平评价

2022年，中共中央、国务院发布《中共中央国务院关于做好2022年全面推进乡村振兴重点工作的意见》，明确将"县域发展"纳入乡村振兴范畴，强调要因地制宜发展县域经济，分门别类推动县域经济社会发展，使"县域"发展成为乡村全面振兴的新支点。事实上，乡村振兴不是村庄振兴，它本质上就是县域的全面振兴。[①] 党的十九大提出"乡村振兴"而不是"村庄振兴"，本身也蕴含着这一层逻辑。自乡村振兴战略提出以来，国家从战略层面细化和部署了乡村振兴战略的时间表和路线图，各级党委和政府也开始结合当地实际制定了乡村振兴战略的具体政策措施。然而，目前关于乡村振兴战略的实施政策多是集中在省域或市域层面，缺乏对县域层面乡村振兴战略实施的具体战略部署，故难以对县域层面乡村振兴发展水平进行测度和分析，也就无法理清县域乡村振兴发展短板，从而也就难以实施乡村全面振兴[②]。因此，只有通过构建县域层面乡村振兴战略的指标体系，对各县域乡村振兴发展横向比较，厘清各县域乡村振兴的发展优势和薄弱环节，才能为因地制宜、分类指导推进各地乡村振兴进程提供量化依据，才能够精准施策助力乡村全面振兴。基于此，本章基于对乡村振兴战略的深入认识，从产业兴旺、生态宜居、文明和治理以及生活富裕四个角度选取19个指标，对甘肃省85个县域2020年的乡村振兴水平进行评价分析，综合考察乡村振兴战略在甘肃省

[①] 杨华：《论以县域为基本单元的乡村振兴》，《重庆社会科学》2019年第6期。

[②] 贾晋、李雪峰、申云：《乡村振兴战略的指标体系构建与实证分析》，《财经科学》2018年第11期。

85个县域的实施进程和效果。

第一节 研究区域概况

　　甘肃省，简称"甘"或"陇"，位于我国西北内陆地区，东通陕西，南瞰四川、青海，西达新疆，北靠宁夏、内蒙古，西北端与蒙古国接壤。境内地貌复杂多样，山地、高原、平川、河谷、沙漠、戈壁，类型齐全，交错分布，地势自西南向东北倾斜，地形呈狭长状，东西长1655公里，南北宽530公里[①]。甘肃省地处黄土高原、青藏高原和内蒙古高原三大高原以及东部季风区、西北干旱半干旱区和青藏高寒区三大自然区交汇地带，气候类型从南向北为亚热带季风气候、温带季风气候、温带大陆性干旱气候和高原山地气候四大类型，是我国拥有气候类型最多的省份。全省共辖12个地级市、2个自治州、17个市辖区、5个县级市、7个自治县、57个县，面积45.37万平方公里。截至2020年11月，全省共有常住人口2601.98万人，其中少数民族265.64万人，占全省常住人口的10.62%[②]。独特的地理区位、复杂的地形地貌和多样的气候环境，使得甘肃省86个县域乡村之间的经济社会发展存在较大差异。

　　从主体功能区来看，《甘肃省主体功能区规划》中将全省87个县级行政区（包括不设区的嘉峪关市）划分为重点开发区、农产品主产区和重点生态功能区等三类非点状功能区，县域间乡村经济社会发展面临的限制条件不同。比如，重点开发区要发挥区域综合优势，提升产业创新能力，促进要素集聚，加快建设具有特色的现代产业支柱；农产品主产区要以发展现代农业和提高农产品供给保障能力为重点，切实保护耕地，着力提高农业综合能力；重点生态功能区要以生态修复和环境保护为首要任务，增强水源涵养、水土保持、防风固沙、维护生物多样性，保护水生生物资源。

---

　　① 数据来源于《甘肃省土地利用总体规划（2006—2020年）》，https://www.mnr.gov.cn/gk/ghjh/201811/t20181101_2324780.html，2021年4月5日。

　　② 数据来源于《甘肃省第七次全国人口普查结果》，http://gansu.gansudaily.com.cn/system/2021/05/24/030339979.shtml，2021年5月24日。

从农业生产效率来看，全省有 71 个县域的农业劳动生产率超过了 1 万元，排名前 10 位的是阿克塞县、金塔县、肃南县、肃州区、临泽县、玉门市、肃北县、金川区、高台县和民勤县，分别为 85504.30 元、80415.21 元、72881.30 元、61676.26 元、59049.31 元、57273.24 元、55357.27 元、51903.42 元、49177.28 元和 48791.17 元，排名后 10 位的是正宁县、礼县、通渭县、康乐县、康县、西和县、岷县、积石山县、广河县和麦积区，分别为 8356.35 元、8097.99 元、7780.03 元、7593.58 元、7332.17 元、6230.70 元、6114.12 元、6108.67 元、5803.26 元和 1355.80 元，各县域间的农业劳动生产率的变异系数和极值比分别高达 0.7233 和 63.07，差异十分明显[1]。

从农业生产结构来看，由于甘肃省东部横跨我国农牧过渡带，牧业在农业生产中的比重相对较大，全省有 12 个县域的牧业产值占农林牧渔业总产值的比重超过了 50%，分别为玛曲县、夏河县、肃北县、碌曲县、合作市、肃南县、卓尼县、临夏市、崇信县、阿克塞县、东乡县和崆峒区，占比分别为 89.31%、81.09%、80.62%、79.36%、75.27%、68.24%、62.56%、54.74%、53.61%、52.88%、52.86% 和 52.17%，有 28 个县域的牧业产值占农林牧渔业总产值的比重超过了 30%。同时，全省有 5 个县域的林业产值占农林牧渔业总产值的比重超过了 10%，分别为阿克塞县、安宁区、迭部县、武都区和舟曲县，占比分别为 32.60%、27.89%、23.37%、11.46% 和 10.02%。

从农业就业结构来看，由于甘肃省 86 个县域间农村产业发展类型各异，故其所决定的就业结构存在较大不同，全省共有 20 个县域的农村非农从业人员占比超过了 50%，分别是临夏市、和政县、临夏县、华亭市、武都区、西固区、白银区、山丹县、徽县、秦州区、舟曲县、漳县、敦煌市、凉州区、崆峒区、崇信县、城关区、环县、高台县和永登县，比重分别为 75.01%、70.49%、62.09%、61.11%、59.26%、56.69%、56.54%、56.34%、55.72%、54.79%、54.46%、54.04%、52.66%、52.58%、51.86%、51.33%、51.20%、50.79、50.71% 和 50.49%，另

---

[1] 本节原始数据均来源于《甘肃农村年鉴2021》，中国统计出版社2021年版，后经笔者整理计算得到。

外,有12个县域的农村非农从业人员占比不足30%,分别是会宁县、民勤县、肃南县、靖远县、渭源县、肃北县、阿克塞县、夏河县、华池县、合作市、碌曲县和玛曲县,占比分别为29.42%、29.38%、27.68%、27.55%、27.55%、27.52%、24.20%、21.34%、20.08%、13.42%、9.61%和5.83%。因此,本章以甘肃省85[①]个县域作为评价县域乡村振兴水平的研究对象,具有较好的代表性。

第二节 评价指标选取

一 评价指标体系的构建

本章在构建县域层面乡村振兴评价指标体系时,充分发挥《乡村振兴战略规划(2018—2022年)》的战略导向作用,一级指标由乡村振兴战略的二十字方针组成,即由产业兴旺、生态宜居、乡风文明、治理有效和生活富裕组成,并细分出19项二级指标,但由于在指标选取过程中发现反映县域层面乡村治理有效水平的统计数据极为有限,同时也考虑到治理有效与乡风文明之间具有较高的关联度,故将治理有效和乡风文明结合起来,以产业兴旺、生态宜居、文明和治理、生活富裕为一级指标,所建立的评价指标体系具体见表8-1。

(一)产业兴旺

产业兴旺是实施乡村振兴战略的首要任务和工作重点,是实现农民增收、农业发展和农村繁荣的基础和保障。只有做大做强做优乡村产业,才能保持乡村经济发展的旺盛活力,为乡村振兴提供不竭动力。本章将从生产效率、农业现代化程度、乡村产业发展环境、农产品优质化水平、乡村产业发展质量、乡村服务业发展水平等角度来衡量甘肃省各县域乡村产业兴旺水平。各指标具体设定如下:

(1)生产效率,从农业生产效率和非农业生产效率两个角度进行衡量。农业生产率效率,本章采用农业劳动生产率(C_1),即用农林牧渔业

[①] 由于《甘肃农村年鉴2021》中没有城关区和安宁区的相关数据,故研究中将其剔除;另外,虽然嘉峪关市为地级市,但由于其所辖行政面积较小,且未设市辖区,考虑到研究区域的完整性,本书将其视为县级行政区并包含在研究对象中。

增加值占农林牧渔业从业人员的比重来衡量。非农业生产效率,用农村居民工资性收入(C_2)来衡量。

(2)农业现代化程度,用农林牧渔服务业产值占农林牧渔业总产值比重(C_3)来衡量。国民经济行业分类(GB/T4754—2017)中将农林牧渔服务业(农业专业及辅助性活动)定义为"对农业提供的各种专业及辅助性生产活动,包括种子种苗培育、农业机械活动等,但不包括各种科学技术和专业技术服务"。由上述定义可知,农林牧渔服务业产值占农林牧渔业总产值的比重越大,说明服务于农业生产的条件越好,保障粮食生产的能力越强,相较于平均农业机械总动力、每万人农业科技人员数等指标,该指标能够更好地反映不同县域农业生产活动的现代化程度。

(3)乡村产业发展环境,用乡村从业人员中交通运输、仓储和邮政业从业人员占比(C_4)来衡量。在当下乡村社会特色农业、乡村旅游和电子商务等新产业新业态不断发展的背景下,交通运输、仓储和邮政业作为国民经济的基础性产业,对乡村其他产业的发展所具有的制约和促进作用更加明显。因此,通过各县域乡村交通运输、仓储和邮政业从业人员占比来反映该产业的发展水平,从而间接地反映整个乡村产业的发展环境。

(4)农产品优质化水平,用劳均无公害农产品数量(C_5),即用各县域无公害农产品数量占农林牧渔业人员的比重来衡量。

(5)乡村产业发展质量,用劳均商标注册强度(C_6),即用各县域有效商标注册数占全社会从业人员的比重来衡量。注册商标一方面是产品进行质检、卫检等官方监督管理的必备条件;另一方面是厂商为了进一步提升产品质量,树立良好品牌,追求自身利益最大化而寻求的法律保护,两方面的目的是保证或提升产品质量,而产品质量是产业发展质量的直接体现。因此,基于乡村的商标注册是全县整体商标注册的重要组成部分这一实际,用全县整体劳均商标注册强度来间接地反映乡村产业发展质量。

(6)乡村服务业发展水平,用乡村从业人员中住宿和餐饮业从业人员占比(C_7)来衡量。一般情况下,促使乡村住宿和餐饮业较为发达的因素包括乡村旅游业发展较好和农村居民消费水平较高,前者主要对应于住宿业的发展，后者主要对应于餐饮业的发展，由于无法剥离消费水平的影响，因此利用该指标反映乡村服务业整体发展水平。

（二）生态宜居

生态宜居是实施乡村振兴战略的关键环节，是提高广大乡村居民生态福祉的重要保障。良好的生态环境是乡村最大优势和宝贵财富，实现生态宜居，既是对乡村生态保护现实需求的回应，也是实现城乡融合发展内在要求的体现。本章将从乡村人居环境、种植业绿色发展水平、一定收入水平下的电耗水平等角度衡量甘肃省各县域生态宜居水平。

（1）乡村人居环境，分别用对垃圾进行集中处理的村占比（C_8）和对污水进行集中处理的村占比（C_9）两个指标来衡量。

（2）种植业绿色发展水平，用化肥使用强度（C_{10}），即化肥施用折纯量占农作物播种面积的比重来衡量。

（3）一定收入水平下的电耗水平，用社会用电强度（C_{11}），即农村人均用电量占农村居民人均可支配收入的比重来衡量。该指标借鉴了万元 GDP 电耗的概念，用电力消耗强度来表征电力使用效率。由于农村 GDP 并没有单独统计，故本书使用农村人均用电量与农村居民人均可支配收入的比值[1]来衡量一定收入水平下的电力消耗强度，该指标值越大则电力消耗强度越高，电力使用效率越低，对环境越不友好[2]。

（三）文明和治理

乡风文明和治理有效是推进乡村振兴战略的两大目标。乡村振兴，既要塑形，也要铸魂，加强精神文明建设是全面推进乡村振兴的关键。乡村要振兴，治理有效是基础。加快推进乡村治理体系和治理能力现代化是实现乡村振兴的必由之路。本章从农村居民受教育水平、农村居民的文化活动参与水平和村委会的文化治理水平、农村居民的文化消

---

[1] 农村用电量的统计包含生产和生活用电两部分，当生活用电量所占比重较大时，该比值反映的应该是农村"煤改电""家电下乡"等电气化改造的成效，但结合《2018 中国电力年鉴》《中国农村统计年鉴 2018》《甘肃发展年鉴 2019》可知，全国农村生产用电量占农村用电量的比重在 2017 年仍高达 60.73%，而甘肃省这一比例 2018 年达 57.26%，说明前面描述的现象在短期内不会大范围出现，故使用该比值来表征电力使用效率仍具有代表性。

[2] 保海旭、李航宇、蒋永鹏等：《我国政府农村人居环境治理政策价值结构研究》，《兰州大学学报》（社会科学版）2019 年第 4 期。

费水平以及村委会的组织协调能力等角度来衡量各县域的文明和治理水平。

（1）农村居民受教育水平，用乡村从业人员中高中及以上学历在从业人员中占比（C_{12}）来衡量。

（2）农村居民的文化活动参与水平和村委会的文化治理水平，用农村居民平均每人观看艺术团体下乡表演的次数（C_{13}）来衡量。该指标由艺术表演团体农村演出的观众人次除以农村常住人口。采用该指标主要基于以下考虑：一是为了避免乡镇综合文化站或村综合性文化服务中心利用率不高而导致农村居民"被参加"文化活动；二是艺术表演团体到农村演出属于正常商业演出，而邀请方多是当地村委会，这也直接反映了当地村委会文化治理的水平。

（3）农村居民文化消费水平，用农村居民人均教育文化娱乐消费支出占比（C_{14}），即用农村居民人均教育文化娱乐消费支出占农村居民人均消费支出的比重来衡量。

（4）村委会的组织协调能力，用农民合作社成员数量占农林牧渔业从业人员比重（C_{15}）来衡量。农民合作社是由村委会或村民自发联合成立，抑或是在上级政府指导和支持下组建的互助性经济组织，农民合作社为成员创造收益的能力是吸引成员加入的关键，而在农户承包地极为分散的现实环境下，农民合作社的发展离不开村委会的组织和协调，故利用农民合作社成员数量占农林牧渔业从业人员比重来衡量村委会的组织协调能力。

（四）生活富裕

生活富裕既是乡村振兴的根本，也是实现全体人民共同富裕的必然要求。乡村振兴战略实施的效果如何，关键还是要看农民的腰包鼓不鼓、生活是否实现了富裕富足。本章将从农村居民相对收入水平、农村居民消费水平、农村基础设施建设水平以及农村居民出行便利程度等角度来衡量各县域的生活富裕水平[1]。

（1）农村居民相对收入水平，用城乡居民人均可支配收入比（C_{16}）

---

[1] 丁立江：《乡村振兴须实现生活富裕根本目标》，《中国经济时报》，https：//baijiahao. baidu. com/s？id = 1671033128767342521&wfr = spider&for = pc，2020 年 7 月 2 日。

来衡量,该指标不仅能直接反映出农村居民的收入水平,更能体现出城乡居民收入分配的公平性。

(2)农村居民消费水平,用农村居民人均食品烟酒消费支出占农村居民人均消费支出的比重(C_{17})来衡量,该指标不仅能反映各县域乡村经济社会发展状况,还能直接体现农村居民生活水平的高低。

(3)农村基础设施建设水平,用通自来水的户数占比(C_{18})来衡量。

(4)农村居民出行便利程度,用通公共交通的村占比(C_{19})来衡量。交通基础设施的改善可以提升农村居民的出行便利性,降低交易成本,提高交易效率。

二 评价指标体系

表8-1　甘肃省各县域乡村振兴评价指标体系

一级指标	二级指标	符号	单位	指标解释	指标意义
产业兴旺	农业劳动生产率	C_1	元	农林牧渔业增加值/农林牧渔业从业人员	农业生产效率
	农村居民工资性收入	C_2	元	—	非农产业生产效率
	农林牧渔服务业产值占农林牧渔业总产值比重	C_3	%	农林牧渔服务业产值/农林牧渔业总产值	农业现代化程度
	乡村从业人员中交通运输、仓储和邮政业从业人员占比	C_4	%	乡村交通运输、仓储和邮政业从业人员/乡村从业人员	乡村产业发展环境
	劳均无公害农产品数量	C_5	个/万人	无公害农产品数量/农林牧渔业从业人员	农产品优质化水平
	劳均商标注册强度	C_6	个/万人	有效商标注册数/全社会从业人员	乡村产业发展质量
	乡村从业人员中住宿和餐饮业从业人员占比	C_7	%	乡村住宿和餐饮业从业人员/乡村从业人员	乡村服务业发展水平

续表

一级指标	二级指标	符号	单位	指标解释	指标意义
生态宜居	对垃圾进行集中处理的村占比	C_8	%	—	乡村人居环境
	对污水进行集中处理的村占比	C_9	%	—	乡村人居环境
	化肥使用强度	C_{10}	千克/公顷	化肥施用折纯量/农作物播种面积	种植业绿色发展水平
	社会用电强度	C_{11}	千瓦小时/元	农村人均用电量/农村居民人均可支配收入	一定收入水平下的电耗水平
文明和治理	乡村从业人员中高中及以上学历在从业人员中占比	C_{12}	%	—	农村居民受教育水平
	农村居民平均每人观看艺术团体下乡表演的次数	C_{13}	次/人	艺术表演团体农村演出的观众人次/农村常住人口	文化活动参与水平和文化治理水平
	农村居民人均教育文化娱乐消费支出占比	C_{14}	%	—	文化消费水平
	农民合作社成员数量占农林牧渔业从业人员比重	C_{15}	%	—	村委会的组织协调能力
生活富裕	城乡居民人均可支配收入比	C_{16}	—	—	农村居民相对收入水平
	人均食品烟酒消费支出比重	C_{17}	%	—	农村居民消费水平
	通自来水的户数占比	C_{18}	%	—	农村基础设施建设水平
	通公共交通的村占比	C_{19}	%	—	农村居民出行便利程度

三 评价数据来源

甘肃省各县域无公害农产品数量数据来自中国绿色食品发展中心网站，查询日期为2022年3月16日；各县域注册商标数据来自《2018年甘肃省知识产权事业发展报告》；各县域艺术团体下乡表演的相关数据是通过甘肃省文化和旅游厅官方网站依申请公开得到；其余数据均直接或间接来自《甘肃发展年鉴2021》和《甘肃农村年鉴2021》。

四 评价方法选择

鉴于数据的可获得性，以2020年为评价年度，基于"产业兴旺、生态宜居、文明和治理、生活富裕"4个一级指标和细分出的19项二级指标建立评价指标体系，对甘肃省85个县域的乡村振兴水平得分进行评价。在具体的评价方法选择上，选取有限方案多目标决策分析中较为常用的熵权TOPSIS法，即先通过熵权法确定评价指标的权重，再通过TOPSIS法利用逼近理想解的方法计算评价对象的综合得分和排序。

（1）构造初始评价指标数据矩阵。被评价对象为甘肃省85个县域，每个被评价对象的评价指标有19个，故基于待评价对象与评价指标构建的初始指标数据矩阵为：

$$X = (x_{ij})_{m \times n} (1 \leq i \leq m, 1 \leq j \leq n) \quad (1)$$

其中，m表示待评价对象，$m = 85$，n表示评价指标，$n = 19$，x_{ij}表示第i个地区的第j项评价指标的指标值。

（2）对各评价指标数据进行标准化处理。由于各评价指标数据之间存在量纲、量级及正负号等差异，所以在对评价数据进行相关操作之前需要进行标准化处理，采用极差标准化方法对初始评价数据进行标准化处理，计算公式为：

正向指标：$p_{ij} = (x_{ij} - \min x_{ij})/(\max x_{ij} - \min x_{ij})$ \quad (2)

负向指标：$p_{ij} = (\max x_{ij} - x_{ij})/(\max x_{ij} - \min x_{ij})$ \quad (3)

（3）计算各评价指标的信息熵e_j。

$$e_j = (-1/\ln m) \sum_{i=1}^{m} p_{ij} \ln p_{ij} \quad (4)$$

需要强调的是，若$p_{ij} = 0$，则定义$p_{ij} \ln p_{ij} = 0$。

（4）计算各评价指标的差异性系数k_j。

$$k_j = 1 - e_j \quad (5)$$

（5）确定各评价指标的权重w_j。

$$w_j = k_j \Big/ \sum_{j=1}^{n} k_j \tag{6}$$

(6) 构建加权评价指标矩阵 R。

$$R = (r_{ij})_{m \times n} \tag{7}$$

其中，$r_{ij} = w_j \times p_{ij}$。

(7) 根据加权评价指标矩阵 R 确定最优方案 q_j^+ 和最劣方案 q_j^-。

$$q_j^+ = (\max r_{i1}, \max r_{i2}, \cdots, \max r_{im}) \tag{8}$$

$$q_j^- = (\min r_{i1}, \min r_{i1}, \cdots, \mathrm{mim}\, r_{im}) \tag{9}$$

(8) 计算各评价方案与最优方案 q_j^+ 和最劣方案 q_j^- 的欧式距离 d_i^+ 和 d_i^-。

$$d_i^+ = \sqrt{\sum_{j=1}^{n} (q_j^+ - r_{ij})^2} \tag{10}$$

$$d_i^- = \sqrt{\sum_{j=1}^{n} (q_j^- - r_{ij})^2} \tag{11}$$

(9) 计算各评价方案与理想方案的相对接近度 c_i。

$$c_i = d_i^- / (d_i^+ + d_i^-) \tag{12}$$

其中，相对接近度 c_i 介于 0—1 之间，c_i 值越大表明该地区 i 的乡村振兴水平越优；反之，地区 i 的乡村振兴水平越差。

第三节 评价结果展示与简要分析

一 评价指标权重分析

根据熵权法计算出的甘肃省各县域乡村振兴评价指标体系中各级指标的权重结果见表 8-2。从表 8-2 来看，4 个一级指标中熵权法赋予产业兴旺的权重最高，为 0.4810，其次是文明和治理，为 0.2710，第三是生态宜居，为 0.1811，权重最低的是生活富裕，为 0.0669，不足产业兴旺的六分之一。19 项二级指标中权重超过 0.1 的评价指标有 4 个，包括农村居民平均每人观看艺术团体下乡表演的次数（C_{13}）、劳均商标注册强度（C_6）、劳均无公害农产品数量（C_5）和污水集中处理的村占比（C_9），权重分别为 0.1667、0.1327、0.1272 和 0.1132，说明甘肃省各县域在乡村文化治理水平、乡村产业发展质量、农产品优质化水平和农村人居环境等方面存在较大差异；权重不足 0.1 的评价指标有 1 个，为化肥使用强度（C_{10}），权重仅为 0.0098，说明甘肃省各县域的种植业绿色发展水平大体相同。

表 8-2　甘肃省各县域乡村振兴评价指标体系中各级指标权重

一级指标	一级指标权重	二级指标	二级指标权重
产业兴旺	0.4810	劳动生产率（C_1）	0.0503
		农村居民工资性收入（C_2）	0.0289
		农林牧渔服务业产值占农林牧渔业总产值比重（C_3）	0.0807
		交通运输、仓储和邮政业从业人员占乡村从业人员比重（C_4）	0.0305
		劳均无公害农产品数量（C_5）	0.1272
		劳均商标注册强度（C_6）	0.1327
		住宿和餐饮业从业人员与农林牧渔业从业人员之比（C_7）	0.0307
生态宜居	0.1811	垃圾集中处理的村占比（C_8）	0.0133
		污水集中处理的村占比（C_9）	0.1132
		化肥使用强度（C_{10}）	0.0098
		社会用电强度（C_{11}）	0.0448
文明和治理	0.2710	乡村从业人员中高中及以上学历从业人员占比（C_{12}）	0.0154
		农村居民平均每人观看艺术团体下乡表演的次数（C_{13}）	0.1667
		教育文化娱乐支出占消费支出的比重（C_{14}）	0.0241
		农民合作社成员数量占农林牧渔业从业人员比重（C_{15}）	0.0647
生活富裕	0.0669	城乡收入比（C_{16}）	0.0263
		食品烟酒消费支出占比（C_{17}）	0.0166
		通自来水的户数占比（C_{18}）	0.0123
		通公共交通的村占比（C_{19}）	0.0118

注：数据由笔者计算整理得到。

二 甘肃省各县域乡村振兴综合水平分析

采用熵权 TOPSIS 法计算出的 2020 年甘肃省 85 个县域乡村振兴的综合得分水平见表 8-3，根据其结果，我们发现：

（1）从整体上来看，甘肃省各县域乡村振兴的综合得分水平普遍不高。甘肃省 85 个县域乡村振兴的综合得分水平主要集中在 0.1—0.2 之间，均值为 0.1469，标准差为 0.0474，综合得分水平超过均值的县域只有 35 个，不到总体样本的 50%，说明 2020 年甘肃省乡村振兴的整体得分水平并不高，这与甘肃省各县域乡村发展不充分、城乡发展不均衡的发展实际是基本相符合的。

（2）甘肃省各县域之间的乡村振兴综合得分水平差异明显。甘肃省 85 个县域中乡村振兴综合得分水平排名靠前 10 位分别是嘉峪关市、阿克塞县、肃南县、金塔县、肃州区、肃北县、金川区、白银区、皋兰县和高台县，综合得分分别为 0.2795、0.2682、0.2541、0.2374、0.2346、0.2279、0.2264、0.2211、0.2116 和 0.2080；排名靠后 10 位的分别是麦积区、岷县、西和县、积石山县、通渭县、康县、广河县、张家川县、宕昌县和礼县，综合得分分别为 0.0681、0.0772、0.0809、0.0816、0.0830、0.0852、0.0855、0.0883、0.0885 和 0.0892。甘肃省 85 个县域间乡村振兴综合得分水平的变异系数和极值比分别为 0.3326 和 4.1，说明甘肃省 85 个县域间乡村振兴综合水平差异十分明显。

（3）按照乡村振兴综合得分水平的均值（M）与标准差（SD）的关系，我们可以将甘肃省 85 个县域划分为明星型（综合得分高于 $M + 0.5SD$）、平庸型（综合得分介于 $M + 0.5SD$ 和 $M - 0.5SD$ 之间）和落后型（综合得分低于 $M - 0.5SD$）三种类型。明星型县域乡村振兴综合得分水平高于 0.1743，主要包括嘉峪关市、阿克塞县、肃南县、金塔县、肃州区、肃北县、金川区、白银区、皋兰县、高台县、临泽县、甘州区、玉门市、安定区、永靖县、七里河区、临夏市、敦煌市、崇信县、瓜州县、民勤县和碌曲县等 22 个县域，占所考察县域总数的 26%，这些县域集中分布在河西地区[①]，该地区历来是甘肃省的商品粮基地和主要灌溉

---

① 河西地区主要包括甘肃省酒泉、嘉峪关、张掖、武威和金昌等五市。

区，这些县域的农业生产条件一般较好，自然资源和文化旅游资源也十分丰富，乡村发展水平整体较高。平庸型县域乡村振兴综合得分水平介于 0.1232—0.1743 之间，主要包括红古区、永昌县、凉州区、迭部县、西固区、山丹县、两当县、永登县、景泰县、静宁县、民乐县、西峰区、舟曲县、夏河县、灵台县、玛曲县、榆中县、靖远县、合作市、华池县、天祝县、华亭市、武山县、庄浪县、平川区、徽县、陇西县、临洮县、古浪县、镇原县、武都区、卓尼县、环县和崆峒区等 34 个县域，占所考察县域总数的 40%，这些县域集中分布在甘肃省中部和陇东地区。甘肃省中部地区是马铃薯、蔬菜、中药材、肉羊奶牛、优质小杂粮等特色农产品的生产基地，这些县域依靠中心城市的辐射带动，不断完善农产品加工纵向集群化发展；陇东地区以优质果品、专用粮食蔬菜、草产业等为主要农产品，大力发展果汁果肉酒等农产品加工，逐渐形成了以特色林果业为基础的农业发展模式，这些县域的乡村发展取得较好成就。落后型县域乡村振兴综合得分水平低于 0.1232，主要包括临夏县、成县、会宁县、庆城县、秦州区、宁县、漳县、清水县、临潭县、和政县、合水县、泾川县、秦安县、甘谷县、渭源县、文县、东乡县、康乐县、正宁县、礼县、宕昌县、张家川县、广河县、康县、通渭县、积石山县、西和县、岷县和麦积区等 29 个县域，占所考察县域总数的 34%，这些县域集中分布在甘肃境内 2012 年被国家划定为连片特困地区的六盘区和秦巴区①，这些地区地理位置偏远，交通信息不畅，生态环境脆弱，农业生产和农村生活条件都较差，乡村发展水平总体较低。

---

① 六盘山区甘肃境内包括兰州市的永登县、皋兰县、榆中县，白银市的靖远县、会宁县、景泰县，天水市的清水县、秦安县、甘谷县、武山县、张家川县、麦积区，武威市的古浪县，平凉市的崆峒区、泾川县、灵台县、庄浪县、静宁县，庆阳市的庆城县、环县、华池县、合水县、正宁县、宁县、镇原县，定西市的安定区、通渭县、陇西县、渭源县、临洮县、漳县、岷县，临夏州的临夏市、临夏县、康乐县、永靖县、广河县、和政县、东乡县、积石山县。秦巴区甘肃境内主要包括陇南市的武都区、成县、文县、宕昌县、康县、西和县、礼县、徽县和两当县。

表8-3　　　　　甘肃省各县域乡村振兴综合得分水平

地区	得分	排名	地区	得分	排名
嘉峪关市	0.2795	1	武山县	0.1359	45
阿克塞县	0.2682	2	庄浪县	0.1342	46
肃南县	0.2541	3	平川区	0.1341	47
金塔县	0.2374	4	徽县	0.1341	48
肃州区	0.2346	5	陇西县	0.1325	49
肃北县	0.2279	6	临洮县	0.1316	50
金川区	0.2264	7	古浪县	0.1300	51
白银区	0.2211	8	镇原县	0.1300	52
皋兰县	0.2116	9	武都区	0.1282	53
高台县	0.2080	10	卓尼县	0.1279	54
临泽县	0.2072	11	环县	0.1262	55
甘州区	0.2062	12	崆峒区	0.1237	56
玉门市	0.2044	13	临夏县	0.1206	57
安定区	0.1957	14	成县	0.1199	58
永靖县	0.1952	15	会宁县	0.1190	59
七里河区	0.1942	16	庆城县	0.1176	60
临夏市	0.1860	17	秦州区	0.1158	61
敦煌市	0.1857	18	宁县	0.1134	62
崇信县	0.1847	19	漳县	0.1116	63
瓜州县	0.1844	20	清水县	0.1115	64
民勤县	0.1809	21	临潭县	0.1103	65
碌曲县	0.1775	22	和政县	0.1097	66
红古区	0.1738	23	合水县	0.1076	67
永昌县	0.1710	24	泾川县	0.1059	68
凉州区	0.1707	25	秦安县	0.1057	69
迭部县	0.1637	26	甘谷县	0.1051	70
西固区	0.1608	27	渭源县	0.1046	71
山丹县	0.1607	28	文县	0.0987	72
两当县	0.1590	29	东乡县	0.0968	73
永登县	0.1571	30	康乐县	0.0951	74
景泰县	0.1561	31	正宁县	0.0915	75

续表

地区	得分	排名	地区	得分	排名
静宁县	0.1530	32	礼县	0.0892	76
民乐县	0.1491	33	宕昌县	0.0885	77
西峰区	0.1482	34	张家川县	0.0883	78
舟曲县	0.1471	35	广河县	0.0855	79
夏河县	0.1467	36	康县	0.0852	80
灵台县	0.1451	37	通渭县	0.0830	81
玛曲县	0.1447	38	积石山县	0.0816	82
榆中县	0.1445	39	西和县	0.0809	83
靖远县	0.1433	40	岷县	0.0772	84
合作市	0.1432	41	麦积区	0.0681	85
华池县	0.1427	42	全省均值	0.1469	—
天祝县	0.1400	43	变异系数	0.3326	—
华亭市	0.1393	44			

注：数据由笔者计算整理得到。

三 甘肃省各县域乡村振兴各分项指标发展水平分析

以上从整体上对2020年度甘肃省85个县域乡村振兴的综合水平进行了简单分析，接下来从构建乡村振兴评价指标体系的子系统角度深入分析2020年度甘肃省各县域乡村振兴发展水平。2020年甘肃省85个县域乡村振兴4个子系统得分的具体结果见表8-4。

（一）产业兴旺

甘肃省85个县域中产业兴旺水平得分最高的县域是嘉峪关市，得分为0.2633，得分最低的县域是麦积区，得分仅为0.0331，得分最高县域是得分最低县域的7.95倍。从极值比来看，甘肃省85个县域在乡村振兴水平方面存在较大差距。甘肃省85个县域产业兴旺水平得分的均值为0.1378，得分超过均值的县域共有36个，占所考察县域总数的42.35%，说明甘肃省85个县域产业兴旺水平整体不高。甘肃省85个县域产业兴旺水平得分的标准差为0.0495，变异系数为0.3592，说明在剔除极端值影响后甘肃省85个县域在产业兴旺水平方面仍然存在较大差距。同时，也注意到不管是从变异系数还是从极值比来看，甘肃省各县域间在产业兴旺水平间的差距均要大于在乡村振兴综合水平方面的差距，故甘肃省各县域要更加重视区域乡村产业的协同发展。综观 85 个县域产业兴旺水平的得分情况，我们可以发现，绝大部分县域的产业兴旺水平得分均低于乡村振兴综合水平得分，说明目前对甘肃省大部分县域来说，乡村产业发展问题仍是制约乡村全面振兴的重要因素。因此，甘肃省各县域在今后发展中要更加重视乡村产业发展问题，不要让低水平的乡村产业继续成为乡村全面振兴的阻碍因素。

我们仍然按照甘肃省 85 个县域产业兴旺水平得分的均值与标准差的关系，将 85 个县域划分为明星型、平庸型和落后型三种类型。明星型县域的产业兴旺水平得分大于 0.1626，主要包括嘉峪关市、肃南县、阿克塞县、肃州区、金塔县、金川区、皋兰县、白银区、高台县、临泽县、玉门市、七里河区、肃北县、甘州区、瓜州县、敦煌市、临夏市、民勤县、红古区、永昌县、凉州区、崇信县和碌曲县等 23 个县域，占所考察县域总数的 27.06%，这些县域大部分位于河西地区。河西地区产业兴旺水平得分整体较高，得益于河西地区在近些年广泛推广设施农业、戈壁农业等现代寒旱农业，以及农业采摘、旅游观光等休闲农业和乡村旅游的发展，在乡村产业生产效率、发展环境和产业融合上取得了良好的成效。平庸型县域的产业兴旺水平得分介于 0.1131—0.1626 之间，主要包括山丹县、西固区、迭部县、永登县、景泰县、永靖县、两当县、夏河县、合作市、玛曲县、舟曲县、榆中县、靖远县、民乐县、天祝县、平川区、静宁县、华亭市、徽县、镇原县、古浪县、灵台县、庄浪县、武都区、崆峒区、卓尼县、武山县、环县、成县和临夏县等 30 个县域，占所考察县域总数的 35.29%。落后型县域的产业兴旺水平得分低于 0.1131，主要包括秦州区、会宁县、西峰区、临潭县、和政县、庆城县、合水县、甘谷县、安定区、漳县、陇西县、宁县、清水县、华池县、泾川县、秦安县、临洮县、康乐县、渭源县、文县、东乡县、礼县、宕昌县、正宁县、张家川县、广河县、康县、通渭县、积石山县、西和县、岷县和麦积区等 32 个县域，占所考察县域总数的 37.65%。落后型县域在今后要更加重视乡村产业发展问题，这样才能为实现乡村振兴提供持续不断的内生动力。

(二) 生态宜居

甘肃省 85 个县域的生态宜居水平得分最高的是嘉峪关市,得分为 0.7523,得分最低的是白银区,得分为 0.0818,前者是后者的 9.2 倍。甘肃省 85 个县域生态宜居水平得分的均值为 0.2072,得分超过均值的县域共有 26 个,占所考察县域的 30.59%,即甘肃省 85 个县域中生态宜居水平得分超过均值的县域数均少于综合得分水平、产业兴旺水平、文明和治理水平以及生活富裕水平得分超过均值的县域数,说明甘肃省各县域的生态宜居水平均很低,造成这一现象的原因可能是有部分县域为了发展乡村经济,以牺牲生态环境为代价,从而导致甘肃省整体生态宜居水平较低。同时,我们也注意到几乎所有县域的生态宜居水平得分都比综合水平得分要高,说明甘肃省各县域在生态宜居水平建设方面均取得了良好的发展,良好的生态宜居水平带动了各县域乡村振兴的全面发展。甘肃省 85 个县域生态宜居水平得分的标准差为 0.0818,变异系数为 0.5483,这表明甘肃省 85 个县域间生态宜居水平差距较大,故甘肃省各县域在今后加快乡村发展中要注重在生态宜居方面的区域协调问题。综观甘肃省各县域生态宜居水平得分情况可以发现,嘉峪关市、阿克塞县和甘州区呈现出"三足鼎立"现象,这 3 个县域的生态宜居水平得分均超过了 0.6,比排名第四的民乐县均高出了 0.2 以上,这 3 个县域以生态宜居引领乡村振兴的促进作用最明显。

按照生态宜居水平得分的均值和标准差的关系,我们也可以将甘肃省 85 个县域划分为明星型、平庸型和落后型三种类型。明星型县域的生态宜居水平得分高于 0.264,主要包括嘉峪关市、阿克塞县、甘州区、民乐县、华池县、碌曲县、宁县、迭部县、高台县、庆城县、漳县、临夏市、东乡县、文县、西固区和积石山县等 16 个县域,仅占所考察县域总数的 18.82%。这些县域生态宜居水平得分较高,一方面得益于所处的地理位置,它们大部分位于甘肃省的东南部,这里气候相对湿润,降水较多,自然生态环境本身较好;另一方面得益于它们从 2015 年开始陆续启动的城乡环境综合整治专项行动、生态文明小康村建设以及"全域旅游无垃圾示范区"建设等工程,在拉动县域旅游业发展的同时,也切实改善了当地乡村居民的生活环境。平庸型县域的生态宜居水平得分介于 0.1504—0.264 之间,主要包括肃南县、古浪县、卓尼县、岷县、七里河区、临夏县、张家川县、肃北县、甘谷县、西和县、康县、会宁县、和政县、清水县、泾川县、合作市、合水县、临泽县、临潭县、宕昌县、天祝县、凉州区、榆中县、靖远县、陇西县、永登县、夏河县、华亭市、秦州区、西峰区、静宁县、玛曲县、舟曲县、正宁县、崇信县、礼县、山丹县、广河县、秦安县、渭源县、皋兰县、武山县和崆峒区等43个县域，占所考察县域总数的50.59%。落后型县域的生态宜居水平得分低于0.1504，主要包括永靖县、庄浪县、金川区、金塔县、麦积区、临洮县、镇原县、灵台县、永昌县、两当县、环县、通渭县、武都区、玉门市、红古区、康乐县、徽县、瓜州县、景泰县、平川区、民勤县、安定区、敦煌市、肃州区、成县和白银区等26个县域，占所考察县域总数的30.59%，这些县域生态宜居水平较低，可能是对于城乡环境整治活动的重视程度不够。

（三）文明和治理

甘肃省85个县域中文明和治理水平得分最高的县域是安定区，得分为0.7296，得分最低的是东乡县，得分为0.0296，安定区的得分是东乡县的24.65倍。从极值比来看，在文明和治理水平得分上，各县域间的差距最大，该差距值是综合水平的6倍、产业兴旺水平的3.1倍、生态宜居水平的2.7倍、生活富裕水平的9.1倍。文明和治理水平得分的均值为0.1823，甘肃省85县域中共有29个县域的文明和治理水平得分超过了均值，占所考察县域总数34.12%。文明和治理水平得分的标准差为0.1422，变异系数为0.78，均明显大于综合水平、产业兴旺水平、生态宜居水平以及生活富裕水平得分，这表明甘肃省85个县域在文明和治理水平方面存在的差距是最大的，这可能是因为我们选取的衡量乡村治理水平的指标——农村居民平均每人观看艺术团体下乡表演的次数本身在各个县域间存在较大差距，但这也从侧面反映出部分县域在文明和治理方面的不重视，因为文明和治理水平受自然条件的影响最小，该指标的高低可以直接体现出县域的重视程度。同时，按照文明和治理水平得分的均值和标准差的关系，将甘肃省85个县域划分为明星型、平庸型和落后型三种类型。明星型县域的文明和治理水平得分高于0.2535，主要包括安定区、肃北县、永靖县、西峰区、华池县、白银区、临洮县、崇信县、陇西县、静宁县、灵台县、武山县、两当县和金塔县等14个县域，仅占所考察县域总数的 16.47%，是所有分类中明星型县域数最少的，这也从侧面说明了甘肃省 85 个县域在文明和治理方面存在的巨大差距，这些文明和治理水平得分较高的县域多半集中在陇东、河西和邻近兰州的甘肃省中部地区，这些区域正是华夏文明传承创新区中重点建设的"三区"，即以始祖文化为核心的陇东南文化历史区、以敦煌文化为核心的河西走廊文化生态区和以黄河文化为核心的兰州都市圈文化产业区，而其他一些得分较高但不处于"三区"的县域，一般在其反映村委会协调组织能力的指标——农民合作社成员数量占农林牧渔业从业人员比重表现得比较突出。平庸型县域的文明和治理水平得分介于 0.1112—0.2535 之间，主要包括阿克塞县、庄浪县、麦积区、碌曲县、环县、清水县、渭源县、华亭市、临泽县、秦安县、庆城县、迭部县、嘉峪关市、玉门市、天祝县、舟曲县、靖远县、成县、肃州区、敦煌市、徽县、泾川县、景泰县、宁县、武都区、会宁县、民勤县、正宁县、卓尼县、临夏市、民乐县、肃南县、通渭县、金川区、甘州区、临夏县、玛曲县、合水县和高台县等 39 个县域，占所考察县域总数的 45.88%。落后型县域的文明和治理水平得分低于 0.112，主要包括山丹县、西和县、凉州区、榆中县、秦州区、漳县、康县、永登县、镇原县、永昌县、七里河区、崆峒区、古浪县、西固区、平川区、宕昌县、文县、甘谷县、和政县、瓜州县、红古区、皋兰县、积石山县、康乐县、礼县、临潭县、岷县、合作市、张家川县、广河县、夏河县和东乡县等 32 个县域，占所考察县域总数的 37.65%。

（四）生活富裕

甘肃省 85 个县域中生活富裕水平得分最高的是临夏市，得分为 0.8051，得分最低的是环县，得分为 0.2892，临夏市的得分是环县的 2.78 倍。从极值比来看，甘肃省 85 个县域间在生活富裕水平方面的差距最小，说明甘肃省各县域乡村经济发展水平比较接近。甘肃省 85 个县域的生活富裕水平得分的均值为 0.5347，超过均值的县域共有 35 个，占所考察县域总数的 41.18%，该均值是综合水平的 3.64 倍、产业兴旺的 3.88 倍、生态宜居的 2.58 倍、文明和治理的 2.93 倍，说明相对于产业兴旺、生态宜居、文明和治理来说，2020 年甘肃省 85 个县域的生活富裕水平是拉动乡村振兴综合水平的重要推力。生活富裕水平的标准差和变异系数分别为 0.1437 和 0.2687，均小于综合水平、产业兴旺水平、生态宜居水平以及文明和治理水平，从这个角度也可以看出，甘肃省 85 个县域在生活富裕水平方面的差距确实最小，这也说明甘肃省县域乡村社会整体发展得比较均衡。

按照生活富裕水平得分的均值和标准差的关系，将甘肃省 85 个县域划分为明星型、平庸型和落后型三种类型。明星型县域的生活富裕水平得分高于 0.6066，主要包括临夏市、甘州区、瓜州县、阿克塞县、民勤县、玉门市、肃南县、敦煌市、民乐县、山丹县、高台县、嘉峪关市、临泽县、西固区、七里河区、金川区、肃州区、红古区、永登县、金塔县、榆中县、永昌县、泾川县、凉州区、景泰县和肃北县等 26 个县域，占所考察县域总数的 30.59%，这些县域大多处于河西和甘肃省中部地区，这些区域主要得益于以蔬菜、马铃薯、草食畜牧业、中药材、优质林果、制种和酿酒原料等六大特色农业产业为主导的农业产业体系快速发展，以及地理环境较为优越，农户收入水平和基础设施持续改善。平庸型县域的生活富裕水平得分介于 0.4629—0.6066 之间，主要包括靖远县、康乐县、白银区、崆峒区、皋兰县、灵台县、广河县、成县、会宁县、临夏县、和政县、陇西县、静宁县、永靖县、武山县、秦安县、秦州区、碌曲县、正宁县、渭源县、西峰区、徽县、康县、临洮县和麦积区等 25 个县域，占所考察县域总数的 29.41%。落后型县域的生活富裕水平得分低于 0.4629，主要包括西和县、庆城县、通渭县、漳县、古浪县、镇原县、清水县、华亭市、合水县、张家川县、宁县、平川区、甘谷县、文县、安定区、积石山县、东乡县、武都区、庄浪县、两当县、天祝县、玛曲县、宕昌县、夏河县、临潭县、迭部县、礼县、合作市、卓尼县、崇信县、岷县、舟曲县、华池县和环县等 34 个县域，占所考察县域总数的 40%。

表 8-4　　　　甘肃省各县域乡村振兴分项指标得分水平

地区	产业兴旺	生态宜居	文明和治理	生活富裕
临夏市	0.1828	0.2908	0.1410	0.8051
甘州区	0.1926	0.6060	0.1277	0.7985

续表

地区	产业兴旺	生态宜居	文明和治理	生活富裕
瓜州县	0.1872	0.1156	0.0760	0.7958
阿克塞县	0.2538	0.6925	0.2487	0.7761
民勤县	0.1817	0.1066	0.1436	0.7754
玉门市	0.2048	0.1263	0.1886	0.7745
肃南县	0.2572	0.2646	0.1361	0.7610
敦煌市	0.1859	0.1057	0.1676	0.7602
民乐县	0.1363	0.3891	0.1370	0.7564
山丹县	0.1603	0.1674	0.1098	0.7553
高台县	0.2076	0.3167	0.1121	0.7520
嘉峪关市	0.2633	0.7523	0.1942	0.7352
临泽县	0.2058	0.1939	0.2072	0.7334
西固区	0.1585	0.2720	0.0867	0.7327
七里河区	0.1954	0.2259	0.0907	0.7267
金川区	0.2305	0.1442	0.1278	0.7225
肃州区	0.2386	0.0942	0.1683	0.7028
红古区	0.1763	0.1248	0.0680	0.6909
永登县	0.1567	0.1840	0.0981	0.6797
金塔县	0.2370	0.1412	0.2545	0.6780
榆中县	0.1429	0.1859	0.1005	0.6773
永昌县	0.1730	0.1354	0.0909	0.6647
泾川县	0.0958	0.1967	0.1668	0.6467
凉州区	0.1715	0.1873	0.1020	0.6368
景泰县	0.1550	0.1155	0.1599	0.6350
肃北县	0.1942	0.2184	0.6733	0.6263
靖远县	0.1386	0.1856	0.1790	0.5987
康乐县	0.0925	0.1238	0.0523	0.5896
白银区	0.2101	0.0818	0.4263	0.5881
崆峒区	0.1223	0.1543	0.0882	0.5792
皋兰县	0.2176	0.1572	0.0623	0.5778
灵台县	0.1260	0.1357	0.3421	0.5706
广河县	0.0813	0.1622	0.0413	0.5676

续表

地区	产业兴旺	生态宜居	文明和治理	生活富裕
成县	0.1156	0.0912	0.1727	0.5508
会宁县	0.1125	0.2041	0.1506	0.5365
临夏县	0.1151	0.2234	0.1274	0.5319
和政县	0.1052	0.2031	0.0767	0.5284
陇西县	0.1005	0.1842	0.4179	0.5211
静宁县	0.1331	0.1748	0.3922	0.5179
永靖县	0.1532	0.1454	0.6363	0.5097
武山县	0.1186	0.1571	0.3285	0.5079
秦安县	0.0939	0.1621	0.2057	0.4977
秦州区	0.1126	0.1781	0.0999	0.4934
碌曲县	0.1693	0.3293	0.2331	0.4930
正宁县	0.0832	0.1695	0.1434	0.4917
渭源县	0.0917	0.1611	0.2211	0.4864
西峰区	0.1089	0.1754	0.4837	0.4825
徽县	0.1315	0.1201	0.1675	0.4789
康县	0.0764	0.2053	0.0993	0.4723
临洮县	0.0936	0.1375	0.4227	0.4662
麦积区	0.0331	0.1412	0.2348	0.4642
西和县	0.0697	0.2080	0.1020	0.4594
庆城县	0.1029	0.3130	0.1995	0.4577
通渭县	0.0751	0.1314	0.1346	0.4513
漳县	0.1009	0.3032	0.0993	0.4511
古浪县	0.1267	0.2630	0.0870	0.4495
镇原县	0.1300	0.1372	0.0976	0.4465
清水县	0.0984	0.1987	0.2243	0.4443
华亭市	0.1327	0.1798	0.2172	0.4382
合水县	0.1028	0.1949	0.1213	0.4336
张家川县	0.0814	0.2223	0.0456	0.4285
宁县	0.0994	0.3237	0.1545	0.4230
平川区	0.1357	0.1148	0.0847	0.4219
甘谷县	0.1011	0.2127	0.0792	0.4183

续表

地区	产业兴旺	生态宜居	文明和治理	生活富裕
文县	0.0902	0.2793	0.0812	0.4127
安定区	0.1009	0.1066	0.7296	0.4106
积石山县	0.0702	0.2719	0.0599	0.4101
东乡县	0.0895	0.2873	0.0296	0.3991
武都区	0.1258	0.1286	0.1528	0.3982
庄浪县	0.1259	0.1450	0.2422	0.3972
两当县	0.1494	0.1353	0.3064	0.3960
天祝县	0.1357	0.1876	0.1856	0.3926
玛曲县	0.1439	0.1741	0.1233	0.3850
宕昌县	0.0835	0.1901	0.0827	0.3799
夏河县	0.1483	0.1816	0.0371	0.3795
临潭县	0.1088	0.1915	0.0501	0.3780
迭部县	0.1570	0.3174	0.1988	0.3735
礼县	0.0861	0.1678	0.0512	0.3639
合作市	0.1441	0.1960	0.0480	0.3600
卓尼县	0.1216	0.2404	0.1426	0.3579
崇信县	0.1698	0.1687	0.4185	0.3557
岷县	0.0660	0.2373	0.0490	0.3510
舟曲县	0.1437	0.1699	0.1810	0.3227
华池县	0.0980	0.3838	0.4683	0.3105
环县	0.1186	0.1337	0.2275	0.2892

注：数据由笔者计算整理得到。

第九章

村域乡村振兴水平评价

改革开放以来，我国城乡发展差距日益扩大，为了摆脱农村积贫积弱的发展局面，党的十九大创新提出了实施乡村振兴战略，这充分体现了党中央对"三农"问题高度重视。乡村振兴可以视为社会主义新农村建设思想的升级，是党在新的历史时期为农村发展设定的新目标，提出的更高要求。甘肃省自然环境较差、经济基础薄弱、脱贫人口返贫风险较大，且不同的农村地区经济发展差距较大，其村域乡村振兴水平的测定对于全面推进全省乡村振兴具有重要的现实意义，然而，目前关于乡村振兴战略的实施政策多是集中在县域层面，缺乏对村域层面乡村振兴战略实施的具体指示，故难以对村域层面乡村振兴发展水平进行测度和分析。因此，本书从撤村并社可行性、产业发展、生态保护、文明建设、村庄治理和日常生活等六方面对甘肃省村域乡村振兴水平进行评价，试图厘清甘肃省村域层面乡村振兴实施的重点和难点。从甘肃省撤村并社可行性分析，表明了统筹推进乡村振兴战略的现实基础；从产业发展水平的测度，强调了乡村振兴必须要有产业作为支撑；从村容整洁到生态宜居，强调了乡村振兴必须以人与自然和谐共生为基础；从管理民主到治理有效，强调了乡村振兴必须以农村社会的良治为保障。基于以上考虑，研究团队通过互联网、传真、电话访谈等形式向甘肃省1.6万个行政村进行了问卷调查，共回收调查问卷10719份，有效问卷9897份，经整理后的问卷总体情况如表9-1所示。

第一节 评价指标的选取

乡村振兴水平的微观评价采用问卷调查法。调查问卷分为村庄基本情况和村庄发展情况两部分，涉及撤村并社可行性、产业发展、生态保护、文明建设、村庄治理和日常生活等六方面的39个问题。其中，撤村并社可行性的调查为统筹推进乡村振兴战略提供可能，村庄现实环境、常住人口规模、人口老龄化程度与学前及小学教育等问题是影响撤村并社可行性的关键因素；乡村振兴就是产业的振兴，主要以农业生产效益、农业生产业态与农村产业融合衡量产业发展水平；农村生态保护现状主要从人居环境、绿色生产和生态环境三个方面来评价；同时选取是否为县级以上文明村、是否有文化活动组织、重大节日是否组织村民举办文化活动等三项指标来分析村庄文明建设现状，并且以村委会成员构成来分析村庄治理现状水平；农民群众的日常生活富裕体现在衣、食、住、行、用、游等方方面面，我们从收入、农村基础设施、耐用消费品和出行等四个方面来评价村民的日常生活现状。总的来说，乡村振兴微观评价体系涉及六个方面的39个问题，具体指标选取如表9-2所示，经整理后的总体情况如表9-1[①]所示。

表9-1　　　　　　行政村发展情况调查问卷总体情况

地区 指标	行政村数量 （个）	有效问卷数量 （份）	有效问卷填报率 （%）	行政村数量占比 （%）	有效问卷占比 （%）
全省	16034	9897	61.73	100	100
兰州市	702	445	63.39	4.38	4.50
嘉峪关市	17	17	100	0.11	0.17
金昌市	139	133	95.68	0.87	1.34
白银市	699	132	18.88	4.36	1.33
天水市	2487	1769	71.13	15.51	17.87

---

① 此次问卷采用本研究团队通过各市（州）人民政府和兰州新区管委会于2020年8月5日共回收的10719份调查问卷。

续表

地区 指标	行政村数量 （个）	有效问卷数量 （份）	有效问卷填报率 （%）	行政村数量占比 （%）	有效问卷占比 （%）
武威市	1123	802	71.42	7.00	8.10
张掖市	834	639	76.62	5.20	6.46
平凉市	1464	955	65.23	9.13	9.65
酒泉市	438	343	78.31	2.73	3.47
庆阳市	1249	1017	81.43	7.79	10.28
定西市	1887	367	19.45	11.77	3.71
陇南市	3178	2751	86.56	19.82	27.80
临夏州	1131	264	23.34	7.05	2.67
甘南州	686	263	38.34	4.28	2.66

注：1. 行政村数量是以村委会的个数计算的，其数据来自《甘肃农村年鉴2019》；2. 兰州新区的数据包含在兰州市之内。

从表9-1可以看出，此次问卷调查中问卷回收情况较好，全省有效问卷填报率达61.73%，除白银、定西、临夏和甘南外，其余市（州）的有效问卷占比均高于其行政村数量占比，因此，如表9-2所示，现有数据能够较好地反映全省行政村的发展情况。

表9-2　　　　　甘肃省行政村发展情况调查表问题汇总

分类	序号	问题
撤村并社可行性	1	村庄详细地址
	2	村庄类型
	3	搬迁的具体原因
	4	是否已经有了搬迁的初步设想（方案）
	5	当前总户数
	6	当前常住人口
	7	常住人口中65周岁以上的老人数量
	8	村里是否开办有公立或私立小学
	9	目前村里的小学是否还在正常开办
	10	村里的儿童是否可以方便地上幼儿园

续表

分类	序号	问题
产业发展	11	每季种植农作物的平均收入
	12	平均情况下饲养每头牛的平均利润
	13	平均情况下饲养每只羊的平均利润
	14	是否有相关农业科技人员入村指导
	15	入股村内各类农民专业合作社的农户比例
	16	村里是否利用电子商务销售农副产品
	17	农业生产活动是否得到农业龙头企业的带动
	18	村里目前是否开办有涉农企业
	19	村里目前是否有农户从事旅游业
生态保护	20	村内外的道路环境是否存在晴天灰尘大、雨天泥泞及积水严重的情况
	21	生活垃圾是否集中处理
	22	生活污水是否集中处理
	23	建有卫生厕所的户数
	24	土地耕种过程中是否进行过测土配方施肥
	25	养殖业发展中是否将放牧和圈养进行结合
	26	近两年耕地是否出现有沙化、盐渍化、土壤流失等影响耕种的情况
	27	目前草场退化现象是否整体得到遏制
文明建设	28	是否属于县级以上文明村
	29	村里是否有文化活动组织
	30	重大节日是否组织村民举办文化活动
村庄治理	31	村民委员会成员数量
	32	村民委员会成员中中共正式党员的数量
	33	党支部书记是否兼任村委会主任
	34	村民委员会成员中具有高中以上学历的数量
日常生活	35	2019年村里每户的平均收入
	36	2019年村里低保户的平均收入
	37	村里是否实现了集中供水
	38	拥有家庭小轿车的户数
	39	在村子周边两公里范围内是否有公交站点

第二节 评价结果展示与简要分析

我们结合有效问卷数据，分别从撤村并社可行性、产业发展、生态保护、文明建设、村庄治理和日常生活等六方面，对甘肃省行政村发展情况进行分析。

一 撤村并社可行性

我们结合甘肃省发展实际，从村庄现实环境、常住人口规模、人口老龄化程度、学前及小学教育等四个方面开展撤村并社可行性分析。

（一）村庄现实环境

我们从村庄发展类型的角度出发，借鉴《甘肃省乡村振兴战略实施规划（2018—2022年）》中的划分类型，在调查问卷中设计了村庄类型这一问题，并给出了部分搬迁具体原因的选项，以捕捉搬迁撤并类村庄的现实环境。在有效问卷中，共有364个村庄选择了搬迁撤并类，占比3.68%，关于搬迁具体原因的选择结果如表9－3所示。

表9－3　有效问卷中搬迁具体原因选择结果

搬迁具体原因选项	选择村庄数量	占搬迁撤并类村庄比重	占有效问卷样本比重
位于重点生态保护区内，因保护要求需要迁出	34	9.34	0.34
地理位置偏远，村民出行极为不便	210	57.69	2.12
自然灾害频发（泥石流、滑坡、严重干旱等）对村民生命财产安全构成重大威胁	114	31.32	1.15
农户宅基地之间极为分散，后续基础设施建设困难	148	40.66	1.50
人口流失特别严重，空心化程度较高	125	34.34	1.26
发展空间十分有限，村子目前的发展高度依赖上级援助	134	36.81	1.35
重大工程建设有所涉及	51	14.01	0.52
其他原因	27	7.42	0.27

注：在有效问卷中，一个村庄搬迁的具体原因往往有多种。

从表9-3中可以看出，地理位置偏远和农户宅基地之间极为分散是村庄想要搬迁撤并的主要原因，占搬迁撤并类村庄的比重分别为57.69%和40.66%，而处在这两类现实环境中的村庄数量占有效问卷样本的比重达2.12%和1.50%，并且这两个比例在全省行政村中可能更大，同时，由于泥石流、滑坡、严重干旱等自然灾害频发，对村民生命财产安全构成重大威胁导致搬迁撤并的村庄也高达31.32%，这符合乡村振兴战略规划对位于生存条件恶劣、生态环境脆弱、自然灾害频发等地区的村庄，通过易地搬迁、生态宜居搬迁、农村集聚发展搬迁等方式，实施村庄搬迁撤并的要求。此外，在选择搬迁撤并类的364个村庄中，有155个村庄还没有搬迁的初步设想或方案，占比达42.58%，而此类村庄也将是落实《甘肃省乡村振兴战略实施规划（2018—2022年）》中关于搬迁撤并类村庄相关规划的重点。

（二）常住人口规模

在有效问卷样本中，常住人口不足200人的村庄有572个，占比5.78%，而常住人口不足100人的村庄有174个，占比1.72%。从理论上来讲，常住人口规模是决定基础设施建设和公共服务保障边际成本的重要因素，常住人口规模过小，会使得以上两者的边际成本过高，而在甘肃省财政收支矛盾持续加大的当下，我们应着力降低社会保障方面的投入成本，从而为农村居民提供更高质量的公共服务，对常住人口严重不足的村庄实施搬迁撤并，有利于充分利用现有基础设施，减少政府基础设施投资压力，改善居民居住环境的便利性。

（三）人口老龄化程度

国际上通常把60岁以上人口占总人口的比重达到10%，或65岁以上人口占总人口的比重达到7%，作为国家或地区进入老龄化社会的标准。在有效问卷样本中，65岁以上的人口比例大于20%的村庄有2329个，占比高达23.53%，而65岁以上人口比例大于40%的村庄也有471个，占比达4.76%。从以上结果来看，甘肃省农村老龄化问题已经相当突出，农村社会严重的老龄化问题会导致农村产业的衰落和养老服务需求的激增，而通过相邻村庄的搬迁合并，可以为缓解部分村庄的凋敝现象和促进养老产业的市场化发展提供可能。

（四）学前及小学教育

接受学前及小学教育的学生主体是 3—12 周岁的孩子，而该年龄段孩子的生活自理能力还有所欠缺，若不能就近方便地入学（园），则会对家庭造成极大的负担，从而影响孩子入学（园）率。在有效问卷样本中，村里儿童不能够方便地上幼儿园的村庄有 2473 个，占比 24.99%，村里没有小学的村庄有 4740 个，占比 47.89%，这其中有 423 个村庄原来有小学但现在关闭了，占比 4.27%，并且小学消亡这一趋势仍在加剧。从这些数据来看，甘肃省有较大比例的村庄不能在村里开展学前及小学教育，且即使有幼儿园和小学也难以创造良好的教学条件，这些会加快农村生源的进一步外流，导致农村教育的"空心化"，直接影响到小部分家庭支持孩子上学的积极性。适度地撤村并社可以增大学生基数，降低提供优质教学条件的成本，为振兴乡村教育提供可能。

二 产业发展

根据整理的有效问卷数据（如表 9-4 所示），从农业生产效益、农业生产业态、农村产业融合三个方面来对乡村产业发展状况进行分析。

表 9-4　　　　　　　　产业发展相关问题汇总

问题描述	选择村庄数量	总有效样本	占有效问卷样本比重
每季种植农作物的平均收入不足 200 元	1014	9685	10.47
平均情况下饲养每头牛的平均利润不足 2000 元	1387	8367	16.58
平均情况下饲养每只羊的平均利润不足 300 元	1117	8644	12.92
有相关农业科技人员入村指导的村庄	8375	9897	84.62
入股村内各类农民专业合作社的农户比例大于 50% 的村庄	2045	9897	20.66
入股村内各类农民专业合作社的农户比例小于 30% 的村庄	5788	9897	58.48
村里有利用电子商务销售农副产品的组织或个人	3624	9897	36.62

续表

问题描述	选择村庄数量	总有效样本	占有效问卷样本比重
农业生产活动得到农业龙头企业的带动	4791	9897	48.41
村里目前开办有涉农企业	2349	9897	23.73
村里目前有农户从事旅游业	1287	9897	13.00

(一) 农业生产效益

针对甘肃省位于农牧交错带的实际和着重发展"牛羊菜果薯药"六大特色产业的现实背景,我们在问卷中设计了每季种植农作物的平均收入(元/亩)、平均情况下饲养每头牛的平均利润(元/头)、平均情况下饲养每只羊的平均利润(元/只)等三个问题,以了解该省农业生产效益情况。从有效问卷的数据来看,每季种植农作物的平均收入介于200—1000元之间的村庄有6364个,占所有种植农作物村庄的比重达65.71%,平均收入低于200元的村庄有1014个,占所有种植农作物村庄的比重达10.47%;平均情况下饲养每头牛的平均利润不到2000元的村庄有1387个,占所有饲养肉牛村庄的比重为16.58%;平均情况下饲养每只羊的平均利润少于300元的村庄多达1117个,占所有饲养肉羊村庄的比重为12.92%。从这些数据可以看出,甘肃省农牧业生产效益存在较大差异,并且低生产效益的村庄占比仍然较高,特色农业在持续推动农民稳定脱贫致富方面还有较大的提升空间。

(二) 农业生产业态

基于平时在农村的调研和此次问卷的填写情况,从农业科技应用、农民专业合作社发展和农副产品电子商务三个角度来审视甘肃省农业生产新业态。在农业科技应用方面,有相关农业科技人员入村指导的村庄多达8375个,占比高达84.62%,说明全省绝大多数村庄的农业生产活动能够得到不同程度的专业指导,这为提高农业生产效益和保障农产品质量提供了智力支持。农民专业合作社的发展并不尽如人意,入股村内各类农民专业合作社的农户比例小于30%的村庄有5788个,占比达58.48%。在利用电子商务发展农业方面,村里有利用电子商务销售农副产品的组织或个人的村庄有3624个,占比达36.62%,其发展势头较好。

(三) 农村产业融合

关于农村产业融合，此次问卷调查主要涉及农业龙头企业、涉农企业和旅游业。在有效问卷样本中，有4791（48.41%）个村庄的农业生产活动得到了农业龙头企业的带动，2349（23.73%）个村庄开办有涉农企业，1287（13.00%）个村庄有农户从事旅游业，以上数据说明甘肃省乡村产业融合发展多依靠外力推动，自身动力仍然不足。

三 生态保护

在参考相关评价研究的基础上，从人居环境、绿色生产和生态环境三个方面来评价农村生态保护现状，根据有效问卷数据描述的乡村生态保护现状如表9-5所示。

表9-5　　　　　有效问卷样本中乡村生态保护现状

分类	村庄描述	数量（个）	占比（%）
人居环境	村内外大多数道路存在晴天灰尘大、雨天泥泞及积水严重的村庄	478	4.83
	生活垃圾未实现部分集中处理的村庄	489	4.94
	生活污水未实现部分集中处理的村庄	5799	58.59
	建有卫生厕所的户数占比小于30%的村庄	3815	38.55
绿色生产	土地耕种过程中进行过测土配方施肥的村庄	4361	44.06
	养殖业发展中将放牧和圈养进行结合的村庄	6209	62.74
生态环境	近两年耕地出现有沙化、盐渍化、土壤流失等影响耕种情况的村庄	942	9.52
	目前草场退化现象在整体上仍未得到遏制的村庄	2119	21.41

从表9-5可以看出，甘肃省乡村人居环境建设成果喜忧参半，道路环境建设和生活垃圾处理方面成绩较好，但生活污水处理和卫生厕所建设的进度明显滞后；绿色生产方面虽小有成就，但仍有较大提升空间；在黄河流域生态保护和高质量发展上升为国家重大战略的背景下，进一步推动生态环境保护与修复的压力较大。

四 文明建设

由于村主文明建设涵盖的领域较广，且多涉及"家丑"，故难以用准确的数据来直接衡量。此次调查尝试通过获取间接数据来反映村庄文明建设成效，但结果并不理想，在此只能选取是否为县级以上文明村、是否有文化活动组织、重大节日是否组织村民举办文化活动等三项指标来分析村庄文明建设状况。在有效问卷样本中，如表9-6所示，有2663个村庄是县级以上文明村，占比26.91%；7278个村庄拥有文化活动组织，占比达73.54%，相较于甘肃省第三次全国农业普查时要高出35.4个百分点；有7484个村庄在每年的重大节日会组织村民举办文化活动，占比达75.62%。以上数据可以反映出甘肃省乡村文化活动开展的广泛性，并有日渐丰富的态势。

表9-6　　　　　　　　　　乡村文明建设现状

问题描述	选择村庄数量	总样本	占有效问卷样本比重
属于县级以上文明村	2663	9897	26.91%
村里有文化活动组织	7278	9897	73.54%
重大节日组织村民举办文化活动	7484	9897	75.62%

五 村庄治理

村庄治理有效的评判标准有很多，但如同村庄文明建设一样，此次调查尝试通过获取数据来反映村庄治理成效，然而反馈的数据也不理想。考虑到村委会是村庄日常管理的直接主体，而基层党组织是确保党的路线方针政策和决策部署贯彻落实的坚强战斗堡垒，这里着重以村委会成员构成来分析村庄治理现状。如表9-7所示，在回收的关于村民委员会问题的有效问卷样本（9891份）中，有2953个村子的村委会成员均为中共正式党员，而中共正式党员占比超过六成的村子有6879个，分别占比29.86%和69.55%。此外，有7559个村子的党支部书记兼任村委会主任，占比达76.38%，说明在甘肃省乡村社会中，基层党员是村民委员会成员构成的中坚力量，基层党组织在村庄日常管理中发挥着领导核心作用。在村民委员会成员的文化水平方面，有3432个村子的村民委员会成员中一半以上具有高中以上学历,占比 34.70%,能够提升的空间较大。

表 9-7　　　　　　　　　　乡村治理现状

问题描述	选择村庄数量	总样本	占有效问卷样本比重
村民委员会成员均为中共正式党员	2953	9891	29.86%
村民委员会成员中共正式党员占比超过 60%	6879	9891	69.55%
党支部书记兼任村委会主任	7559	9897	76.38%
村民委员会成员中具有高中以上学历的数量占比大于 50%	3432	9891	34.70%

六　日常生活

农民群众的生活富裕体现在衣、食、住、行、用、游等方方面面,我们从收入、农村基础设施、耐用消费品和出行等四个方面来评价村民的日常生活现状,以上四项指标的相关问卷结果如表 9-8 所示。

表 9-8　　　　　有效问卷样本中村庄居民日常生活现状

分类	村庄描述	数量(个)	占比(%)
收入	每户的平均收入不少于 30000 元的村庄	4594	46.42
	低保户的平均收入不少于 10000 元的村庄	1633	16.50
基础设施	完全实现集中供水的村庄	8200	82.85
耐用消费品	拥有家庭小轿车的户数占比大于 20% 的村庄	4937	49.88
出行	村子周边两公里范围内有公交站点的村庄	5712	57.71

从表 9-8 中可以看出,有效问卷样本中接近一半的村庄每户年平均收入不少于 30000 元,而低保户的收入能力则逊色很多,因此甘肃省脱贫攻坚完成之后的首要任务还是巩固脱贫攻坚成果,防止脱贫人口返贫,这也是全面推动乡村振兴的前提与基础。对于甘肃省农村基础设施建设而言,农村饮水安全工程建设难度较大,但即便如此,还是有 8200 个村庄完全实现了集中供水,比例高达 82.85%,说明甘肃省农村基础设施建设成效较好。在拥有高档耐用消费品方面,将数据进行折算,近乎一半

的村子中每百户拥有家用汽车数超过 20 辆，高于甘肃省第三次全国农业普查中统计的 16.2 辆的水平。在农村居民出行方面，仍有 42.29% 的村子不能方便地搭乘公共交通出行，农村居民出行难问题依然较大。

经综合考量，按照撤村并社可行性、产业发展、生态保护、文明建设、村庄治理和日常生活等六方面总要求，对乡村振兴成效进行微观综合评价，为建立健全城乡融合发展体制机制，统筹推进乡村振兴战略提供客观分析依据。由于此次调查是在甘肃省脱贫攻坚冲刺阶段展开的，基于种种原因，导致有效问卷填报率未达到绝对比例，虽不能利用目前的有效问卷准确掌握全省行政村发展情况，但亦能从中看出甘肃省"三农"工作中取得的成就与面临的不足，为全面推进乡村振兴战略提供理论依据和实践参考，为解决我国"三农"工作中的发展不充分、不平衡问题提供新思路、新方案。

第十章

巩固拓展脱贫攻坚成果
同乡村振兴有效衔接

全面建成小康社会后，我们的主要任务是聚焦乡村振兴，早日实现共同富裕。部分地区脱贫具有不稳定性，因此通过提升脱贫人口可持续发展能力与优化脱贫地区产业发展巩固拓展脱贫攻坚成果就具有十分重要的意义。[①] 巩固拓展脱贫攻坚成果同乡村振兴关系紧密，甚至可以说巩固拓展脱贫攻坚成果就是乡村振兴的第一阶段，为了做好巩固拓展脱贫攻坚成果同乡村振兴有效衔接，需要我们健全体制、促进产业升级，最重要的还是要做好"人的工作"。

第一节 巩固拓展脱贫攻坚成果的重要意义

巩固拓展脱贫攻坚成果这一命题在 2021 年 3 月由国务院公开发布，对脱贫攻坚的巩固与乡村振兴的铺垫工作具有重要意义。巩固拓展脱贫攻坚成果的提出针对的是脱贫与易致贫人口和地区可能存在的脱贫不稳定、发展不可持续与易返贫的问题，主要任务是防止大规模返贫。巩固拓展脱贫攻坚成果是一个为期 5 年的过渡期，在这 5 年里我们可以适时调整政策实现政策的逐步抽离提升落后地区的造血能力，根本改善运动型脱贫的脆弱性。在这一时期我们主要的工作内容是解决相对贫困，缩小地区差距与收入差距，贯彻"以人民为中心"的发展理念，向共同富裕

[①] 林万龙：《巩固拓展脱贫成果开局之年的政策调整与政策评价》，《华中师范大学学报》2022 年第 1 期。

的道路迈进，为乡村振兴战略的实施打好基础、做好铺垫。

一　巩固拓展脱贫攻坚成果可以改善脱贫的不稳定性与脆弱性

截至 2020 年，我国标准下的 9000 多万贫困人口全部脱贫，所有贫困县全部摘帽，我国率先地、历史性地解决了绝对贫困问题[①]。在大约 10 年的时间里完成如此艰巨的任务固然是伟大的，但是实事求是的态度又使我们认识到现行标准下的脱贫是短期的、快速达成的成果，它之所以能够成为现实大多数是靠党的政策的倾斜与脱贫攻坚工作组的努力，并以贫困地区的相对配合为辅助。这就是说如果脱贫人口离开了国家委派的扶贫工作组的帮助、离开了国家政策的大力支持，现有的脱贫成果是否还能维持下去还尚未可知。在这个高速发展的新时代，诸多元素是无法通过势如破竹的脱贫攻坚战在短期内形成的，如贫困地区的产业发展水平与贫困人口的财富意识与工作意识。工作组可以为贫困人口安排工作，但是却不能在短期内帮助他们形成积累财富的意识，也不可能监督他们认真完成工作以提升自己，更无法决定该地区的产业发展。这个时候达成的脱贫攻坚成果是脆弱的，脱贫人口一旦面临困境或者是灾祸的冲击便极有可能返贫，因此需要巩固拓展脱贫攻坚成果。

现行的脱贫攻坚成果是输血型的，而不是造血型的。10 年来党和国家通过发展生产脱贫一批、易地搬迁脱贫一批、生态补偿脱贫一批、发展教育脱贫一批、社会保障兜底一批的工作方式实现了近 1 亿人的脱贫，但是通过易地搬迁、生态补偿与社会保障兜底的脱贫人口本质上不具备摆脱贫困与创造财富的能力[②]，通过发展教育实现脱贫虽然是从能力素质与思想意识上脱离贫困，但却是一个长期的过程。整体来讲，现在大多数的脱贫户都还不具备较为完善的自身发展能力与抵御风险能力。农村地区生产要素不够集中、资源配置转换效率较低，但是自然环境却相对恶劣、经济文化生态基础薄弱，导致了农村地区生计系统不完善，大多数劳动力依靠外出就业。脆弱的生计系统与不完善的经济文化环境都会

[①] 马黎：《乡村振兴视域下边疆山区农村干部队伍建设思考》，《普洱学院学报》2022 年第 5 期。

[②] 王晓毅：《实现脱贫攻坚成果与乡村振兴有效衔接》，《人民论坛》2022 年第 1 期。

为农村地区的发展带来风险，且风险多样并相互作用，无法选取单一风险逐个解决，这为脱贫人口抵御风险提出更高要求。尤其是在西北部分原深度贫困地区，自然条件恶劣，经济基础薄弱，人民收入依赖政府转移支付，其返贫概率更大。巩固拓展脱贫攻坚成果为我们提供了5年的时间，使得原来脱贫攻坚战中无暇顾及的问题得以充分暴露，并随着政府的努力与工作逐步得到解决。

二　便于实现脱贫攻坚同乡村振兴的有效衔接

巩固拓展脱贫攻坚成果是一个有效的过渡期、缓冲期。在全面建成小康社会后设置巩固拓展脱贫攻坚成果的过渡期的目的是实现政策的"逐步抽离"，这样的一个时期可以有效防止政策抽离后的大规模与高发性返贫，也可以为脱贫攻坚与乡村振兴的有效衔接做足准备，使得"三农"问题从脱贫攻坚为引领有机地转向乡村振兴为引领。因此巩固拓展脱贫攻坚成果不是一个孤立的阶段，而是与脱贫攻坚和乡村振兴相辅相成的一个阶段，在"三农"问题的发展与演化过程中是必不可少的。而要平稳度过巩固拓展脱贫攻坚成果这一过渡期并使其充分发挥衔接作用，则需要我们继续进行工作，把脱贫攻坚与乡村振兴进行有机结合。我们需要总结脱贫攻坚时期的工作经验与发展经验，这是我们党和人民无价的瑰宝，对于在脱贫攻坚时期建立的工作制度，我们要因时制宜地纳入乡村振兴的工作中去，根据不同时段发展的不同需要，参照脱贫攻坚时期的政策统筹规划乡村振兴战略的政策导向，努力使乡村振兴融入巩固拓展脱贫攻坚成果时期中来，以乡村振兴为拓展脱贫工作的强大动力，以巩固拓展脱贫成果为乡村振兴前导工作，互利共助脱贫工作深度发展。

巩固拓展脱贫攻坚成果这一过渡时期必不可少，与脱贫攻坚相比既有很大区别也有很多联系。巩固拓展脱贫攻坚成果在时间上是脱贫攻坚的接续，在工作内容上是脱贫攻坚的延续与补充，在空间区位上则主要是脱贫县、脱贫村以及相对应的地区。脱贫攻坚是建立在全面建成小康社会的百年目标下的对绝对贫困的清洗，以当时标准下的建档立卡贫困户为主要工作对象，工作的主要内容是帮助全国贫困人口摆脱贫困，但是工作方式主要是外生动力推动，即通过政策扶持、政府补助与社会各界帮扶使其在短时间内运动至刚性的脱贫评判标准以上。而巩固拓展脱贫攻坚成果时期的工作目标是减少相对贫困，工作的重心则是防止大规模与突发性的返贫，工作对象也随之变为脱贫不稳定户等，工作方式则更加注重原贫困人口自身能力的培养与提升，常态化、制度化地提升劳动力素质与应对突发性问题。①

同时，巩固拓展脱贫攻坚成果与乡村振兴战略也有差异和联系。巩固拓展脱贫攻坚成果是一个为期5年左右的过渡阶段，它的主要工作对象是脱贫户也就是原贫困户，工作的重中之重是防止大规模的返贫发生，具有短期性与局部性。而乡村振兴战略作为我党第二个百年奋斗目标内的"三农"问题的主要战略，涉及农村所有人员、所有地区，其规划与发展具有全局性与长期性，实施内容涵盖农村地区政治、经济、社会、文化、生态各个方面，要从全面建成小康社会起开始实施直至21世纪中叶。乡村振兴战略是巩固拓展脱贫攻坚成果的动力来源与战略依据，巩固拓展脱贫攻坚成果是乡村振兴工作的前导工作与问路石。

三 是以人民为中心的发展思想的体现

人民群众是社会的主体，脱贫攻坚为了人民。人民群众是社会的主体，参与社会实践与价值创造的各方各面，是我们服务的唯一对象，是经济发展动力的根本来源，更是社会发展与财富创造的推动者与享用者，中国共产党自成立以来就以全心全意为人民服务为根本宗旨。党的十八大以来，以习近平同志为核心的党中央将马克思主义思想中人民主体地位部分同中国实际相结合、同中国特色社会主义思想相结合，创造性地提出了以人民为中心的发展思想，从发展目的、发展力量、发展动力与发展成果等方面科学地阐述了我国社会经济发展的各种问题：核心思想就是以人民为中心，坚持发展经济是为了造福人民，发展经济需要人民来推动，发展的目标是实现全体人民的共同富裕。

贫困虽然是一个历史性的、世界性的社会经济问题，但是我们中国共产党依旧将实现全体人民的共同富裕作为社会主义的本质要求，这就是党坚持以人民为中心思想的集中体现和重要实践。过去的10年间，在

---

① 林万龙：《巩固拓展脱贫成果开局之年的政策调整与政策评价》，《华中师范大学学报》2022年第1期。

以人民为中心的指导思想下，党中央从国家全局发展的高度出发，号召社会各界广泛参与，动员全国人民一起打响脱贫攻坚战，脱贫攻坚时期资源整合速度、社会力量汇集程度、资金人力投入规模前所未闻，社会主义制度优越性不辩自明，近一亿人的生活状态得以根本改变。①

设置巩固拓展脱贫攻坚成果时期这一举措，也体现了以人民为中心的发展思想。站在人民的立场从人民的角度出发，在经历脱贫攻坚这一大规模、突击性的治理工作后，针对"运动型"脱贫可能遗留下来的问题，党有针对性地安排了巩固拓展脱贫攻坚成果这一阶段，助力全体人民向新时代的美好生活迈进。党的十九大指出，在新发展阶段我国社会的主要矛盾已经转化为"人民日益增长的美好生活需要和不平衡不充分的发展之间的矛盾"，也就是说城乡的发展还存在较大差距，区域间的发展还不够平衡，个体发展也不够平衡；不充分则是指相对落后地区的发展还需加强、生态等部分领域之前的重视程度不够、低收入人群的生活仍需改善。脱贫攻坚战虽然取得了全方位的胜利，但是放眼全国来看脱贫地区的经济总量低、产业结构不够完善，脱贫人口收入仍然还是相对低收入人口，主要矛盾中的"发展不平衡不充分"相对集中在脱贫地区与脱贫人口。在以人民为中心发展思想的指导下，中国共产党定然不会允许这种不平衡不充分持续下去，结合发展特点与时代特色，党给出的解决方式就是"巩固拓展脱贫攻坚成果"这一重大命题，就是以防止返贫为主要工作目标，致力于脱贫地区、脱贫人口"攻坚战"的战后巩固工作，在大约5年的时间里明确"四不摘"政策，帮助脱贫地区稳定经济情况健全产业结构，过渡期内国家政策减弱但不撤销避免出现"政策悬崖"效应，确保脱贫地区可以快速发展赶上时代发展的列车，确保脱贫人口可以共享发展成果过上更加美好的生活。

四　是新发展阶段的必然要求

巩固拓展脱贫攻坚成果命题的提出，符合我国人民生活发展的历史逻辑。我国的减贫工作不只在一朝一夕，21世纪的脱贫攻坚伟大胜利来

---

① 马黎：《乡村振兴视域下边疆山区农村干部队伍建设思考》，《普洱学院学报》2022年第5期。

源于党的坚强领导,来源于全国人民的艰苦奋斗,更来源于新中国成立以来的全党全国人民的积累。中华人民共和国成立以来,为了使全体人民摆脱贫困,党带领人民不断进行社会主义探索,更是有了改革开放这一伟大举措,农村人民更是探索出联产承包责任制解放生产力,经过几代人的艰苦奋斗,绝对贫困这一历史问题终于得到彻底解决。从贫困到温饱,再到小康再到富裕,这就是我们中国人民对生活发展变化的理解,在不同的历史时期,我们也有不同的减贫战略。中华人民共和国刚成立时为了使人民吃得上饭,农村地区走向了集体化道路;改革开放后我国又提出了"三步走"的现代化建设战略:第一步就是要在10年间实现国民生产总值翻一番解决人民的温饱问题,第二步就是到2000年国民生产总值再翻一番人民生活达到小康水平,第三步就是在21世纪中叶达到中等发达国家水平、基本实现现代化。随着国家发展进入不同阶段,针对减贫的措施也逐步升级成熟,从经济体制改革整体推动减贫,到地区开发为主的局部扶贫,再到确定到村、确定到户的精准扶贫战略,国家扶贫的标准越来越高,官方的贫困线也发生了三次变动,针对贫困的工作经历了生存—温饱—小康的过渡①。巩固拓展脱贫攻坚成果命题的提出立足于全面建成小康社会这一历史时期,符合时代要求,是脱贫攻坚的巩固工作,是乡村振兴战略的准备阶段,是实现共同富裕的道路上不可或缺的一步。

巩固拓展脱贫攻坚成果命题的提出立足于新的历史起点、新的发展阶段,是实现共同富裕的必然要求与准备阶段。21世纪20年代我们建成了全面小康社会,但是我们发展的脚步并不会就此停止,立足新的发展阶段与国家战略的总体布局,我们接下来的主要任务便是实现全体人民的共同富裕。中央在"十四五"规划建议中特别强调要"扎实推动共同富裕",并首次将"全体人民共同富裕取得更为明显的实质性进展"作为远景目标列入党的全会文件。全国14亿人口中仍然有半数以上是农民,只有让农民群众富裕起来,共同富裕才算是真正意义上的实现,才符合社会主义的本质要求,因此在今后的工作中"三农"问题依然是重点。

---

① 黄承伟:《脱贫攻坚有效衔接乡村振兴的三重逻辑及演进展望》,《兰州大学学报》2021年第6期。

要实现共同富裕,首先要解决的就是低收入群体的增收问题、发展不充分地区的开发问题等,而这一系列问题主要集中在脱贫地区与脱贫人口上,这就要求国家对脱贫地区的政策不能立刻撤走,对脱贫人口的帮扶不能立刻取消,而应该帮助他们提升创造与积累财富的能力。巩固拓展脱贫攻坚成果要以防止出现大规模返贫为主要任务,帮助脱贫人口与地区尽快赶上发展的脚步,逐步实现共同富裕。

巩固拓展脱贫攻坚成果命题中"巩固"与"拓展"各有侧重,"巩固"是要稳定脱贫攻坚现有成果,防止出现返贫户与新的致贫户,"拓展"则是要拓展帮扶对象、改善帮扶政策、向更好的目标迈进[①]。巩固脱贫攻坚最基本的巩固就是防止出现规模性返贫。巩固脱贫攻坚成果就是要巩固精准扶贫精准脱贫取得的成果,防止已脱贫人口返贫,防止非贫困人口致贫。从微观层面上讲,脱贫攻坚成果的巩固,取决于低收入人群与脱贫人口的造血能力能不能从根本上得到提升,取决于脱贫人口的就业是否稳定是否具有可持续性,取决于边缘人口的收入能否实现稳步提升。从宏观层面上讲,巩固脱贫攻坚成果需要适时调整帮扶政策的力度、标准和受惠人群,其次是提升落后地区的公共服务水平,改善脱贫地区的交通运输条件、水利电力条件以及受教育条件等,为落后地区提供加速发展的优良条件,提升其内在发展动力。拓展脱贫攻坚成果最主要的拓展就是解决相对贫困。2020 年,我们已经实现了全面小康社会的建设,接下来最主要的问题是解决发展的不平衡不充分、地区发展差距、贫富收入差距等问题,就是向共同富裕迈进。拓展脱贫攻坚成果要求我们不再将目光局限于脱贫攻坚成果之上,要向共同富裕更进一步。

第二节 巩固拓展脱贫攻坚成果的措施

巩固拓展脱贫攻坚成果作为一个过渡期,要求我们将巩固拓展脱贫攻坚成果的措施与乡村振兴相呼应。在新时代、新的发展阶段,我们要巩固拓展脱贫攻坚成果不能坐而论道地建设空中楼阁,不能只就"巩固"

[①] 叶敬忠:《脱贫攻坚与乡村振兴的有效衔接:顶层谋划、基层实践与学理诠释》,《中国农业大学学报》2021 年第 5 期。

谈"巩固",不能只就"拓展"谈"拓展",而应该把巩固拓展脱贫攻坚成果与乡村振兴战略相接续,以"巩固"引"拓展",以"拓展"促振兴。而在接续乡村振兴、巩固拓展脱贫攻坚成果的过程中,要因地而异、因时而异地制定政策,经过了脱贫攻坚时期的工作,我们党和人民对贫困工作的应对一定会更加成熟。具体来讲,巩固拓展脱贫攻坚成果在宏观上要完成产业的振兴与转型,以产业振兴促进市场发展,以产业振兴改善人民生活;同时在微观上、个体上要提升个体、家庭的发展与造血能力,保障脱贫攻坚成果的稳定性,促进脱贫人口的可持续发展,助力实现共同富裕。

一 积极主动接续乡村振兴战略

在 2020 年脱贫攻坚战取得全面胜利之后,国家设置为期 5 年的巩固拓展脱贫攻坚成果时期,作为一个过渡期,相对贫困地区的工作任务从解决建档立卡贫困户的温饱问题转向美丽乡村的建设问题,从集中资源支持脱贫攻坚步入巩固拓展脱贫攻坚成果再逐步进入乡村振兴阶段。乡村振兴作为一个全方位的乡村发展战略,针对乡村发展长时间、全方位的发展问题进行了战略部署,其广度、深度相对脱贫攻坚时期有过之而无不及。那么在新的发展阶段下,巩固拓展脱贫攻坚成果就不能坐而论道空谈"巩固"与"拓展",而是必须考虑如何接续乡村振兴,以乡村振兴战略为大的方向统领,统一规划工作、统一实施政策,接续推进农村地区人民生活改善与地区发展规划,助力共同富裕早日实现。

巩固拓展脱贫攻坚成果要求以乡村振兴战略为指引继续提升脱贫地区发展能力。在脱贫攻坚战取得全面胜利之后,我们的主要工作转换为解决相对贫困,而相对贫困的程度与经济发展水平有显著的地域相关性。由于地域、自然条件与市场化程度的限制,中西部部分地区乡村的发展与东南沿海地区还有着明显的差距。脱贫地区在脱贫攻坚时期多以接受性财富提升收入,自身发展能力依然良莠不齐,要为摘帽地区可持续发展寻得一条出路就必须实施乡村振兴战略,从根本上提升其发展能力。在乡村振兴的过程中,要以产业的振兴为重点和关键,仔细探索发现各个地区的要素禀赋,因地制宜发展竞争力强可持续性高的产业。同时在脱贫乡村开展乡村美化与建设等活动,通过加强公共设施建设与提升公共服务水平来增强乡村的宜居性，严格环境规章，建设宜居的美丽乡村；文化方面要主动挖掘、尊重、爱护并传承农村地区独特的农耕文化与乡土历史文化，助推文化乡村的建成；治理方面坚持德治与法治并存，二者相辅相成互为依托，以法治为乡村治理的兜底保障、以德治为软约束，共建善治乡村。同时，在乡村振兴的建设中要打破刻板思维，因地制宜、因时制宜地发掘、创造最适合最有助于乡村健康发展的新机制、新模式，帮助乡村稳固、吸引人力和各种要素，使得投资、技术更快更方便地入驻乡村，激发乡村发展活力与发展内生性[1]。

"十四五"时期是巩固拓展脱贫攻坚成果向乡村振兴过渡的重要时期，在这一时期内工作核心就是完成巩固拓展脱贫攻坚成果同乡村振兴有效衔接。巩固拓展脱贫攻坚成果同乡村振兴有效衔接不会一蹴而就，而是一个全方位的过程，对乡村产业与经济发展要做到从脱贫攻坚时期的"产业扶贫"到"产业振兴"的转变，乡村生态的工作也要向更美丽、更宜居的方向转变，同时把文化振兴纳入发展规划中来、把乡村组织与党建振兴提上日程。这就要求工作体制、机制、政策体系、项目规划与实施角度力度都要与时俱进，全方位保证巩固拓展脱贫攻坚成果同乡村振兴有效衔接。

二 提升脱贫人口可持续发展能力

在脱贫攻坚时期，我们通过类似"发展生产脱贫一批、易地搬迁脱贫一批、生态补偿脱贫一批、发展教育脱贫一批、社会保障兜底一批"的政策取得了巨大成就，但这种扶持性脱贫也有弊端，即脱贫地区在离开政策的支持保护后面临很大的返贫风险，因此需要一个过渡期实现帮扶政策的逐渐弱化乃至撤出。从微观层面来讲，脱贫攻坚与巩固拓展脱贫攻坚成果都是要改善农民的生活质量、增加农民收入、提升农民生活幸福指数，不同的是巩固拓展脱贫攻坚成果要求比脱贫攻坚时期更高，在这一时期我们不再是要完成绝对贫困的消除，而是向相对贫困发起冲击，对脱贫人口也不再只是为其找到工作、安置住所，更需要提升其自

---

[1] 林俐：《产业发展视角下西藏巩固拓展脱贫攻坚成果与乡村振兴有效衔接的路径探讨》，《西藏民族大学学报》2021年第5期。

身可持续发展能力、确保其脱贫的稳定性,这既是巩固拓展脱贫攻坚成果时期的要求,更是保障乡村振兴稳步实施进而实现共同富裕的重要基础。因此,从个体角度考察摘帽人口的脱贫机理与后续发展路径对巩固拓展脱贫攻坚成果的推进与乡村振兴的实施具有重大意义[①]。

在脱贫人口的生存发展能力没有取得根本性改善之前,我们的帮扶措施还不能完全撤走。最起码在巩固拓展脱贫攻坚成果时期的5年内,我们要对脱贫地区、易返贫易致贫地区进行跟踪检测,在这一时期这些地区的发展体系还很脆弱,我们应该及时发现这些地区发展中出现的问题并帮助他们解决,对脱贫地区"扶上马再送一程"。这一工作不只是短期的,我们需要建立健全完善的防止返贫的机制、完善应对各种状况的机制,做到脱贫工作常态化,这不仅是巩固拓展脱贫攻坚成果时期的要求,更是乡村振兴有序推进的保障。

三 以产业发展提升市场化程度

巩固拓展脱贫攻坚成果,要以产业的发展、升级为重点和关键。产业的发展是社会经济发展的重要体现,产业发展影响宏观上可以影响市场的健康发展,微观上可以促进个体、家庭的收入与生活状态:从个体角度来说,良好的产业发展状态可以使农户个体找到更适合的工作、增加家庭收入,对每个家庭的生活质量与幸福指数都有重要的影响。从市场、社会与国家的角度来说,产业的良好发展可以促进农民创业就业、创造社会财富,从而引导市场健康发展。可以将农业、工业、服务业等各个产业融合发展,使发展中遇到的问题得到良好的解决;可以助力产业的升级转型、推进产业的科技创新、响应党"国内国际双循环"的号召,使我国经济更上一层楼。因此,要着力于产业振兴,推进产业的科技创新,以产业振兴促进脱贫人口生活的改善。在巩固拓展脱贫攻坚成果时期,要着力于产业振兴,推进产业的科技创新,实质上就是以科技之力巩固拓展脱贫攻坚成果,有力推进乡村振兴,让市场引入资金,让资金带来科技,让科技成为乡村产业振兴的引领,让科技的进驻成为产

[①] 林俐:《产业发展视角下西藏巩固拓展脱贫攻坚成果与乡村振兴有效衔接的路径探讨》,《西藏民族大学学报》2021年第5期。

业转型升级的支撑,以创新为引领增强产业发展内生动力,最终实现以产业发展巩固拓展脱贫攻坚成果。

继续加强欠发达地区的基础设施建设,打破投资进入乡村产业的屏障。在脱贫攻坚时期,在精准扶贫工作组的努力下,在相关单位的配合下,全国所有县城与绝大多数乡镇都完成了电网覆盖,水利、交通等基础设施状况也都得到了极大改善。但是部分偏远地区农村的基础设施建设依然十分薄弱,因此需要进一步推进欠发达地区乡村基础设施建设工作,继续完善乡村交通、水利电力等基础设施建设,改善部分前期建成的乡村公路由于标准较低、抗灾能力较弱、安全设施不到位、养护投入不足等原因导致的工程效益发挥不好的情况。强化欠发达地区的基础设施建设,首先要找准乡村振兴所必需的基础设施部分,随后进行针对性强化,可以实现最大效率的改善;其次在改善基础设施时要兼顾城乡发展,尽全力将"城乡一体化"理念纳入交通设施建设中去;最后要实现乡村的"互联网+",以互联网强化乡村地区的通信、物流等服务,使互联网成为乡村振兴的有力帮手,为资本的进驻打好基础。

四 总结经验以实现政策与时俱进

脱贫攻坚时期的大量工作不仅带来了巨大成就,同时也为我们带来了丰富的先进经验,这些经验可以说是巩固拓展脱贫攻坚成果时期党和人民最重要的精神财富,可以帮助我们节省不必要的消耗,达到事半功倍的效果。

脱贫攻坚时期的第一条经验就是脱贫工作贵在"精准"。早期的脱贫工作中还没有"精准扶贫"的理念,政策制定相对宽泛笼统,工作范围也较大,这无疑会造成人力物力的浪费,甚至会存在部分人钻政策的空子搭上国家政策的"便车"谋私利,而"精准扶贫"概念的提出,倡导政策落实到村、工作进行到户甚至到具体的个人,极大程度地提高了脱贫扶贫工作的效率。

脱贫攻坚的第二条经验就是注重可持续发展。脱贫攻坚时期的工作取得了全面成功,但是伴随着全国范围内的贫困工作进入巩固拓展脱贫攻坚成果时期,我们又发现了新的问题:输血式的扶贫工作不可持续,甚至输血不再进行会让部分农户面临返贫风险。因此在今后的工作中,我们不能只关注硬性指标的达成,更应该关注工作对象的"造血能力",因为只有自身能力得到提升,贫困才算真正被打败。

最后,脱贫攻坚不是一项短期项目。我们通过脱贫攻坚帮助全体人民摆脱了绝对贫困,解决了全国人民的温饱问题,同时我们也注意到针对贫困的工作进入了下一阶段——解决相对贫困,实现全体人民的共同富裕。这将是一个长期的过程,需要进行十几年甚至几十年的工作,因此,我们需要有贫困工作常态化的觉悟,并健全贫困工作常态化体制机制。[①]

第三节 巩固拓展脱贫攻坚成果与乡村振兴的关系

巩固拓展脱贫攻坚成果同乡村振兴有效衔接是我国解决农村问题不同时期的顶层制度设计,时间上二者具有接续性,空间上两者的作用区域高度重叠,具有密不可分的关系。总的来说,巩固拓展脱贫攻坚成果是乡村振兴的前提和基础,乡村振兴是巩固拓展脱贫攻坚成果的深化和保障,二者具有内在一致性、逻辑承顺性、衔接必要性以及理论和实践的可行性,比如巩固拓展脱贫攻坚成果与乡村振兴都致力于解决农村问题与贫困问题,两者的实施都事关我国第二个百年奋斗目标——社会主义现代化强国的建设,两者都是共同富裕的重要抓手。但是因为巩固拓展脱贫攻坚成果与乡村振兴实施的战略时期不一样,两者在实施的力度与覆盖的范围上有些许差异。

一 巩固拓展脱贫攻坚成果是乡村振兴的前提和基础,乡村振兴是巩固拓展脱贫攻坚成果的深化和保障

巩固拓展脱贫攻坚成果与乡村振兴作为我国针对贫困地区与欠发达地区在不同阶段作出的不同战略安排,其最终目标都是帮助低收入人群实现可持续发展,帮助全体人民实现共同富裕,只是在战略安排、政策实施力度与所处历史时期有所不同。但是现在比较公认的一种看法是:

---

① 蒋永穆:《扎实推动巩固拓展脱贫攻坚成果同乡村振兴有效衔接》,《马克思主义与现实》2021年第5期。

巩固拓展脱贫攻坚成果是乡村振兴的第一阶段，即在这 5 年内乡村振兴已然开始推进，只是推进力度与实施的全面性还在缓慢提升。同时巩固拓展脱贫攻坚成果中"巩固"的首要任务是防止出现大规模返贫，巩固现有的脱贫攻坚成果，提升脱贫的稳定性与牢靠性；而"拓展"中最重要的就是解决相对贫困。巩固拓展脱贫攻坚成果时期的种种工作，如防止返贫的出现和着手解决相对贫困，都是为了乡村振兴的顺利推进，因此我们讲巩固拓展脱贫攻坚成果是乡村振兴的前提和基础。乡村振兴战略的总体目标是实现农业振兴，建设更加美丽宜居的中国乡村，建设蔚然成风的乡村风情，保护并传承独树一帜的乡村文化，全方位、多角度实现共同富裕。这一涉及乡村全局的战略顺利实施的保障是脱贫攻坚成果稳定且长期向好，农民就业与收入稳定，人民安居乐业。而脱贫攻坚成果得到完美的巩固和拓展之后，乡村就要向更加宜居、更加美丽、更加具有乡风文化的方向发展，所以说乡村振兴是巩固拓展脱贫攻坚成果的深化和保障。

巩固拓展脱贫攻坚成果是乡村振兴的前提和基础。在脱贫攻坚时期，我们党采取了一系列政策，并且创造性地提出了"精准扶贫"的概念，使得贫困问题的解决得到了前所未有的效率。但是这种政策帮扶性的脱贫具有很强的不稳定性，即脱贫人口是在短时间内通过帮扶达成的政策性脱贫，他们本身没有时间积累物质基础，自身更不具备十分完善的应对风险的能力，因此一旦出现重大风险，这些刚刚脱离贫困的人很可能会返贫，脱贫攻坚成果则可能会遭到威胁与破坏。所以巩固拓展脱贫攻坚成果的首要任务是防止出现返贫，其次不能满足于已有的脱贫攻坚成果而故步自封，更应该在现有基础上进行拓展，深化乡村产业改革，帮助脱贫人口与脱贫家庭积累物质基础，建立健全完善的制度性的帮助边缘群体抵御风险的体制。习近平总书记在中央第七次西藏工作座谈会上强调："要在巩固脱贫成果方面下更大功夫、想更多办法、给予更多后续帮扶支持，同乡村振兴有效衔接，尤其是同日常生活息息相关的交通设施、就医就学、养老社保等要全覆盖。"[①] 所以巩固拓展脱贫攻坚成果不

---

① 林俐：《产业发展视角下西藏巩固拓展脱贫攻坚成果与乡村振兴有效衔接的路径探讨》，《西藏民族大学学报》2021 年第 5 期。

仅要巩固脱贫攻坚成果，更要拓展脱贫攻坚成果。拓展脱贫攻坚成果，防止返贫尤其是规模性返贫的发生要从制度兜底保障、产业发展与模式衔接转换三个方面入手。首先要坚定不移地巩固"两不愁三保障"，尽快建立健全防止规模性返贫的机制，完善应对边缘户返贫或突发风险的策略，作为巩固脱贫攻坚成果的兜底性保障。其次要发展乡村产业、促进乡村产业转型升级来带动农民持续增收，巩固拓展脱贫攻坚成果。最后是要总结脱贫攻坚中的宝贵经验与行之有效的工作模式，并尝试把它们运用在乡村振兴的实施中去。所以，巩固拓展脱贫攻坚成果与乡村振兴几乎是融合在一起的，巩固脱贫攻坚成果并进行拓展是帮助脱贫攻坚解决农民收入、乡村环境等基础性的问题，并尽量缩小收入差距与区域差距，尽可能地为乡村振兴的实施营造一个整齐划一的背景。

乡村振兴是巩固拓展脱贫攻坚成果的深化和保障。巩固拓展脱贫攻坚成果同乡村振兴有效衔接是脱贫攻坚之后国家针对"三农"工作现状与今后工作安排进行的部署。现阶段比较公认的说法是"巩固拓展脱贫攻坚成果是乡村振兴战略的第一阶段"，国家的政策文件也多将"巩固拓展脱贫攻坚成果"与"乡村振兴"相提并论，其意便是巩固拓展脱贫攻坚成果与乡村振兴为紧密相连的两部分且密不可分。乡村振兴的服务对象不再只是贫困人口，而是整个乡村地区，包括的范围更广、人群更全面，面临的问题也会更多样化，因此需要第一阶段巩固拓展脱贫攻坚成果来尽量解决乡村地区的独特问题，比如脱贫人口的物质基础薄弱抗风险能力低，比如区域发展差距大为整体政策的制定增加难度，比如收入差距悬殊使得乡情不具备普遍性等。乡村振兴是要在巩固拓展脱贫攻坚成果为其奠定了一定的物质基础、思想基础与群众基础后，再逐步推进后续工作，是巩固拓展脱贫攻坚成果的深化和保障。

二 巩固拓展脱贫攻坚成果与乡村振兴的相同点与差异

巩固拓展脱贫攻坚成果与乡村振兴是我国针对不同的发展阶段提出的不同的顶层制度设计，两个战略都是为了实现共同富裕而设计的，但是又因为实施的时间段不同而具有不同的阶段性与独特性。脱贫攻坚是在2020年之前我国贫困问题、农村问题的解决指导，是建党100周年目标给出的关于民生的时代答卷；乡村振兴是从脱贫攻坚全面取得胜利之后到21世纪中叶我国相对贫困问题、农村问题的指导战略，是中华人民共和国成立100周年目标给出的关于"三农"问题的美好愿景，两者都事关建设社会主义现代化强国。巩固拓展脱贫攻坚成果与乡村振兴，一个主要致力于解决绝对贫困人口的温饱问题，另一个则主要解决地区发展差距、收入差距与发展不平衡不充分的相对贫困的问题，两者的主要发力点都在农村地区，主要服务对象都是农民，都致力于解决"三农"问题。巩固拓展脱贫攻坚成果与乡村振兴的最终目标都是实现共同富裕，两者是在实现脱贫攻坚之后相对贫困问题与农村问题的主要工作抓手，是实现共同富裕的政策着力点与实践发力点。

巩固拓展脱贫攻坚成果与乡村振兴有许多一致性。首先，巩固拓展脱贫攻坚成果与乡村振兴都致力于解决"三农"问题。我国进入了新的发展阶段，社会的主要矛盾也由"人民日益增长的物质文化需要同落后的社会生产之间的矛盾"转化为"人民日益增长的美好生活需要和不平衡不充分的发展之间的矛盾"。"不平衡不充分的发展"在"三农"问题上有很多体现，主要表现为地区间的发展不平衡不充分，以城乡差距最为明显[1]。我国农村幅员辽阔，农业面积广，农民人口占比大，农民问题、农业问题在我国社会中的重要性不言而喻，且农业农村的发展关乎我国粮食安全，让农民跟上发展的步伐、让农村进入现代化就成为今后工作的重点内容。而要实现农业现代化就要根据党和国家的指导，以巩固拓展脱贫攻坚成果与乡村振兴为指引建设社会主义现代化新农村。其次，巩固拓展脱贫攻坚成果与乡村振兴都事关我国社会主义现代化强国的建设。我国的第二个百年奋斗目标指出要在中华人民共和国成立100周年时，基本实现现代化，建成富强民主文明和谐美丽的社会主义现代化强国。显然，建成社会主义现代化国家是要建设全面的现代化，而全面的现代化必然离不开广大的农村，否则建成的现代化就是虚假的、片面的。需要强调的是，广大农村地区的发展相对于城市而言普遍具有较大差距，要建成社会主义现代化，实现农村地区现代化、农业现代化依然是社会主义现代化建设的最艰难的部分。巩固拓展脱贫攻坚成果与乡村

---

[1] 黄祖辉：《做好巩固拓展脱贫攻坚成果同乡村振兴有效衔接》，《南京农业大学学报》2021年第6期。

振兴的主要工作方向就是解决"三农"问题，解决农村地区的发展不平衡不充分，在社会主义现代化建设中发挥着至关重要的作用，所以巩固拓展脱贫攻坚成果与乡村振兴都事关我国社会主义现代化国家的建设。最后，巩固拓展脱贫攻坚成果与乡村振兴都是实现共同富裕的重要着力点。我国对民生问题的理解是贫困—温饱—小康—富裕，民生问题的最终目标是实现共同富裕。共同富裕的愿景在不同的时代有不同的体现，在全面小康社会建成之前，就体现为脱贫攻坚战，在第一个百年奋斗目标实现之后，共同富裕的愿景就体现为巩固拓展脱贫攻坚成果与乡村振兴战略的推进。巩固拓展脱贫攻坚成果与乡村振兴战略都是为了实现共同富裕这一目标而制定的，是共同富裕的阶段性目标的具体体现形式，是不同时期的工作指导。所以说巩固拓展脱贫攻坚成果与乡村振兴都是实现共同富裕的重要着力点。

同时，巩固拓展脱贫攻坚成果与乡村振兴又有差异。首先，巩固拓展脱贫攻坚成果的主要工作对象还是脱贫人口与脱贫地区，主要的工作任务是在保证不出现规模性返贫的前提下提高农民收入，并尽力解决相对贫困；乡村振兴的工作对象相对更为全面，覆盖农村地区全局，乡村振兴的工作目标是全面解决相对贫困，实现农村农业现代化，建设绿色农业、可持续发展农业并最终实现共同富裕。其次，巩固拓展脱贫攻坚成果时期较短，只有5年，巩固拓展脱贫攻坚成果可以看作乡村振兴的第一阶段，之后是为了引出乡村振兴的下一步部署，而乡村振兴则是一个长期的部署规划，针对农村问题全局，要实施至21世纪中叶，乡村振兴的目标是建设社会主义现代化新农村，完成乡村生态振兴、文化振兴、组织振兴等工作，并最终实现全体人民共同富裕。

三 巩固拓展脱贫攻坚成果与乡村振兴逻辑内涵

巩固拓展脱贫攻坚成果是乡村振兴的前提和基础，乡村振兴是巩固拓展脱贫攻坚成果的深化和保障。巩固拓展脱贫攻坚成果与乡村振兴不是分割的，而是有机联系在一起的一个整体，巩固拓展脱贫攻坚成果与乡村振兴的有序推进符合我们对民生贫困—温饱—小康—富裕历史逻辑的认识；巩固拓展脱贫攻坚成果与乡村振兴的实施与推进符合中国共产党以人民为中心的发展理念，符合我们建设社会主义现代化新农村的理

第十章　巩固拓展脱贫攻坚成果同乡村振兴有效衔接

论逻辑；巩固拓展脱贫攻坚成果与乡村振兴的落实是我们对民生的历史逻辑的理解、对以人为本的理论逻辑的安排后的实践，符合我国针对贫困工作的实践逻辑[1][2]。

巩固拓展脱贫攻坚成果与乡村振兴有效推进符合我国民生问题处理的历史逻辑。我国针对民生问题的历史逻辑是从贫困提升到温饱，从温饱再到小康，最终从小康实现富裕。改革开放后我国提出了"三步走"的现代化建设战略：第一步就是要在 10 年间实现国民生产总值翻一番解决人民的温饱问题，第二步就是到 2000 年国民生产总值再翻一番人民生活达到小康水平，第三步就是在 21 世纪中叶达到中等发达国家水平、基本实现现代化。巩固拓展脱贫攻坚成果与乡村振兴战略相辅相成，脱贫攻坚战已经取得全面胜利，接下来就是稳定已有的贫困治理成果，并向共同富裕奋斗，这二者的链接、推进符合我国民生问题处理的历史逻辑。

巩固拓展脱贫攻坚成果与乡村振兴有效推进符合我国独有的理论逻辑。我国第一个百年奋斗目标指出要在建党一百周年全面建成社会主义小康社会，实现全体人民脱离绝对贫困，第二个百年奋斗目标规定在中华人民共和国成立一百年也就是 21 世纪中叶初步建成社会主义现代化，建成富强民主文明和谐美丽的社会主义现代化强家。不管是建党百年的目标还是中华人民共和国成立百年的目标都要求我们妥善处理民生问题，都指出共同富裕的道路上一个都不能少，都表示要实现社会的进步就要实现农村的进步，这是中国特色社会主义国家独有的发展思想与格局，是社会主义理论指导与资本主义理论指导区别的重要体现。

巩固拓展脱贫攻坚成果与乡村振兴有效推进符合我国独有的国情与实践逻辑。我国脱贫攻坚已经取得圆满成功，现阶段解决脱贫攻坚时期未毕的任务，有序推进乡村振兴是主要任务。巩固拓展脱贫攻坚成果可以在脱贫攻坚已有成果上帮助农民实现物质积累，实现偏远地区的基础设施完善以及其他未竟任务，随后推进乡村振兴的下一阶段任务以进一

---

[1] 黄祖辉：《做好巩固拓展脱贫攻坚成果同乡村振兴有效衔接》，《南京农业大学学报》2021 年第 6 期。

[2] 李博：《欠发达地区巩固拓展脱贫攻坚成果同乡村振兴有效衔接的治理逻辑与政策优化》，《南京农业大学学报》2021 年第 6 期。

步缩小城乡差距、区域差距与收入差距，建设宜居宜业、美丽富足的生态乡村。所以说巩固拓展脱贫攻坚成果与乡村振兴有效推进符合我国独有的国情与实践逻辑。

四 巩固拓展脱贫攻坚成果与乡村振兴共同致力于共同富裕

习近平总书记曾经指出要在高质量发展中促进共同富裕[①]。我们也已经讨论过现阶段我们的民生工作的主要任务与历史逻辑就是尽快实现从小康到共同富裕的转变，就是尽量高质量地达到共同富裕的发展目标。那么应该如何理解共同富裕这一发展理念？

首先，共同富裕是全体人民的富裕，而不是少部分人的富裕。在我国改革开放40多年的发展历程中，我们曾经采用"先富带后富、共致富裕路"的政策让一部分人先富裕了起来，现在改革开放成果突出，我国先后涌现了一批又一批的国际化大都市，富裕的人数也已经占据总人口的相当一部分，因此，是时候让先富裕起来的人带动还没有富裕起来的人，一起致富了。其次，共同富裕不是整齐划一的，是分阶段进行与高质量发展相辅相成的。就像上文所论述的那样，共同富裕的实现是有一定的历史过程的，党和国家在不同的历史时期制定了不同的发展政策，这让一部分"胆大的"在较早的历史时期就达到了富裕的生活标准，而在今后新的发展阶段则更应该注意发展的公平与效率等问题，让还没富裕起来的那一部分群众尽快富裕起来，这是人员的阶段性。共同富裕的实现不会一蹴而就，而是需要经过"贫困、温饱、小康、富裕"这一完成的历史发展阶段才能最终从理论变成现实，帮助全体人民实现共同富裕更是如此，更需要一个完整、稳定的发展过程以确保共同富裕的"高质量"，这是发展时期的阶段性。再次，共同富裕是一个全面富裕的概念，不只是包括人民的物质富裕，而是一个包括"物质富裕"与"精神富裕"在内的全体人民的全面富裕的概念。物质生活是人类生活的基础，也是共同富裕的基本内涵。人们精神生活的充实、社会生活的协调必须建立在物质生活的富裕上，如果连温饱问题都解决不了，所谓的道德、理想就难以得到切实保障。"仓廪实而知礼节，衣食足而知荣辱。"物质

[①] 《在高质量发展中促进共同富裕》，《人民日报》2022年1月14日。

生活富裕了，人的追求就会向精神生活发展。邓小平说："物质是基础，人民的物质生活好起来，文化水平提高了，精神面貌会有大变化。"① 最后，共同富裕是社会主义的本质要求，是中国式现代化的重要特征。实施脱贫攻坚战略和乡村振兴战略的目标具有一致性，都是为了提高农村居民的生活水平，有重点、分阶段地促进共同富裕，这充分体现了党的性质和宗旨，彰显了社会主义"集中力量办大事"的制度优越性。

精准扶贫、精准脱贫，旨在扶持农村贫困人口及贫困区域，解决贫困群体基本生存问题和贫困区域经济社会发展滞后的问题，巩固拓展脱贫攻坚成果则承接了精准扶贫、精准脱贫的遗留工作，解决相对落后地区的发展不均衡问题。乡村振兴致力于缩小城乡发展差距，实现城乡协同一体化发展，为实现共同富裕打下坚实基础，全面推进乡村振兴无疑是一条逐步实现共同富裕的新路、活路和好路。因此，确保巩固脱贫攻坚成果与乡村振兴有效衔接，是处理好区域统筹和城乡统筹有机统一、推进共同富裕的重要抓手，有效衔接彰显了共同富裕的过程是分阶段实施与长期性推进的过程，是渐进性和长期性的有机统一。

五 巩固拓展脱贫攻坚成果与乡村振兴的应运而生符合时代要求

首先，巩固拓展脱贫攻坚成果与乡村振兴是人民日益增长的美好生活需要的根本要求。党的十九大以来，我国的社会主要矛盾已经由人民日益增长的物质文化需要同落后的社会生产之间的矛盾转变为人民日益增长的美好生活需要和不平衡不充分的发展之间的矛盾。我国人民的生活需求经历了从"物质需求"到"精神需求"再到"美好生活需要"三个阶段的转变，这反映出了人民生活经历了质的飞跃。同时，人民的"美好生活需要"是一个包含物质理念、精神理念和文化理念在内的多维概念，这对我们的政治、经济、社会、文化、生态等方面的工作提出了新的要求。而脱贫攻坚时期的主要工作是解决原贫困地区人民的衣食住行等基本生活问题，在此之后的巩固拓展脱贫攻坚成果时期的主要工作则是持续脱贫攻坚，解决脱贫攻坚遗留的发展不均衡的问题，主要工作对象是相对贫困，这一时期的主要工作内容依然在物质维度。乡村振兴

---

① 《邓小平在中央顾问委员会第三次全体会议上的讲话》，《人民日报》1985年1月1日。

相对巩固拓展脱贫攻坚成果来说则是一个更加全面的概念，不管是在工作内容深度还是在覆盖区域广度上，乡村振兴都是一个前所未有的乡村工作战略。这一战略的主要内容是实现共同富裕，建设乡村的物质文明、政治文明、精神文明、社会文明与生态文明，是全方位的工作指南。因此，巩固拓展脱贫攻坚成果与乡村振兴是符合人民日益增长的美好生活需要的根本要求。

其次，巩固拓展脱贫攻坚成果与乡村振兴符合农村社会高质量发展的内在要求。当前我国完成了全面建成小康社会的总体目标，在全球范围内首次解决了绝对贫困问题，处在向巩固拓展脱贫攻坚成果、全面推进乡村振兴战略并高质量建设农村社会的过渡阶段。现阶段我国处于全面建设社会主义现代化国家的新发展阶段，要建设高质量的农村社会，首先需要提升农民收入、尽量缩小城乡差距，其次需要实现农民的精神富足，繁荣乡村文化，两者相辅相成建设物质富足、生态宜居、文化多样的美丽乡村。巩固拓展脱贫攻坚成果与乡村振兴符合这一发展需求。

最后，巩固拓展脱贫攻坚成果与乡村振兴符合我国贫困治理战略转型的要求。在脱贫攻坚时期我们的主要工作对象与内容是绝对贫困，主要工作地区是部分落后地区，但是在全面建成小康社会之后我们的主要工作内容已经转变为相对贫困，主要工作地区也从部分落后地区转变为广大农村地区，在这样的情况下，还维持原有的贫困治理体系与思路不足够应对日新月异的发展现状。因此，巩固拓展脱贫攻坚成果作为一个过渡时期出现，对脱贫攻坚时期的工作内容进行最直接和有效的接续，并且在工作的过程中逐步调整我国贫困问题的治理战略，实现贫困治理的战略转型，确保乡村振兴战略的有序和全面推进。因此，巩固拓展脱贫攻坚成果与乡村振兴符合我国贫困治理战略转型的要求。

第四节　巩固拓展脱贫攻坚成果同乡村振兴有效衔接

巩固拓展脱贫攻坚成果是脱贫攻坚时期之后的巩固阶段，同时巩固拓展脱贫攻坚成果又是乡村振兴战略的第一阶段，现阶段我们的主要工作任务是巩固拓展脱贫攻坚成果，那么如何做好巩固拓展脱贫攻坚成果同乡村振兴有效衔接便成了我们必须讨论的课题。建立健全完善的衔接体制机制是确保巩固拓展脱贫攻坚成果同乡村振兴顺利有效衔接的前提条件,也是乡村振兴战略顺利推进的前提条件,应该建立健全完善的衔接体制机制确保衔接工作的有序进行;其次要深化农村地区的改革,提高农村农业的规模,增强农业的可持续发展能力,实现环境友好农业,加快推进农业现代化,为巩固拓展脱贫攻坚成果同乡村振兴有效衔接奠定坚实的物质基础;最后要通过深化理论知识的学习宣传、积极动员净化工作风气、大力发展教育等方式提升巩固拓展脱贫攻坚成果同乡村振兴有效衔接的内在动力,实现发展的可持续性,多措并举打破现有巩固拓展脱贫攻坚成果同乡村振兴有效衔接的局限,从根本上提升脱贫人口可持续发展能力[①]。

一 建立健全完善的衔接体制机制

巩固拓展脱贫攻坚成果与乡村振兴的有效衔接事关农业、农村的发展,事关全体农民的幸福生活与共同富裕的实现,事关社会主义现代化国家的建设,其内容具有复杂性,因此需要建立健全完善的体制机制确保巩固拓展脱贫攻坚成果与乡村振兴衔接有效、有序地进行[②]。

首先,是组织的衔接。脱贫攻坚时期已经建成了适用当时的机制与体制,在党中央的组织下各地组织与工作模式逐渐完善。脱贫攻坚时期,中央明确了各级党委、政府的主体责任,乡镇党委、政府的直接责任,行业部门的主管责任,帮扶单位、驻村工作队、帮扶责任人的帮扶责任,以及村支两委具体责任的共抓脱贫工作格局。这一工作格局无疑具有强大的生命力与工作效率,但是却不能完全照搬到乡村振兴上去,现在的乡村振兴工作局与基层干事都表示过工作不如脱贫攻坚时期舒适,发力也不如脱贫攻坚时期自在[③],这就表示我们需要与时俱进,因时制宜地更新组织保障。巩固拓展脱贫攻坚成果与乡村振兴有效衔接要先做好组织

---

① 李志明:《实现巩固拓展脱贫攻坚成果同乡村振兴有效衔接》,《人民论坛·学术前沿》2021年第Z1期。

② 温美荣:《政策协同视角下脱贫攻坚成果同乡村振兴的有效衔接》,《西北农林科技大学学报》2021年第5期。

③ 马黎:《乡村振兴视域下边疆山区农村干部队伍建设思考》,《普洱学院学报》2022年第5期。

上的衔接,在这一时期,基本上保持各级领导小组进行工作协调的保障方式不变,但是在系统分工协调上要充分发挥各级党委总揽大局并协调各方的领导作用,健全完善省总规划、市级县级乡镇单位主要落实的工作体制,权力责任同时下放,各级组织责任清晰明了,提升工作的效率,根据实情把握工作力度,完成脱贫攻坚体系向乡村振兴战略体系的转变。

其次,是政策的衔接。我国脱贫攻坚时期的巨大成果充分显示了社会主义集中力量办大事的制度优越性,而"集中力量办大事"能够成功的关键就在于有应时而生的政策。巩固拓展脱贫攻坚成果与乡村振兴有效衔接中,政策的有效衔接至关重要。政策的衔接除了要注意政策的稳定性与连续性,也要注意政策的时效性与地区适应性。脱贫攻坚的完成很大程度上依赖国家政策的扶持,这种扶持性的脱贫在短时间内还不够稳定,如果这个时候国家政策出现较大的波动无疑会影响多数政策的受惠群体,甚至会使多处地区出现规模性返贫,因此要保证政策的稳定性;虽然巩固拓展脱贫攻坚成果与乡村振兴在战略时期上跟脱贫攻坚有本质差别,主要工作任务也有较大差异,但是二者之间却具有时间接续性,因此政策的制定、更改也不能有大跨度的变化与跳跃,防止出现政策的"悬崖效应",因此需要保证政策的连续性;在今后这一新的发展阶段,我国的农村、农业将会迈进一个全新的时代,针对农村地区的政策便不能止步不前,更应该根据时代的发展、地区的差异进行"量身定做",什么时段需要保障民生,什么时段需要更进一步牢牢把握,哪个地区需要改善生态、哪个地区需要提速发展也要做到心中有数,所以政策的制定要注意时效性与地区适应性。政策帮扶是中国乡村发展的优势,需要做到应时而变,该撤去帮扶就撤去,该多帮扶的就多帮扶,只有政策衔接跟上了,行动才有保障。

最后,是要建立完善的考评体系。建立健全完备的工作体制机制是行与事先、保证工作有序、高效进行的基础;制定符合时节、适应地区的政策是保证工作有力、顺利进行的前提,那么建立完善的考评体系就是权责清晰、保持进步的保障。巩固拓展脱贫攻坚成果与乡村振兴衔接最关键的一步还是在实践上,体制机制建立得再完善、政策制度制定得再正确,也需要强有力地执行将它们变成现实,也只有实践才能创造改变,才能创造成果。那么实践的好坏如何评判,结果怎样验收就会成为新的问题,所以需要建立完善全面的考评体系,可以对包含各级组织高质量发展、低收入人群增收等因素在内的工作成果进行综合考评。

二 农村改革促进产业衔接

巩固拓展脱贫攻坚成果与乡村振兴战略最根本的目的是解决农村的问题,帮助农村实现振兴强盛,因此巩固拓展脱贫攻坚成果同乡村振兴的有效衔接就不可回避地要讨论农业问题。脱贫攻坚时期我们主要帮助农民实现有地可种、有房可住、有饭可吃等问题,乡村振兴则要帮助农业向现代化农业发展,实施农村改革,提高农村农业的规模,增强农业的可持续发展能力,实现环境友好农业,加快推进农业现代化①。

首先,要全方位深化农村地区改革。我国 40 多年改革开放带来的成果告诉我们:改革是发展生产力的必由之路,脱贫攻坚的成功经验也表明,改革是解放生产力的重要利器,要实现巩固拓展脱贫攻坚成果同乡村振兴有效衔接,就要坚持深化农村地区改革。农村地区的改革,一要始终坚持社会主义改革的方向;二要坚持改革为了人民,发展为了人民,发展依靠人民,即要坚持改革的主体是人民,更通俗来说是农村地区的农民;三要有全局观,牢牢把握社会的主要矛盾与次要矛盾,以主要矛盾的解决带动次要矛盾的解决,以改革促发展。

其次,要加快推进农业现代化。农业发展是一切社会发展的基础,它关乎我国 14 亿人口的粮食安全,是发展的重中之重,而要想让农业发展跟上我国的现代化进程,就必须推进农业现代化发展。一是要发展建设具有乡村特色的农业产业。这是农业快速发展的重要形式,是实现农业现代化的重要途径。要加强城乡之间、区域之间的沟通交流,主动打破城乡之间的沟通屏障,使商品转换、流通更加自由,促进农村地区的发展。积极挖掘并把握农村地区的资源禀赋,按照其独特的资源禀赋发展其独特的产业商品,加大农村地区生产规模,从产品上推动农业的快速发展。二是要推动农业与其他产业的融合。农业的现代化发展一定是

---

① 朱海波、毕洁颖:《巩固拓展脱贫攻坚成果同乡村振兴有效衔接:重点方向与政策调试——针对"三区三州"脱贫地区的探讨》,《南京农业大学学报》(社会科学版)2021 年第 6 期。

全面的全方位的发展，不能只就农业谈农业，应该将农业与二、三产业融合在一起，打通从农业产品生产到批发，到农产品的运输以及销售等方面的产业链，并以产业链为抓手，深化农业的改革创新，发展新型农业。三是要提升农产品知名度。创造更多更知名的农产品品牌，改善农产品形象，提升农产品知名度，将科技理念引入农村，研发新的农产品种类，创造数字农田、现代化农田等新型形式，从产品销售上推进农业现代化的发展。

最后，要更加注意农村地区生态环境的保护。乡村振兴战略是现代化乡村的战略指导，乡村振兴的指导要求一定是包含环境保护在内的。习近平总书记不止一次强调过"绿水青山就是金山银山"的发展理念，这是我们生态发展必须遵循的指导思想。建设生态上宜居的现代化乡村，一是要加强"绿水青山就是金山银山"的发展理念。面对高速发展的新时代，我们要牢记"绿水青山就是金山银山"的发展理念，明确处理好生态环境与经济发展之间的关系，明确"保护环境就是保护生产力""改善环境就是发展生产力"的发展理念，并做到以绿色发展理念为指导进行经济发展与生产，争取建设蓝天绿水青山的生产生活环境，营造"敬畏自然、尊重自然、顺应自然、保护自然"与绿色生产、绿色生活的氛围。二是要进一步完善环境保护的制度体系。只有实行最严格的制度、最严格的法治，才能为生态文明建设提供可靠保障。我国的生态文明建设制度已经逐渐形成，只是还不够具有系统性，要实现巩固拓展脱贫攻坚成果同乡村振兴的有效衔接，就要完善生态文明制度的系统性，形成包含强制性制度、诱导性制度、协调性制度、激励性制度等在内相协调的制度体系。三是要不断探索生态保护与经济发展并存的发展模式。将生态环境转化为生产力是"绿水青山就是金山银山"理念的集中体现形式，脱贫地区因为生产力相对落后、工业含量低，生态环境具有得天独厚的优势，这些地区依托自身优势进行旅游业、养殖业与畜牧业，以及天然农家乐是新颖又独具一格的发展方式。

三　积极动员实现动力衔接

乡村振兴战略虽然在时间进路上与脱贫攻坚具有紧密接续性，但是乡村振兴战略的实施时间长度、战略深度、覆盖范围都是脱贫攻坚无法比拟的，这样一来不可避免地产生部分工作人员甚至是干部对战略的理解不够到位、对工作认识不足的问题；另一方面经过长达近 10 年的脱贫攻坚战，几乎所有干部、群众都十分疲惫，不免部分同志会有懈怠的情绪滋生暗长，造成动力的消退；最后就是部分脱贫群众不具备可持续的发展能力，存在返贫的隐患，是进一步推进发展的阻碍。

首先，是积极学习巩固拓展脱贫攻坚成果同乡村振兴有效衔接的必要性等重点问题。部分地区对巩固拓展脱贫攻坚成果与乡村振兴战略的衔接问题等新出台的战略任务认知不够到位，认识目标不明确，工作方式不够明确，任务不够明确。的确，有部分基层人员甚至部分干部认为乡村振兴战略时期工作发力点不明确，这反映了部分地区、部分同志对巩固拓展脱贫攻坚成果同乡村振兴有效衔接的学习不足、认识不足，对目标任务没有清晰的认知。因此需要加强基层的理论知识学习，加强对于国家战略安排的解读学习，为各级组织与工作者明确发展的目标与方向。

其次，是积极动员，扫除组织内懈怠的情绪。正如前文所说，乡村振兴战略实施的难度、广度与深度都不输脱贫攻坚，各级党组织在经历了脱贫攻坚的苦战之后思想上难免会有所懈怠，尤其是基层组织与工作者，对于巩固拓展脱贫攻坚成果与乡村振兴战略有效衔接的艰难程度与长期性和重要性、全局性认识不足，更容易产生"暂时休息一下""慢慢来也可以也没关系"的懈怠思想情绪。乡村振兴关乎我国现代化建设的成败，关乎全国十几亿人共同富裕的实现问题，在巩固拓展脱贫攻坚成果与乡村振兴衔接这种关键时刻来不得半点马虎，万万不能允许懈怠与消极的工作情绪产生。各级组织要积极开展动员，明确监管责任，实施强有力的监管制度与考评制度，扫除组织内懈怠消极的工作情绪，以十二分的精神与努力重新上路。

四 大力发展科技、教育实现内生动力衔接

不管政府如何帮助、国家如何支持，说到底贫困工作的主体还是人民。要想改变落后的现状，光有政策的支持与政府的补助是远远不够的，更需要低收入群体根据政策导向积极奋斗，依托政策优势提升自身发展

能力，实现巩固拓展脱贫攻坚成果与乡村振兴的内生动力的衔接[①]。

激发乡村发展的内生动力，提升脱贫农民的可持续发展能力，发展教育为乡村发展储备人才。提升脱贫群众的可持续发展能力与物质财富积累的能力是最主要的内生动力激发形式。脱贫攻坚时期有部分家庭与农民是依靠国家的帮助与政策的扶持实现的"输血"式脱贫，这种脱贫具有政策的时效性，但政策改变成果也有可能会随之消失。因此为了稳定脱贫攻坚成果最重要的是提升农民的可持续发展能力，尤其是边缘人口的可持续发展能力。提升脱贫地区人口的可持续发展能力，最主要、最有效且根本的途径是加强脱贫地区与欠发达地区的教育。脱困地区的孩子在摘帽前因为经济条件与自然因素等的限制，没能接受合格的教育甚至根本没能接受教育，也使得地区的整体文化水平低下，对于贫困的现状缺乏思考，从而不会产生改变现状的想法，或者产生了想法却碍于文化水平不能采取良好的措施。我们在脱贫攻坚时期曾通过"发展教育脱贫一批"就说明我们已经重视欠发达地区的教育。通过教育使脱贫人口学会求生的技能，从而获得稳定的工作以便更好地融入高速发展的社会；通过教育使脱贫人口获得更加开阔的视野，掌握更多、更全面的技能，给予其更丰富的生活方式；通过教育丰富脱贫人口的头脑，使他们产生改变现状的想法并学会为之不断尝试努力。一个地区只有教育水平得到了提高，居民的生活水平提高才有了最坚实的保障，才可能在面临飞速发展的当今世界拥有抵御突如其来的风险的能力。

将科技创新引进乡村，以科技促进生产力的发展。一是要以农业科学和高科技产业的进驻帮助乡村地区拓宽农业发展路径。以现代的农业技术与科技水平进行新型品种农作物的研究与开发，为乡村农业发展提供更多形式。同时，以科技的强大引导力带领乡村农业走上绿色发展之路，并以现代化发展理念帮助乡村农业建立品牌效应，实现"一加一大于二"。二是要加强科学技术与产业发展的融合。以科学为推动力增加农业产品的附加值，把科学理念有机融合到产业的创新发展中，推出品种更多样、功能更强大的农产品，还可以提升产品的包装品质，完善产业

---

① 周曾艳：《"十四五"教育规划助力巩固脱贫攻坚成果同乡村振兴有效衔接》，《中国高等教育》2021 年第 21 期。

的建设与横向延展与纵向延伸，实现乡村企业的更大更强。三是要让创新追随科技的脚步，激发乡村农业的内生活力。要树立新的发展理念，以此推动新型产业发展，坚持农业产业可持续发展、绿色发展，以创新为引领发展乡村产业，为产业升级奠定基础；要以新技术催生新的业态，现如今新能源、新材料、新生物技术雨后春笋般出现并且逐渐影响我们的生活，在这样的大形势下要想赶上时代发展的潮流就务必要发展新业态农业，改造农业的传统形式，拓展农业智能化，发展电子农业与农村数字经济，建设"互联网＋农业"的新业态经济，以此激发乡村农业的内生动力。

五 提升脱贫地区可持续发展能力是基础

党和人民政府之所以设置巩固拓展脱贫攻坚成果这一历史时期，很大原因在于脱贫攻坚时期很多乡村是依靠政府的扶持与帮助才实现的小康，其本身并不具备与时代相应的可持续发展能力。因此，要实现巩固拓展脱贫攻坚成果，确保乡村振兴战略万无一失，应该着力提升脱贫地区可持续发展能力，使受帮扶地区尽快赶上发展的脚步，实现自力更生。

提升脱贫地区的可持续发展能力，一是应该在农村人才培养方面做好同乡村振兴的衔接。人才是实现巩固拓展脱贫攻坚成果同乡村振兴有效衔接的最基础的抓手，是扶贫工作与乡村振兴的基石。首先要制定农村吸引人才、留住人才的政策措施，鼓励毕业大学生、城市科技人员、退伍老兵与退休人员等积极返乡工作，为乡村振兴储备人才力量。现阶段，具有乡土情结的年轻人越来越少，人口向大城市聚集、聚拢的现象愈发明显。鼓励相关人员尤其是毕业大学生回乡工作一方面可以为乡村振兴注入具有活力的新鲜血液，另一方面可以缓解"大城市病"的症状，缓解大城市的就业与基础服务的压力，为城乡均衡提供新动力。要制定利于农村地区发展的政策，提升农村地区务工人员待遇，提高农村地区在人民心中的地位。其次要盘活农业生产要素，多样化农村地区创业、就业形式，进一步扩大农村地区的生产经营空间，增强农村地区农业生产经营对人才的吸引力。最后要发展人才培训产业。积极发展职业、技术培训产业，做好人才素质提升工作，实现农村地区整体劳动素质的提升，最大限度解放生产力。

二是应该在应对风险挑战方面做好同乡村振兴的衔接。原贫困地区虽已完成脱贫，但是其因为自身可持续发展能力不强，应对风险的能力还有待提高，因此需要建立健全农业农村风险防范机制。农村农业产业可能面临的风险具有多样性与复杂性，有可能是自然灾害、市场风险，甚至有可能是突发的公共卫生事件，因此，要统筹建立健全脱贫地区和非贫困地区的防风险体制机制，切实加强农业农村防灾减灾基础设施建设，提升防灾减灾技术和装备建设水平。具体来说就是要建立健全预防风险的机制，针对各种突发情况做好预案，确保风险来临时人民有理论依据与实践指导；其次要明确权责，强化责任意识，明确风险预防、风险控制、风险处置等方面的责任界定，做好风险挑战问题的调查评估，确保有效预防、有效应对、有效控制。

三是应该在农村人口流动方面做好同乡村振兴的衔接。我国固有的城乡二元体制使得城乡居民的各项权利不平等、待遇不相同，城镇地区相对农村地区具有更多的就业机会与更丰厚的薪资待遇，使得农村人口不可避免地向城镇地区流动，造成了农村地区人口老龄化、空心化的问题。乡村要振兴，农村要发展，归根结底还是要靠人，更具体地说就是要靠农民，要靠处于中坚力量的青壮劳力进行乡村振兴与建设。因此，要适当控制人口的单方面流动，提升农户的主体地位，帮助农户建立可持续的致富途径，使其成为乡村振兴的中坚力量。

六　打破有效衔接的局限是关键

脱贫攻坚战已经取得全面胜利，我国进入全面小康社会，社会进入巩固拓展脱贫攻坚成果时期，乡村振兴战略也在有序推进，但是我们要清晰地认识到，巩固拓展脱贫攻坚成果与乡村振兴的衔接还有明显的局限，这其中影响最大的就是人口布局的局限与城乡二元体制的局限。人口布局的局限降低了资源配置的效率，城乡二元体制的局限则阻碍了城乡融合发展的脚步。

巩固拓展脱贫攻坚成果同乡村振兴有效衔接，首先应该打破人口布局的局限。虽然经历了脱贫攻坚时期，政府也采取了"易地搬迁脱贫一批"的政策手段，但是目前我国的乡村人口布局依然比较分散。我国城镇化的推进成果固然明显，全国的行政村已经从 70 万个锐减到 50 万个，但是这一数据不包含自然村落在内,如果加上自然村落,全国还有 250 万个村落[①]。"易地搬迁"时期主要是极端恶劣居住地的农民得到了搬迁,其余的村落分布依然较为分散。大量且分散的乡村村落不利于教育、医疗、养老等基础服务的覆盖与效率提升,也不利于乡村产业的规模化发展,成为巩固拓展脱贫攻坚成果同乡村振兴有效衔接的最大阻碍。有学者指出,乡村振兴本应该是乡村人口相对集聚与分布优化的过程,也即通过乡村人口在空间上的相对集聚与优化分布,实现公共服务的有效覆盖和效率提高。因此打破人口布局的局限,还要继续实行"易地搬迁"政策,推进人口的相对聚集。汲取脱贫攻坚时期"易地搬迁"的工作经验,实现农村人口就近城镇化,同时做好人口城镇化的基础服务覆盖、就业安排与社会融入的后续工作。

其次应该打破城乡二元体制的局限。脱贫攻坚时期通过采用"城乡互动、以城带乡"的方式使得城乡融合发展取得空前的进步,但是城乡二元体制却并没有完全消除,如乡村地区的教育医疗养老等服务水平与城镇地区具有较大差异,同时农村地区的生产要素市场化程度与速度都远远不及城市地区。因此,要实现巩固拓展脱贫攻坚成果同乡村振兴有效衔接,应该打破城乡二元体制的局限。继续推进"城乡互动、以城带乡"的发展模式,加快城乡要素互通,一方面可以有效促进城乡发展融合;另一方面,城乡融合的发展又可以很好地促进人口城镇化,以城乡融合为目标,多样化发展模式,形成"人口城镇集聚,产业乡村发展"的局面。

---

① 黄祖辉:《做好巩固拓展脱贫攻坚成果同乡村振兴有效衔接》,《南京农业大学学报》2021 年第 6 期。

第十一章

我国《乡村振兴战略规划（2018—2022 年）》实施情况分析

为科学有序推动乡村产业、人才、文化、生态和组织振兴，深入贯彻"产业兴旺、生态宜居、乡风文明、治理有效、生活富裕"的乡村振兴战略总要求，我国对实施乡村振兴战略作出了阶段性谋划，分别明确至 2020 年全面建成小康社会和 2022 年召开党的二十大的目标任务。为确保我国《乡村振兴战略规划（2018—2022 年）》（以下简称《规划》）稳步推进，同时指导各地区各部门分类有序推进，特结合《规划》制定的五大类 24 项具体指标，对截至 2020 年年末的实施情况进行了对比分析。

第一节 乡村振兴总要求完成情况

乡村振兴战略在我国"三农"发展进程中具有划时代的里程碑意义，即要求各地区认真总结农业农村发展历史性成就和历史性变革，并在此基础上准确研判经济社会发展趋势和乡村演变发展态势。自《规划》发布实施以来，全国上下深入贯彻党中央关于实施乡村振兴战略决策部署，紧紧围绕统筹推进"五位一体"总体布局和协调推进"四个全面"战略布局，坚持把解决好"三农"问题作为全党工作重中之重，坚持农业农村优先发展，要求全国各地因地制宜结合实际，对各自地区乡村发展做出战略性谋划，以期实现乡村产业、人才、文化、生态、组织的振兴。

一 产业兴旺

2020 年，粮食种植面积 11677 万公顷，比上年增加 70 万公顷，全年粮食产量 66949 万吨，比上年增加 565 万吨，增产 0.9%，完成了《规划》中提出的 2020 年粮食综合生产能力过 6 亿吨的目标。截至 2020 年，我国农业科技进步贡献率为 60.7%，达到了《规划》中要求的 60% 贡献率，表明科技已成为农业农村经济社会发展最重要的驱动力。2020 年农业劳动生产率为 3.7 万元/人，未达到 4.7 万元/人的目标要求。农业产业增加值为 77754 亿元，增长 3.0%；农产品加工业营业收入超 23.2 万亿元，加工转化率达 67.5%；农产品加工产值与农业总产值比达到 2.9%，超过目标预期的 2.4%。受到 2020 年新冠疫情的影响，本年度全国休闲农业和乡村接待为 14.1 亿人次，未完成《规划》中的目标任务。

总体来看，产业兴旺 5 个具体指标完成了 3 项，完成率 60%，未完成的指标主要是受到了本年度新冠疫情的影响，但距离目标差距并不大。从 2018 年制定《规划》以来，各地区发挥自身产业特色优势，在粮食方面着重提高产量，夏粮、早稻、秋粮分别增产 0.9%、3.9%、0.7%。全年谷物产量 61674 万吨，比上年增产 0.5%。全年棉花、油料、茶叶产量分别为 591 万吨、3585 万吨、297 万吨，分别增产 0.4%、2.6%、7.1%。全年猪牛羊禽肉产量 7639 万吨，比上年下降 0.1%。全年水产品产量 6545 万吨，比上年增长 1.0%。2020 年农林牧渔业增加值 81397 亿元，占农业及相关产业增加值比重 48.8%，体现了农林牧渔业是其他延伸性、辅助性经济活动的重要基础，为有效应对各种风险挑战、稳定经济社会发展大局发挥了"压舱石"作用。全国农林牧渔业休闲观光与农业农村管理服务实现增加值 6213 亿元，农林牧渔业及相关产品流通服务实现增加值 22278 亿元[①]。乡村产业振兴的政策要求下，各地区产业链条不断延伸拓展，不同特色优势产业集群化发展态势强烈，各地区充分尊重农民意愿，同时各个地区利用村庄特色资源，集中发展乡村旅游和特色产业，也形成了特色资源保护与村庄发展的良性互促机制。乡村振兴的制度框架和政策体系初步健全，形成了农村一二三产业融合发展的格局，总体来看，国家通过保障农产品质量安全、培育提升农业品牌、构建农业对外开放格局，以此壮大特色优势产业，促进各地区实现可持续推进的产业兴旺局面。

---

① 数据来源于《中国统计年鉴 2021》，http://www.stats.gov.cn/tjsj/ndsj/。

二 生态宜居

我国坚持人口资源环境相均衡、经济社会生态效益相统一，通过营造宜居适度生活空间、保护山清水秀生态空间来延续人和自然有机融合的乡村空间关系。生态宜居方面，我国加快构建以"两屏三带"为骨架的国家生态安全屏障，全面加强国家重点生态功能区保护，提升生态功能和服务价值。数据层面，2020年畜禽粪污综合利用率达75%以上，完成了《规划》中的具体目标①。本年度全国完成造林677万公顷、森林抚育837万公顷、种草改良草原283万公顷、防沙治沙209.6万公顷，有力保障"十三五"规划目标如期实现②。村庄绿化覆盖率未公布，但各地区持续开展了村庄清洁行动和绿美村庄、森林乡村建设，国家也制定了《"十四五"乡村绿化美化行动方案》，进一步完成提升村庄绿化覆盖率，改善提升村容村貌的目标要求。全国95%以上村庄开展了清洁行动，引导4亿多人次农民参加。2020年公布了第二批680个全国乡村旅游重点村名单，开展了中国美丽休闲乡村和乡村休闲旅游精品景点线路推介活动，进一步丰富了城镇居民休闲消费选择③。截至2020年，全国厕所普及率为68%，距离目标任务的85%仍有差距，但从2018年以来，每年提高约5个百分点，累计改造农村户厕4000多万户，整体具有稳定的进步比率④。

总体来看，生态宜居的4个具体指标明确完成了2个，我国的生态文明建设在部分领域取得了明显进步，农村人居环境整治成效明显，同时也本着继续打好蓝天、碧水、净土保卫战的战略，坚决完成污染防治攻坚战阶段性目标任务，不断加强生态建设。

三 乡风文明

截至2020年年末，全国行政村数量为69万个，共建成村级综合性文

---

① 数据来源于中华人民共和国农村农业部，http：//www.moa.gov.cn/。
② 数据来源于国家林业和草原局，http：//www.forestry.gov.cn/。
③ 数据来源于国家乡村振兴局，http：//www.nrra.gov.cn/。
④ 数据来源于国家乡村振兴局，http：//www.nrra.gov.cn/。

化服务中心 575384 个，覆盖率达 83.3%，2578 个县（市、区）建成文化馆总分馆制，394 个文化馆组建理事会，未达到 95% 的覆盖要求。县级以上文明村和乡镇占比 53.2%，超过了《规划》要求的 50%，乡村义务教育学校专任教师本科占比 60.4%，还未达到 65% 的既定目标值。2020 年农村居民人均消费支出 13713 元，名义增长 2.9%，扣除价格因素，实际下降 0.1%。其中，人均教育文化娱乐消费支出 2032 元，下降 19.1%，占人均消费支出的比重为 9.6%，距离目标预估值的 12.6% 存在一定差距①。

总体来看，我国的乡风文明建设取得了明显成效，但距离设定的目标值仍存在差距，部分村落还亟待完善综合性文化中心的建设，同时鼓励本科毕业生下乡担任教育学校专任教师的动员力量、条件保障和激励机制还需健全改进。疫情对于居民人均消费支出存在影响，而其中教育文化娱乐消费支出也因为限制了农民收入以及个人出行活动而明显下降。乡村文化服务中仍存在各个地区不平衡不充分发展的问题。

四 治理有效

2020 年我国 33.3% 的村庄编制了规划，村庄规划管理覆盖率明显提升，兼有综合服务站的村占比数据未公布，但各个行政村基本建有便民服务中心，村党支部书记、村委会主任"一肩挑"比例未公布。治理有效的成果更多地反映在各地方对于国家政策的落实上，数据的清晰度还未体现。乡村基层治理体系代表着乡村治理的民主公平、农民安全感的提升和农民需要的安宁与活力。乡村作为国家治理的"神经末梢"，对于治理体系有较高的要求，各省各地区应提高县镇村落政府治理能力，完善村民参与治理的组织性，增强内生动力，健全管理体系，推进实现乡村治理体系和治理能力现代化。

五 生活富裕

生活富裕是坚持以人为本、保证人人共享现代化成果的直接利益体现。2020 年城乡居民人均可支配收入比值为 2.56，略低于目标规划中的

---

① 数据来源于《中国统计年鉴 2021》，http://www.stats.gov.cn/tjsj/ndsj/。

2.69。农村居民人均消费支出 13713 元,增长 2.9%,扣除价格因素,实际下降 0.1%,全国居民恩格尔系数为 30.2%,农村为 32.7%,高于规划中的 30.2%。截至 2020 年年底,全国农村集中供水率达到了 88%,全国农村自来水普及率达到 83%[①],农村供水保障水平得到显著提升,达到了《规划》中的目标要求。但由于我国国情水情复杂,区域差异性大,当前全国农村供水保障水平总体仍处于初级阶段,部分农村地区还存在水源不稳定和水量水质保障水平不高等问题。随着农村经济社会发展,顺应农村居民对美好生活的向往,需要提升农村供水标准。同时随着城乡融合发展和乡村振兴战略的实施,农村人口和村庄发生变化,需要优化调整农村供水工程布局。国家贫困县中,通硬化路的行政村比重达 99.6%,其中具备条件的行政村全部通硬化路,几乎完成目标中的 100% 建成比例;通动力电的行政村比重达 99.3%,其中大电网覆盖范围内行政村全部通动力电;通信信号覆盖的行政村比重达 99.9%;通宽带互联网的行政村比重达 99.6%;广播电视信号覆盖的行政村比重达 99.9%;有村级综合服务设施的行政村比重达 99.0%;有电子商务配送站点的行政村比重为 62.7%;全部实现集中供水的行政村比重为 65.5%,部分实现集中供水的行政村比重为 31.9%;全部实现垃圾集中处理或清运的行政村比重为 89.9%,部分实现垃圾集中处理或清运的行政村比重为 9.0%。[②]

  总体来看,生活富裕 4 个指标中完成了 3 个,完成率较高。生活富裕的主要目标是实现"保障物质生活——增加农民收入";"完善基础设施——改善生活条件";"提升服务供给——城乡基本公共服务均等化",只有多措并举才能让农民有持续稳定的收入来源,经济宽裕,衣食无忧,生活便利,共同富裕。

  截至 2020 年,五大类指标 22 项分指标,其中 9 项达成指标,6 项发布了调查通知但未公布数据结果,根据政策实施反馈来看,没有清晰数据的治理有效相关指标,也具有良好的落实程度和完成情况,故整体来看,完成率为 50%。2020 年的乡村振兴目标正在稳步进行,而实现最终

---

① 数据来源于《中国统计年鉴 2021》,http://www.stats.gov.cn/tjsj/ndsj/。
② 数据来源于《中国统计年鉴 2021》,http://www.stats.gov.cn/tjsj/ndsj/。

发展目标还有一定距离,需要扎实稳步推进并为"十四五"时期推进农业农村现代化打好基础。

第二节 重大项目工程完成情况

对照《规划》中以专栏形式提出的重大工程目标,结合截至2020年这些重大工程实施情况,进一步评估《规划》的实施情况,为下一步实施提供指导。

一 质量兴农及科技创新重大工程

截至2020年,我国已创建并认定了310个国家级特色农产品优势区,达到了《规划》中要求的300个。其中,2017年创建并认定62个,2018年创建并认定86个,2019年83个,2020年79个。成功打造了一批"中国第一、世界有名"的特色农产品品牌,培育和发展了一批产业强、产品优、质量好、功能全、生态美的农业强镇。我国截至2020年培育的农业高新技术企业数量为8920家,预计2022年年末达到超1.5万家的目标[1]。高新技术产业对于提高我国农业的劳动生产率、土地产出率和绿色发展水平,提高农业产业的国内外竞争力具有示范作用。同时,国家农村一二三产业融合发展示范园区已建成300个,达到了《规划》中的目标要求,实现了加快延伸农业产业链、提升农业价值链、拓展农业多种功能、培育农村新产业新业态的目标。各省纷纷响应国家政策,为科技特派员、大学生、返乡农民工、职业农民等建设"星创天地"。截至2020年,我国农村双创人员和双创导师达850万,远远超过了既定3年的培训数量,同时我国已建立1096个农村双创示范园区,远远超过目标要求的100个,返乡下乡创业行动在国家政策要求及动员激励下得到明显发展,成功吸引各类人才回乡服务[2]。

---

[1] 数据来源于国家林业和草原局,http://www.forestry.gov.cn/。
[2] 数据来源于中国政府网,http://www.gov.cn/index.htm。

二 生态环境建设修复重大工程

我国农业节水灌溉成效显著，截至2020年年底，全国节水灌溉面积达到5.67亿亩，其中喷灌、微灌、管道输水灌溉等高效节水面积达到3.5亿亩。近30年来，我国农业用水总量基本维持稳定，农业灌溉年均用水量基本维持在约3400亿立方米。2021年我国的节水灌溉面积将达到6.5亿亩。2020年，水稻、小麦、玉米三大粮食作物化肥利用率为40.2%，农药利用率为40.6%，均已达到40%以上的目标要求。农村人居环境整治方面，2020年已完成农村生活垃圾全面治理逐省验收。截至2020年，全国累计建设国家储备林8000多万亩，建设范围涵盖25个省、自治区、直辖市[1]。

三 文化繁荣工程与治理体系构建

截至目前，我国分三批共建设1652个"中国少数民族特色村寨"，其中贵州312个位居第一。支持少数民族特色村寨保护与发展，是社会主义新农村、新牧区建设的重要组成部分，是民族工作的重要组成部分，也是保护中华文化多样性的重要举措，2022年我国将建设达到2000个民族特色鲜明的村寨。"中国民族文化艺术之乡"评审工作已开启，目前已决定命名183个县（市、区）、乡镇（街道）为"中国民间文化艺术之乡"。在乡村治理等方面，各地区村落均以保障居民自治权力为前提，以实现乡村全面振兴为目标，以互联网信息技术为支撑，纵深推进"互联网＋"乡村治理新模式，推动村级公共服务、乡村产业培育、社区多元治理等与互联网科技交融互促。

四 乡村基础设施建设与就业促进行动

截至目前，农产品网络零售规模已达2088.2亿元，全国乡镇快递网点覆盖率达到98%[2]，农村每天有1亿件包裹，有效打通农村消费升级和农产品上行的末梢循环，各地区力争在2025年实现乡村物流配送网点全

---

[1] 数据来源于《中国统计年鉴2021》，http：//www.stats.gov.cn/tjsj/ndsj/。
[2] 数据来源于中国政府网，http：//www.gov.cn/index.htm。

覆盖。水利基础设施建设方面，预计在"十四五"期间完成流域面积3000平方公里及以上的244条重要河流治理。病险水库除险加固方面，国务院在2020年的会议上提出，到2025年年底，全部完成现有病险水库的除险加固任务，总量预计1.94万座，其中大型病险水库约80座，中型病险水库约470座，小型病险水库约1.88万座。截至2020年，各省逐步全面建成农村基层防汛预报预警体系。农村电网用电可靠率除山西国际电力集团公司辖区，四川甘孜、阿坝、凉山州地区，西藏拉萨城关区、日喀则市、江孜县、白朗县、乃东县、那曲县、安多县、噶尔县、昌都县之外全国各个地区均达97%以上；电压合格率除山西国际电力集团公司辖区，西藏拉萨城关区、日喀则市、江孜县、白朗县、乃东县、那曲县、安多县、噶尔县、昌都县之外，均已达到90%。中西部农村家庭宽带普及率达到40%，实现中西部城镇家庭用户宽带接入能力达到50Mbps以上，有条件地区可提供100Mbps以上接入服务能力。

五 公共服务与人才支撑

截至2020年，部分省份基层医疗卫生机构标准化达标率达到了95%，预计于2022年年底达到100%。2020年，全国基层医疗卫生机构97万个，较上年增加1.56万个，同比增长1.64%。2020年，全国村卫生室人员达144.2万人，比上年减少0.4万人，其中，执业（助理）医师46.5万人，占村卫生室人员的32.25%；注册护士18.5万人，占村卫生室人员的12.83%；乡村医生和卫生员79.1万人，占村卫生室人员的54.85%。村卫生室医生必须具备乡村医生或执业助理医生以上资格。2020年，全国平均每村卫生室人员2.37人，较上年增加0.02人[1]。

2018—2020年，《规划》中提出的重大项目工程正在稳步发展中，截至目前，基本完成了中期任务，且在部分领域取得了较好的成效，为2022年如期实现各项目标要求打好了基础，同时也为"十四五"规划的顺利实施奠定基础。各省各地区按照国家乡村振兴战略规划的各项指标要求，逐步实现了产业振兴、人才振兴、文化振兴、生态振兴、组织振兴，加快补齐了农业农村发展短板，不断缩小城乡差距，让农业成为有

---

[1] 数据来源于《中国统计年鉴2021》，http://www.stats.gov.cn/tjsj/ndsj/。

奔头的产业，让农民成为有吸引力的职业，让农村成为安居乐业的家园。

第三节 "十四五"时期全国农村工作整体方略

目前是乡村振兴战略的运行期，是全面脱贫与乡村振兴交接传递的关键节点。习近平总书记在决战决胜脱贫攻坚座谈会上强调，要针对主要矛盾的变化，理清工作思路，推动减贫战略和工作体系平稳转型，统筹纳入乡村振兴战略，建立长短结合、标本兼治的体制机制。① 实施乡村振兴战略是解决"三农"问题的关键，是保证农民具有幸福感、安全感、获得感的主要政策来源。当前，我国已开启全面建设社会主义现代化国家新征程，包括产业振兴、人才振兴、文化振兴、生态振兴、组织振兴在内的全面振兴，要求我们整合利用各类有效资源、提高协同各项管制力量、牢记把握多项工作重点，以期加快农业农村现代化。之后的重点工作主要包括：

一 提升粮食等重要农产品供给保障水平

2020年疫情期间，我国仍克服新冠疫情冲击和严重自然灾害影响，粮食总产量连续六年稳定在1.3亿斤以上②，为新一年良好开局奠定了基础。"十四五"期间要重点稳定粮食播种面积、提高单产水平；坚持并完善稻谷、小麦最低收购价政策，完善玉米、大豆生产者补贴政策；鼓励发展青贮玉米等优质饲草饲料，稳定大豆生产；优化农产品贸易布局，实施农产品进口多元化战略；开展粮食节约行动，打好种业翻身仗，坚决守住18亿亩耕地红线。同时，要保障重要农副产品供给，要深化农业供给侧结构性改革，提高农业质量效益和竞争力。要坚持质量兴农、绿色兴农、品牌强农，推进一二三产业融合发展，增加优质绿色产品供给。要充分调动农民的种粮积极性，提高农民的获得感和幸福感。

---

① 习近平：《在决战决胜脱贫攻坚座谈会上的讲话》，人民网，http://politics.people.com.cn/BIG5/n1/2020/0307/c1024_31621169.html。
② 数据来源于《中国统计年鉴2021》，http://www.stats.gov.cn/tjsj/ndsj/。

二 实施乡村振兴战略，大力发展乡村产业

产业振兴是乡村振兴的重中之重，这就要求各地区大力发展乡村特色产业，增加绿色优质农产品供给，满足城乡居民生活多样化需求。各乡村应该因地制宜发掘多种功能，着力发展乡村旅游、休闲养生、电子商务等新产业新形式，拓展农民就业空间以及当地的资金路径来源。产业振兴要求创业创新，应大力发展、激励、引导优质人力资源包括返乡大学生、返乡科技人才等创业主体，投身乡村产业振兴的发展道路中。

三 实施乡村建设行动，建设美丽宜居乡村

乡村建设包括生态宜居以及治理有效，从农村基础设施角度看，村庄道路、供水安全、电网升级、物流系统、公共服务中心、医疗机构、教育场所、娱乐设施、住房质量等都需要实现进一步提升。推进基本公共服务一体化，是包括教育、医疗、文化、生态等在内的各项资源的优化配置，只要保证居民生存环境和生活质量的优质基础和不断改善，才可以实现乡村的美丽宜居条件。

四 创新乡村治理方式，加强和改进乡村治理

乡村振兴的重要保障是治理有效，其要求创新乡村治理方式，加强乡村文明建设，提高农村农民科学文化素养，推动形成乡风文明、治理有效的良好局面。需建立健全党委领导、政府负责、社会协同、公共参与、法治保障的现代乡村社会治理体系，将党组织作为主心骨，弘扬社会主义核心价值观，通过合理的治理方式，推进乡村管理模式的创新改革。

第十二章

《甘肃省乡村振兴战略实施规划（2018—2022年)》实施情况分析

为深入贯彻落实党的十九大报告提出的"产业兴旺、生态宜居、乡风文明、治理有效和生活富裕"的乡村振兴战略总要求，明确"十四五"时期乡村振兴的战略指引，科学推进乡村振兴战略，确保《甘肃省乡村振兴战略实施规划（2018—2022年)》（以下简称《规划》）扎实推进，圆满完成各项任务，为"十四五"农业农村现代化和农民生活富裕富足开好局起好步，结合《规划》制定的五大类指标24项具体指标（见表12-1)，对截至2020年年末实施情况进行中期评估。

表12-1　　　《规划》中的主要指标

分类	序号	主要指标	单位	2017年	2020年	2022年	属性	完成情况
产业兴旺	1	粮食综合生产能力	万吨	1140.6	>1000	>1000	约束性	完成
	2	农业增加值年均增长率	%	5.4	5	5	预期性	完成
	3	农业科技进步贡献率	%	56	58	60	预期性	未完成
	4	农产品加工转化率	%	52.5	55	57	预期性	完成
	5	休闲农业和乡村旅游接待人次	亿人次	0.7	1	>1.5	预期性	未完成
生态宜居	6	畜禽粪污综合利用率	%	68	75	80	约束性	完成
	7	村庄绿化覆盖率	%		50	54	预期性	未公布
	8	对生活垃圾进行处理的行政村占比	%	37	52	62	预期性	完成
	9	农村卫生厕所普及率	%	14.85	30	45	预期性	完成

第十二章 《甘肃省乡村振兴战略实施规划(2018—2022年)》实施情况分析 ◇ 187

续表

分类	序号	主要指标	单位	2017年	2020年	2022年	属性	完成情况
乡风文明	10	村综合性文化服务中心覆盖率	%	98	99	100	预期性	完成
	11	县级及以上文明村和乡镇占比	%	35.89	50	60	预期性	未公布
	12	农村居民教育文化娱乐消费支出占比	%	12.4	12.6	13.6	预期性	未完成
治理有效	13	村庄规划管理覆盖率	%	80	90	100	预期性	完成
	14	建有综合服务站的村占比	%	32	50	53	预期性	未公布
	15	村党组织书记兼任村委会主任的村占比	%	1.3	10	50	预期性	完成
	16	有村规民约的村占比	%	98	100	100	预期性	完成
	17	有集体经营收入的村占比	%	51.4	100	100	预期性	完成
生活富裕	18	建档立卡贫困人口	万人	189	全部脱贫	—	约束性	完成
	19	贫困县数量	个	75	全部退出	—	约束性	完成
	20	农村居民恩格尔系数	%	30.4	30.2	29.2	预期性	未完成
	21	城乡居民收入比	—	3.44	3.4	3.3	预期性	完成
	22	农村自来水普及率	%	86	90	90	预期性	完成
	23	具备条件的建制村通客车	%	95.6	100	100	预期性	完成
	24	具备条件的建制村通硬化路比例	%	96.7	100	100	约束性	完成

资料来源:《甘肃发展年鉴2021》,https://tjj.gansu.gov.cn/。

第一节 甘肃省乡村振兴总要求完成情况

《规划》发布实施以来,全省上下深入贯彻党中央关于实施乡村振兴战略决策部署,全面落实农业农村优先发展总方针,按照"产业兴旺、生态宜居、乡风文明、治理有效、生活富裕"的总要求,结合我省实际,对全省实施乡村振兴战略作出阶段性谋划,一批重大工程、重大计划、重大行动初见成效,实现乡村产业振兴、人才振兴、文化振兴、生态振兴、组织振兴的基础更加牢固。

一 产业兴旺

2020年,全省粮食种植面积3957.4万亩,总产量1202万吨,首次突破1200万吨大关,创历史新高,完成了《规划》中提出的2020年粮食综合生产能力过1000万吨的目标,2018—2020年农业增加值年均增长率5.4%,超过《规划》中提出的年均5.0%增速目标。2020年,农业科技进步贡献率达到57.1%,与《规划》目标相差0.9个百分点,低于全国3.6个百分点。2020年,农产品加工转化率达到55%,基本完成《规划》中提出的55%的水平,但仍低于全国68%的水平。2020年,甘肃省休闲农业和乡村旅游接待8013万人次,实现乡村旅游收入约为238亿元,由于受新冠疫情影响,2020年没有完成《规划》中的目标任务。

总的来看,产业兴旺5个具体指标完成了3个,完成率60%,未完成2个,但距离目标差距并不大。过去3年,甘肃省乡村产业振兴迈出了坚实步伐,全省粮食产量连续8年保持在1100万吨以上。玉米种子生产面积129.6万亩,产种5.46亿千克,居全国第一;马铃薯原种和一级种薯生产面积40.04万亩,产量7.9亿千克,生产原种11.8亿粒,位居全国前列。全省肉、蛋、奶产量分别为111万吨、20万吨、58万吨,分别增长23%、44%、53%[①]。特色产业发展势头强劲,以现代丝路寒旱农业为统揽,以绿色循环发展为导向,特色产业空间布局持续优化,打造了一大批绿色标准化规模化种养基地,累计创建省级绿色农产品标准化生产基地10个。产业链链条不断延伸拓展,特色优势产业集群化发展态势强劲,"甘味"农产品品牌美誉度和影响力大幅提升,特色农产品价格坚挺、产销两旺。高原夏菜面积产量位居全国第一,马铃薯、中药材、苹果面积产量位居全国第二,羊存栏量位居全国第三,牛存栏量位居全国第九。全省"三品一标"农产品2702个,其中,绿色农产品1618个,有机农产品224个,地理标志农产品124个,无公害农产品736个,呈现出区域分工明显、基地集中连片、产业链条逐步完善的良好发展态势,初步构建起具有区域竞争优势的特色产业体系,走出了"寒旱农业—生态循环—绿色有机—甘味品牌"的发展路子,为促进农民增产增收发挥

---

① 数据来源于《甘肃发展年鉴2021》,https://tjj.gansu.gov.cn/。

了关键作用。

二 生态宜居

实施乡村振兴，甘肃省启动实施农村人居环境整治"三大革命""六大行动"，农村面貌发生很大改观，大多数村庄达到了干净整洁的基本要求。从具体指标来看，2020年畜禽粪污综合利用率达到78%，完成了《规划》中提出的75%的目标，并高于全国75%的水平。2020年村庄绿化覆盖率未公布，2018年全省开展加快推进大规模国土绿化行动，计划到2020年，完成国土绿化1500万亩，林木绿化率达到16.3%。城市建成区绿化覆盖率达到33%（县城18%），人均公园绿地面积达到13平方米（县城8平方米），村庄（含建制镇）绿化率达到50%以上，并取得了显著成效。根据2019年省委农村工作领导小组办公室、省住房和城乡建设厅、省生态环境厅等7个单位联合出台《甘肃省农村"垃圾革命"行动方案》，2020年全省累计配备专职、兼职村庄保洁人员14.9万名，配备各式垃圾保洁、收集、运输车3.82万辆，对垃圾进行收运、处置的行政村达15999个[①]，创建村庄清洁行动先进县10个、清洁村庄示范村10000个、省级美丽乡村示范村900个、市县级美丽乡村示范村1944个，国家部委命名的各类美丽乡村（生态文明）示范村212个，全省乡镇生活垃圾收集转运处理设施实现100%全覆盖，90%以上的村庄生活垃圾得到有效治理，超额完成了《规划》中提出的对生活垃圾进行处理的行政村占比52%的目标。2020年以来累计改建新建农村户用卫生厕所113.7万座，全省卫生厕所普及率达33.2%，行政村卫生公厕覆盖率达97.8%，完成了《规划》中农村卫生厕所普及率30%的目标，农村生活污水治理率达到25%，农村基础设施和公共服务条件持续改善，农村人居环境全面改观。

总的来看，生态宜居4个具体指标完成3个，完成率为75%，1个指标数值未公布。全省生态文明建设取得明显进展。

[①] 数据来源于《甘肃发展年鉴2021》，https://tjj.gansu.gov.cn/。

三 乡风文明

2020年，99%的行政村、92%的社区建成综合文化服务中心，全省23.1%的村级综合文化服务中心实现了手机终端Wi-Fi信号覆盖，完成了《规划》中提出的村综合性文化服务中心覆盖率99%的目标[①]。依靠群众因地制宜制定村规民约，以群众喜闻乐见的方式，加强社会公德、职业道德、家庭美德和个人品德教育，着力培育"邻里守望、家庭和睦、诚信重礼"的文明乡风、良好家风和淳朴民风。大力开展文明村镇、农村文明家庭、星级文明户、五好家庭等创建活动，广泛开展农村道德模范、最美邻里、身边好人、新时代好少年、最美家庭等选树活动，开展乡风评议，弘扬道德新风。针对孤寡老人、留守老人、留守儿童、残疾人等困难群体，组织开展邻里守望志愿服务。发挥农村优秀基层干部、乡村教师、退伍军人、文化能人、返乡创业人士等新乡贤的示范带动作用，培育富有地方特色和时代精神的乡贤文化，全省乡风文明建设取得显著成效。2020年农村居民教育文化娱乐支出占比为12.2%，低于《规划》中提出的12.6%目标[②]。

总体来看，经过近3年的发展，甘肃省乡风文明建设取得了显著成效，3项指标只有1项指标没有完成，完成率为67%。乡村公共文化服务基础设施建设进一步加强，城乡公共文化服务体系融合发展，优秀乡村文化产品和服务明显增加，农村文化市场日益繁荣，乡村文化服务中存在的发展不平衡不充分问题得到有效解决。

四 治理有效

乡村振兴，治理有效是基础。实施乡村振兴战略以来，全省始终坚持把夯实基层基础作为固本之策，建立健全党委领导、政府负责、社会协同、公众参与、法治保障的现代乡村社会治理体制，坚持自治、法治、德治相结合，推动乡村组织振兴，确保乡村社会和谐有序。2020年，全省3686个村庄编制了规划，占全省行政村的23%左右，村庄规划管理覆

---

① 数据来源于《甘肃发展年鉴2021》，https：//tjj. gansu. gov. cn/。
② 数据来源于《甘肃发展年鉴2021》，https：//tjj. gansu. gov. cn/。

盖率达到90%以上①，完成了《规划》中提出的目标。2020年，建有综合服务站的村占比目前还没有具体数据，但每个行政村基本都建有便民服务中心或者综合服务中心。2020年，全省村党支部书记、村委会主任"一肩挑"达55%，实现了《规划》中提出的村党组织书记兼任村委会主任的村占比10%的目标②。2020年实现了村规民约全覆盖，农村婚丧大操大办、高额彩礼、盲目攀比、铺张浪费、厚葬薄养等不良习俗得到有效整治。2020年通过农村"三变"改革，使农村闲置的资源活起来、分散的资金聚起来、增收的产业强起来、群众的日子好起来，到2020年，全省每个村都有集体经济经营收入，实现了全覆盖，有效增加了农民收入。

总体来看，治理有效的5项指标已经完成了4项，完成率为80%。以自治、法治、德治相结合的乡村基层治理体系基本形成，推进乡村治理体系和治理能力现代化，实现乡村社会充满活力、安定有序，构建共建共治共享的乡村善治新格局稳步推进。

五　生活富裕

乡村振兴，生活富裕是根本。坚持人人尽责、人人享有，围绕农民群众最关心最直接最现实的利益问题。"十三五"期间累计减贫325万人，552万建档立卡贫困人口全部脱贫，7262个贫困村全部退出贫困序列，75个贫困县区全部摘帽，贫困地区面貌发生翻天覆地的变化，困扰甘肃千百年的绝对贫困问题历史性地得到解决，《规划》中提出的2020年脱贫任务全面完成。农村居民收入水平和消费水平不断提升，消费结构不断优化，农村居民恩格尔系数为30.9%，高于《规划》中提出的30.2%目标，消费结构还有待优化。2020年城乡收入比为3.27，低于《规划》中提出的3.4目标，城乡收入差距进一步缩小。2020年全省农村集中供水率93%、自来水普及率90%③，均高于全国平均水平，全省各地均已达到现行农村饮水安全"四项标准"，提前完成了《规划》中的目

---

① 数据来源于甘肃省自然资源厅，https://zrzy.gansu.gov.cn/。
② 数据来源于甘肃党建信息化平台，https://www.gsdj.gov.cn/。
③ 数据来源于《甘肃发展年鉴2021》，https://tjj.gansu.gov.cn/。

标。截至 2019 年 5 月，全省 15978 个建制村中，已通客车建制村 15754 个，通客车率为 98.6%，其中，金昌、张掖、酒泉、嘉峪关、临夏、甘南、白银、兰州新区等市（州）已实现建制村 100% 通客车，未通客车建制村 224 个，经各县（区）初步摸排，其中有 75 个建制村不具备通客车条件①，集中分布在兰州市、定西市、武威市、陇南市、天水市，2019 年年底，全省具备条件的建制村通了客车，提前一年完成了《规划》的目标。2017 年年底，提前两年实现全省具备条件的建制村通硬化路，全省农村公路里程达到 12.09 万公里，农村地区群众出行的条件得到了明显改善。

总的来看，生活富裕的 7 个指标完成了 6 个，完成率为 85.7%，是五个总要求中完成率最高的，这为乡村振兴战略的有效实施和实现共同富裕奠定了基础。

截至 2020 年，五大类指标 24 项分指标完成了 18 项，完成率为 75%，加上未公布数据的 3 项指标（根据目前情况看应该完成了目标），完成率达到 87.5%，《规划》提出的 2020 年乡村振兴目标基本实现，乡村振兴的基础更加扎实，为"十四五"时期推进农业农村现代化奠定了良好基础。

第二节 重大项目工程完成情况

对照《规划》中以专栏形式提出的重大工程目标，结合截至 2020 年这些重大工程实施情况，进一步评估《规划》的实施情况，为下一步《规划》实施提供指导。

一 特色优势农产品建设工程成效明显

按照《规划》建设目标，2020 年甘肃省肉牛产业存栏量达到 427.1 万头，位居全国第七位，完成了《规划》目标。2020 年，甘肃肉羊存栏量上升到 2500 万只，年出栏量上升到 1620 万只，完成了《规划》的目标。2020 年，全省果园面积 1672.8 万亩，超额完成《规划》中提出的

---

① 数据来源于甘肃省交通运输厅，https://jtys.gansu.gov.cn/。

1260万亩目标。2020年，蔬菜种植面积达930万亩，产量2810万吨，产值515亿元。作为全国马铃薯主产区之一，甘肃省立足资源禀赋，遵循自然规律，顺应市场需求，全面践行绿色发展理念，坚持走"寒旱农业—生态循环—绿色有机—'甘味'品牌"的产业振兴路子，"五路突进"培育马铃薯产业，初步建立了马铃薯产业全链条现代产业体系，2020年，全省马铃薯种植面积1030万亩，建设万亩以上马铃薯标准化基地20个，千亩以上标准化基地239个，绿色标准化种植面积达到200万亩，鲜薯产量达到1550万吨，完成了《规划》的目标。甘肃省是全国三大制种基地之一，对保障国家粮食安全发挥着重要作用，2020年，全省玉米制种面积130万亩、产种5.5亿千克，分别占全国的55.6%和59.7%，保障了全国50%以上的大田玉米用种；马铃薯脱毒原种11.9亿粒，原种和一级种生产面积40万亩，产种7.9亿千克，50%以上销往云南、贵州、四川、内蒙古等10多个省（区），种子综合生产和供种保障能力进一步增强[①]。玉米和马铃薯两大制种面积超过了《规划》中提出的150万亩的目标。经过多年的发展，甘肃省草畜产业已形成了区域化优势产业带：河西灌区高端商品草（苜蓿、燕麦）和肉羊、肉牛产业带、中东部黄土高原旱作区草畜一体化产业带和高寒牧区生态屏障草畜平衡产业带。2020年，全省人工种草面积达到2400多万亩，位居全国第二；苜蓿种植面积超过1000万亩，位居全国第一；燕麦种植面积达到200多万亩，位居全国第二，甘肃省已成为全国主要的优质商品草储备供应基地。

二 生态循环农业持续发展

坚持以种养循环为主攻方向，突出模式引领，强化项目支撑，通过抓点示范，调整种养结构，推动种养循环。狠抓以有机肥为主攻方向的畜禽粪污资源化利用，大力推广有机肥替代化肥、水肥一体化、农药减量增效等措施。开展农作物重点病虫害绿色防控和专业化统防，农药化肥减量化施用成效显著，利用率达40%。"十三五"期间，全省畜禽粪污综合利用率达78%，推广测土配方为主的科学施肥技术5520万亩，配方肥施用面积2400万亩左右，有机肥施用面积3300万亩以上。"粮改饲"

---

① 数据来源于《甘肃发展年鉴2021》，https://tjj.gansu.gov.cn/。

政策实施范围扩大到农区所有牛羊养殖大县,累计完成粮改饲面积860万亩。新建戈壁农业23万亩,总面积达28万亩,对全省打造农业新的增长点发挥了重要示范引领作用。探索出了"粮饲兼顾、草畜配套、以种促养、以养带种、良性互动"的发展模式,走上了"草多—畜多—肥多—粮多—钱多"的生态循环路子,取得了"一子落而满盘活"的综合效应。2020年,秸秆综合利用率达到82%,畜禽粪污综合利用率达到78%,全省尾菜处理率达到48.9%,高效节水灌溉面积达到1000万亩以上,占有效灌溉面积的比例达到50%以上,建成高标准农田1701.7万亩[①],基本完成了《规划》中提出的循环农业发展目标。

三 生态保护取得明显成效

深入践行绿水青山就是金山银山理念,坚决落实黄河流域生态保护和高质量发展战略,强化能源资源节约,持续加大生态建设和环境保护力度,祁连山生态保护"由乱到治、大见成效",国家西部生态安全屏障综合试验区建设取得积极成效,森林、湿地保护、荒漠化、退化草原生态治理取得阶段性成果,黄河、长江流域生态保护和水土流失治理高水平起步,祁连山、大熊猫国家公园体制试点有序实施,自然保护区管理体制逐步理顺。污染防治三年攻坚行动如期完成,蓝天、碧水、净土保卫战实现目标要求,生态环境质量明显改善,基本完成了《规划》中提出的目标任务。

四 农村基础设施逐步完善

2020年,具备条件的建制村全部通客车,农村交通物流基础设施网络建设进一步完善。2020年,甘肃省启动"饮水安全有保障冲刺清零后续行动",进一步巩固提升农村安全饮水工程,农村电网供电可靠率达到99.838%,全省14个市(州)实现主城区5G(第五代移动通信)网络覆盖,5G网络人口覆盖率达到24%以上,县(市、区)网络平均出口带宽达到200G以上,百兆以上宽带用户占比达到92.5%,行政村光纤宽带

---

① 数据来源于《甘肃发展年鉴2021》,https://tjj.gansu.gov.cn/。

和 4G 网络覆盖率达到 99% 以上，完成了《规划》中提出的目标①。

经过近 3 年的发展，《规划》中提出的重大项目工程进展顺利，基本完成了中期任务，取得了较好成效，为如期完成 5 年乡村振兴规划目标奠定了良好基础。确保甘肃省乡村振兴战略落地见效，实现乡村产业振兴、人才振兴、文化振兴、生态振兴、组织振兴，推动农业全面升级、农村全面进步、农民全面发展。

第三节 "十四五"时期甘肃省乡村振兴战略实施重点

巩固拓展脱贫攻坚成果同乡村振兴有效衔接是我国全面建成小康社会后向第二个百年奋斗目标迈进的关键举措，2021 年不仅是"十四五"的开局之年，也是巩固拓展脱贫攻坚成果同乡村振兴有效衔接的开启之年，"十四五"期间，作为全国脱贫攻坚任务最艰巨的省份之一，重点在于做好巩固拓展脱贫攻坚成果同乡村振兴有效衔接，按照乡村振兴战略"产业兴旺、生态宜居、乡风文明、治理有效、生活富裕"的总要求，着力在体制机制统筹落实、产业发展多元鼓励、主体意识积极培育、创新创业激发活力等方面精准发力，切实做好产业扶贫与产业振兴的转化，就业脱贫与人才振兴的衔接，扶志、扶智与文化振兴的结合，绿色减贫与生态振兴的互促，以党建引领脱贫攻坚成果巩固与乡村振兴有效衔接，实现脱贫群众收入稳定增加，发展基础更加坚实，脱贫成果进一步巩固，在两者有效衔接的基础上，全面开启乡村振兴新局面，为推进甘肃省经济社会高质量发展奠定坚实基础。

一 推进产业扶贫向产业振兴转型，着力增强乡村振兴核心力

产业扶贫是乡村振兴和脱贫攻坚最重要也是最直接的衔接点。长期以来，甘肃省脱贫攻坚的核心就是产业脱贫，这是提高农民收入水平、增加就业程度最直接的措施。从甘肃省脱贫攻坚成效来看，一些地方过于关心短期内的脱贫，有的扶贫产业和项目出现不可持续发展的苗头，

---

① 数据来源于 2021 年《甘肃政府工作报告》，http://gansu.gscn.com.cn/system/2022/01/24/012702806.shtml，2021 年 1 月 24 日。

脱贫之后农村如何发展，不少干部群众心里没谱。因此，要实现长远的发展，产业扶贫更需要逐渐融入产业振兴之中，并通过契合农村实际的创新产业扶贫模式，精准落实产业扶贫各项方案，实现产业振兴，带动乡村发展。

（一）因地制宜培育"六大"特色产业和"五小"产业

在贫困群众的增收构成上，有80%的贫困人口是依靠产业扶贫实现脱贫的，其中"牛羊菜果薯药"六大扶贫主导产业发挥了重要作用。合理选择适合自身的产业振兴模式是衔接阶段和乡村振兴阶段的关键，也是实现产业扶贫与产业振兴有效衔接的重要一步。通过创新扶贫产业转型发展模式，构建以"牛羊菜果薯药"六大特色产业为主导、"五小"产业为补充的产业体系，因地制宜，打造"一县一业""一乡一品""一村一特""连乡成片""跨县成带""集群成链"的现代乡村产业发展新格局，创造就业岗位，带动农民就业，增加农民收入。

（二）重点扶持龙头企业和大力发展综合性专业合作社

紧扣甘肃省六大特色优势产业，从延长乡村产业链、提升乡村产业价值链和完善乡村产业利益链等方面培养扶持和壮大农业产业合作社。加快推进综合性农业示范社创建。目前甘肃省农业合作社普遍存在经营范围单一、运行质量整体不高、市场对接机制薄弱、农户参与度低、管理运行不规范、辐射带动产业链条短等问题，亟须加强合作社规范化建设，进一步完善"企业+合作社+农户"的经营模式，鼓励发展农民合作社联合社，支持家庭农（林）场、农民合作社等参与全产业链建设，降低市场主体交易成本和农户经营风险，加强综合性合作社建设，创新分红模式，提升农户参与积极性，带动技术、物资、资本、人才向农业全产业链聚集，促进农业一二三产业融合发展。

（三）加快扶贫车间转型升级，增强乡村振兴内生动力

过渡期，对于扶贫车间发展也应该始终严格落实"脱贫不脱政策、脱贫不脱责任、脱贫不脱帮扶、脱贫不脱监管"的巩固拓展脱贫攻坚成果政策，在土地政策、就业补贴、融资等方面继续支持扶贫车间发展，明确过渡期的支持政策，稳定和持续增加已脱贫人口就业与收入。过渡期内，有重点有步骤分阶段择优转型，组团发展，形成产业集聚。扶贫车间其实也是一个市场主体，转型是否成功就看是否能够经得起市场竞争，

因此，构建市场意识、了解市场需求、分析产业基础是扶贫车间转型的关键。过渡期内，通过考核和筛选，确定一批市场潜力大、就业带动强、发展前景好的扶贫车间，让其充分参与市场竞争，实现市场化转型。对于"底子薄、基础差"但发展潜力好的扶贫车间"扶上马送一程"，围绕各地特色产业和资源优势，优化组合、组团发展，将分散的扶贫车间整合优化成就业工厂，逐步形成新时代支持乡村产业振兴的现代乡镇企业。

（四）加快完善农业产业流通营销体系

围绕甘肃省"牛羊菜果薯药"农业特色产业，加快建立健全乡村地区储藏、运输、加工、销售一体化冷链物流体系，大力培育第三方冷链物流企业，彻底改善生鲜农产品外销条件，实现县城和重点乡镇大型农产品生产基地冷链预冷全覆盖，降低农产品成本，提升竞争力。

二　拓展就业渠道，着力增强乡村振兴致富力

扶贫车间、劳务输出、公益性岗位等就业扶贫脱贫模式在甘肃省脱贫攻坚战中发挥了重要作用，在乡村振兴阶段，需要进一步完善和拓展这些模式，让其惠及和带动更多农民就业。

（一）积极探索扶贫车间向就业工厂转变，持续发挥扶贫车间的就业效应

过渡期内持续扶持原扶贫车间，引导其向市场化方向转型，创新多种就业模式，在易地搬迁点或家长陪读集中的乡镇建设陪读式就业工厂，定向吸纳农户就业，在乡村通过农业合作社和种养大户建设就业分厂，并通过订单加工方式吸纳农村劳动力，探索推广"总厂在城镇、分厂在乡村、车间在家庭"的订单加工模式，让更多群众在家门口就业，增加收入。

（二）创新多渠道就业方式，稳定就业与收入水平

继续发挥劳务输转、东西部扶贫、劳务协作、公益性岗位开发等方式，拓宽就业渠道，探索成立乡村水电路等公益设施管护基金和村民管护理事会，设立乡村保洁员、护林员、护路员、护电员、防火员、救灾员等公益性岗位，发挥村民在乡村公共设施建管中的主体作用，让群众从中得到实惠。

（三）鼓励和支持农村创新创业

鼓励和引导返乡下乡人员结合自身优势和特长，根据市场需求和当地资源禀赋，利用新理念、新技术和新渠道，开发农业农村资源，发展特色优势产业，重点发展规模种养业、特色农业、设施农业、林下经济、庭院经济等农业生产经营模式，烘干、贮藏、保鲜、净化、分等分级、包装等农产品加工业，农资配送、耕地修复治理、病虫害防治、农机作业服务、农产品流通、农业废弃物处理、农业信息咨询等生产性服务业，休闲农业和乡村旅游、民族风情旅游、传统手工艺、文化创意、养生养老、中央厨房、农村绿化美化、农村物业管理等生活性服务业，以及其他新产业新业态新模式。通过发展合作制、股份合作制、股份制等形式，培育产权清晰、利益共享、机制灵活的创业创新共同体。

三 加强重点乡镇建设，着力促进城乡融合发展

城镇和乡村是相互依存、相互促进的，城镇的发展离不开乡村繁荣的支撑，乡村的振兴也离不开城镇的有力辐射和带动，高质量城镇建设是乡村振兴的基础。一头接着城市，一头连着乡村，城镇在乡村振兴中发挥着重要的支点作用，从国内外发展经验来看，乡村发展得好肯定离不开城镇的高质量发展与繁荣，城镇的兴衰与发展决定着乡村振兴的水平与质量，也是城乡融合发展的关键。推动乡村全面振兴，短板在城镇，潜力也在城镇，基于城镇与乡村的关系和城镇在乡村振兴中的重要地位，欲实现乡村振兴必先振兴城镇，过渡期内必须加强城镇化对乡村发展的辐射带动作用，借助乡村振兴的发展机遇，不断完善城镇道路、水电、气热、5G网络等基础设施建设，提升教育、医疗、就业、体育、文化等公共服务水平，大力改善城镇生产生活条件，全面提升城乡生活品质，将城镇打造成乡村高质量生活聚集区；以产业"逆城市化"，强化城镇和乡镇产业配套与服务功能，增强对农业企业的吸引力，将城镇打造成乡村生产资料与产品销售的窗口区；积极拓展"农业+"乡村产业发展的模式，把乡村产业纳入城镇产业体系的大格局中，加强城镇工商业与乡村农业产业的对接与协作，打通城镇和乡村之间的产业链，并进一步延长产业链、价值链，实现产城融合与产村融合双轮驱动，提升乡村产业竞争力，打造"生产在农村、生活在城镇"的城乡融合发展新模式。

四 做好扶贫扶志扶智相衔接，着力激活乡村振兴内生力

思想观念落后是致贫和返贫的重要原因。乡村振兴要实现乡风文明，根植文明乡风是一项长期工程，实现乡风文明，农村是重点，也是难点，做好脱贫攻坚同乡村振兴的衔接，就要在后续帮扶过程中有意识地根植文明乡风，着力加强农村思想道德建设和公共文化建设，培育文明乡风、良好家风、淳朴民风。在群众的精神领域多下功夫，除了要关注他们的钱袋子，还要深刻了解他们的思想认识，作出积极引导，做到既扶志又扶智，不能关注完"钱袋"再来关注"脑袋"，而是将重点放在实现"钱袋"与"脑袋"同时富上边，突出核心价值引领，彻底消除农民的精神贫困，通过喜闻乐见、通俗易懂的宣传教育形式，宣传践行社会主义核心价值观，强化扶志和扶智，让群众树立起自强意识和脱贫致富的坚定信念，解决好精神上的贫困，抛弃"等靠要"的懒汉依赖思想，培育乡村振兴的持续内生动力。

五 做优绿色减贫与生态振兴相衔接，着力营造乡村生态可持续力

脱贫攻坚对于环境改善有两个突出贡献，一是改善了农民居住环境，公共设施、基础设施得到了提升，住房条件也得到了显著改善；二是生态环境的修复，通过退耕还林、退耕还草等方式对当地生态进行修复，并对生态环境极度脆弱地区的乡村实施生态扶贫搬迁。实现脱贫攻坚与乡村振兴的有效衔接，意味着在脱贫攻坚成果的基础上，需要进一步优化绿色减贫，探索生态振兴模式，营造生态宜居的高效环境。持续解决好易地扶贫搬迁政策中对于安置点的布局规划、搬迁户社会融入等问题，重点做好乡村环境综合整治，在完成危房改造的基础上，重点聚焦农村闲置危旧房拆除、污水处理、垃圾清运等满足人民精神需求的层面，建设美丽绿色生态宜居环境，补齐乡村振兴生态与居住环境短板，并通过生态产业化和产业生态化，提升乡村生态资源价值，让生态资源变成生态资本，增加农民收入，打造宜居宜业宜游的美丽乡村，增强乡村发展可持续力。

六 以党建引领促进基层治理，着力形成乡村振兴助动力

脱贫攻坚致力于解决贫困问题，减贫成效显著，同时也促进了国家治理体系的改革和创新，特别是进一步完善了乡村治理体系，为实现治理有效奠定了基础。在工作机制、领导机制、考核机制等方面确保乡村振兴政策落地生根，创新乡村振兴治理体系建设，在方式、方法上强调自治、法治和德治三者的有机统一，即在确定自治是主要内容、法治是保障底线、德治是辅助工具的前提下，呈现乡村"一体两翼"的治理模式，构建"三治合一"的乡村治理体系，增强村民管理自身事务的主人翁地位，为乡村组织振兴奠定基础。充分结合当地实际情况，持续做好驻村干部在乡村振兴中的带动作用，结合乡村振兴新任务、新要求，对驻村方式、驻村人员、驻村时间、工作内容等进行相应调整，由原来的兜底帮扶向产业发展帮扶转变，更好地为乡村振兴服务。

第十三章

乡村振兴典型案例分析

党的十九大以来，习近平总书记就实施乡村振兴战略发表了一系列重要讲话，围绕实现农业农村现代化的总目标，按照"产业兴旺、生态宜居、乡风文明、治理有效、生活富裕"的总要求，对实施乡村振兴战略作了重要部署，全面回答了为什么要振兴乡村、什么是乡村振兴以及怎样振兴乡村等重大理论和实践问题，为全面推进乡村振兴提供了根本遵循。乡村全面振兴，要抓重点、补短板、强弱项，实现乡村产业振兴、人才振兴、文化振兴、生态振兴和组织振兴，推动农业全面升级、农村全面进步、农民全面发展；要尊重广大农民意愿，激发广大农民积极性、主动性、创造性，激活乡村振兴内生动力，让广大农民在乡村振兴中有更多获得感、幸福感、安全感；要坚持以实干促振兴，遵循乡村发展规律，规划先行，分类推进，加大投入，扎实苦干，推动乡村振兴不断取得新成效。在这样的背景下，全国各地纷纷结合自身实际，以加快推进农业农村现代化为目标，因地制宜，积极探索各具特色的多元化乡村振兴模式。

第一节 发展全域旅游，促进乡村产业振兴

产业振兴是乡村全面振兴的基础和关键。习近平总书记在河北承德考察时指出："产业振兴是乡村振兴的重中之重，要坚持精准发力，立足特色资源，关注市场需求，发展优势产业，促进一二三产业融合发展，

更多更好惠及农村农民。"① 这一重要论述，为新发展阶段深入实施乡村振兴战略、加快农业农村现代化指明了主攻方向、明确了方法路径、提供了工作遵循。当前，我国已全面建成小康社会，正向着全面建成社会主义现代化强国的目标迈进，我们要牢记习近平总书记的嘱托，扎实做好"三农"工作，以促进农民就业增收为重点，强化乡村发展的产业支撑，全面推进乡村振兴，让广大农民共享现代化发展成果。河南省栾川县把产业发展摆在重要位置，充分发挥生态优势，推行"品牌+企业+基地+贫困群众"的产业发展模式，有力推动了产业融合发展和旅游产品消费升级，形成了可借鉴、可推广的"栾川模式"。

一 基本概况

河南省栾川县地处豫西伏牛山腹地，总面积 2477 平方公里，总人口 35 万人，基本地貌素有"四河三山两道川，九山半水半分田"之称。森林覆盖率 82.7%，环境空气优良天数常年保持在 310 天以上，是生态旅游和矿产资源大县，好山好水好空气，使栾川成为生产优质农产品的天然宝地，经过多年的发展，涌现出高山玉米糁、红色猕猴桃、土蜂蜜、食用菌等一大批优质农产品。虽然产品丰富，但其加工相对粗放、发展机制缺乏活力，导致了该县农产品"优质不优价""生产容易，销售困难"等问题的存在，挫伤了农户的生产积极性，同时，因人均耕地面积少，地理位置较为偏远，经济基础较差，是国家级贫困县和秦巴山区连片扶贫开发重点县。近年来，栾川县把全域旅游作为引领全县经济社会发展的主要抓手，大力实施旅游富县战略，努力将生态环境资源优势转化为经济社会发展优势，不断丰富和创新"栾川模式"旅游新内涵，通过推动乡村旅游转型升级，打造全域旅游格局，实现了城市乡村景区化、景区发展全域化、旅居福地品质化，初步构建了游"奇境栾川"、品"栾川味道"、住"栾川山居"、购"栾川印象"的全域旅游产业链条，走出了一条全域旅游带动乡村振兴促进农民增收的绿色发展新路子。截至 2020 年，全县建成 5A 级景区 2 个、4A 级景区 7 个，发展旅游专业村 40 个，打造 A 级乡村旅游景区 3 个，发展农家宾馆 1178 家，培育出慢居十

---

① 张波：《把产业振兴作为乡村振兴的重中之重》，《河北日报》2023 年 3 月 17 日。

三月、江南人家等 20 家精品民宿，基本实现"一乡一品、一村一品"的全域化、差异化、多姿多彩栾川乡村旅游品牌。旅游直接从业人员达到 3.2 万人，有 12566 名贫困群众通过发展旅游实现稳定脱贫[①]，真正实现了乡村宜居宜业、农民富裕富足。

二 主要经验及成就

栾川县高举习近平新时代中国特色社会主义思想伟大旗帜，深入学习贯彻习近平总书记视察河南重要讲话精神，将发挥生态优势、发展旅游产业作为栾川县域治理一项有效抓手，通过加强"三个引领"、强化"六项创新"、推动"三个转变"，实现产业链全覆盖，脱贫攻坚与乡村振兴得到有效衔接。

（一）加强"三个引领"

一是加强战略引领。坚持把旅游产业作为强县富民的支柱产业来打造，将"旅游富县"作为县域经济发展三大战略之一，形成"全社会参与旅游发展，全区域营造旅游环境，全领域融汇旅游要素，全产业强化旅游引领，全民共享旅游成果"的"全域景区发展型"发展模式，也成为被原国家旅游局推广的全域旅游五种典型模式之一。

二是加强规划引领。高标准高质量编制了《全域旅游发展规划》《休闲农业与乡村旅游精准扶贫项目规划》《旅游重点村发展规划》等 31 项旅游专项规划，初步形成了包含总规、控规、项目设计等层次分明、规范有效、相互衔接、执行有力的全域旅游规划体系。

三是加强组织引领。成立由县委书记任政委、县长任指挥长，全县 15 个乡镇、50 个县直单位为成员的全域旅游示范区创建指挥部，定期协调解决重大问题。将全域旅游发展纳入全县目标考核，考核结果作为奖优罚劣和干部选任的重要依据。自 2016 年以来，县财政每年预算单列 1 亿元以上旅游发展专项资金和 1500 万元以上旅游营销专项资金，年均增幅达 10% 以上。3 年来，财政资金撬动社会资本累计投资涉旅项目 116.8 亿元，占全县项目年度投资总额的 60% 以上。

---

① 《河南栾川县发展乡村旅游推动乡村振兴——打造全域"大景区"》，http://www.luanchuan.gov.cn/view.php?id=28253，2021 年 6 月 2 日。

（二）强化"六项创新"

一是创新投入机制。提出工业反哺旅游号召，引导县内民营企业家累计投资近50亿元注入旅游业，老君山、重渡沟、伏牛山滑雪乐园、抱犊寨、龙峪湾、伊水湾大酒店、伏牛山居温泉度假村等一大批亿元以上的旅游项目落地投用，实现了"中国钼都"的绿色蝶变。全县景区数量达到15家，其中14家由社会资本投入。目前，全县已建成2个国家5A级景区、7个国家4A级景区，以及5个3A级乡村景区。

二是创新金融支持方法。制定出台了《金融支持栾川全域旅游发展实施意见》，主要通过设立信用村、开展旅游景区经营权质押和门票收费权质押等方式，盘活金融资源，加大投融资金支持力度，已累计向旅游景区、农家宾馆等各类旅游经营主体发放贷款15亿元。与国家开发银行合作，投资6亿元实施45个村在内的150余个休闲农业乡村旅游精准扶贫项目，开发特色乡村旅游产品，目前已打造岭上人家、铁路小镇等特色乡村旅游点35个。

三是创新用地政策。紧紧抓住国家级旅游业改革创新先行区机遇，制定出台了《生态旅游与环境保护衔接工作方案》，提出旅游用地分类体系，盘活宅基地的公共资源属性，科学引导农村居民有序发展乡村旅游。同时，结合农村集体产权制度改革和林业综合改革，探索多种农民集体土地、林地利用方式，带动乡村旅游发展，促进旅游精准扶贫。

四是创新管理方式。围绕优化旅游市场发展环境，率先成立了国内首个县级旅游警察大队，组建旅游联合执法队，成立旅游巡回法庭、旅游工商分局，形成旅游治理"1+3+N"新模式。为提升农家宾馆服务质量，在全省率先开展农家宾馆"10个一""44个有"标准提升行动，明确经营农家宾馆的44个必备条件，顺利完成全县1119家农家宾馆提升改造，同时在各旅游专业村成立农家宾馆协会，推进提升管理和共同约束。

五是创新营销模式。策划推出"奇境栾川"旅游目的地形象品牌，持续在央视等主流媒体叫响栾川旅游品牌。连续两年成功举办"老家河南，栾川过年"、迎新马拉松比赛等系列活动，打造冬季游品牌。连续三年在全国率先举办高速公路免费活动，累计接待游客395万人次，实现旅游综合收入26.3亿元，直接、间接带动13万人参与旅游经营服务，开启了"旅游+交通+扶贫"新模式。积极应对疫情影响，创新开展"暑假游栾川，你来我埋单"旅游惠民月活动，持续推动生态"凉"资源变为"热"旅游经济①。

六是创新旅游服务。树立"游客永远是对的"理念，发布栾川旅游"10个不"公开承诺，严格规范旅游从业行为。如果从业人员违背承诺与游客发生冲突，将会被列入黑名单，并受到通报、约谈、罚款、停业整顿等不同方式的处理。而对于表现突出的先进单位，县里拿出专项资金进行奖励。近几年栾川的旅游服务质量得到了明显提升，比如，重渡沟景区推行"游客消费行为投诉先行赔付"，涉嫌价格欺诈两倍赔付，老君山、鸡冠洞等景区对游客投诉"当日内反馈"，"老君山一元午餐服务游客"等文明旅游典型事例多次被央视报道。

（三）推动"三个转变"

一是把贫困村转变成美丽乡村。邀请专业机构对全县贫困村进行资源摸底，编制出《栾川县贫困村旅游资源调查报告》，根据各地地理位置和资源禀赋，将全县乡村旅游业态划分为"景区依托村、田园乡愁村、深山空心村、特产带动村"四种类型。其中，景区依托村通过优化旅游环境，完善旅游配套服务，实现景区辐射带动乡村旅游发展。比如，依托重渡沟景区带火了重渡村、北乡村，依托养子沟景区带火了养子沟村，依托龙峪湾景区带火了庄子村、卡房村、蒿坪村等。目前，7个核心景区已带动26个行政村发展旅游，受益群众达3万余人。深山空心村就是借助易地搬迁政策，将村内土地、房屋等闲置资源进行整合提升，发展乡村旅游项目，带动群众回村就业。通过此种模式发展起来的有石门、垢峪、拨云岭、祖师庙等村，受益群众3000余人。田园乡愁村就是借助保留较好的"原生态""原生产""原生活"，引导群众以"留住乡愁、回味田园、体验农耕文化"为主题，发展户外营地、采摘游、写生摄影等旅游项目。通过此种模式发展起来的有柳坪、唐家庄、杨山等15个村，受益群众2万余人。产业带动村就是通过土地流转发展特色种植养殖，坚持农旅融合，配套开发观光、采摘、垂钓等休闲农业项目，拓展农产品销售渠道，提高农业经济效益。比如，狮子庙镇发展虹鳟鱼养殖产业，

---

① 《破解四大难题，盘活旅游经济！栾川县打造乡村振兴新引擎》，http：//wgxj.luanchuan.gov.cn/ html/ _0318/547.html，2021年3月18日。

在6个行政村4条沟规模化养殖冷水鱼100余万尾，总鱼塘面积达7万余平方米，配套了餐饮、住宿、休闲设施，参与群众90余户，户均年增收3万余元，实现就业2000余人。结合人居环境改善，实施美丽乡村项目150余个，全面推进"厕所革命"，大力开展全域国土绿化和生态景观廊道建设，特别是在主要道路和重点景区沿线乡镇，按照突出乡土特色、保持自然风貌的原则，全面实施了民居"平改坡"改建工程，乡村的"颜值"和"气质"实现质的提升，昔日贫穷落后的穷山沟变成了人人向往的"桃花源"。

二是把农产品转变成旅游商品。县财政每年拿出1000万元作为专项引导资金，通过财政贴息、以奖代补等方式，支持鼓励个人、企业和农业合作经济组织等参与旅游商品开发。目前，通过努力全县已培育出旅游商品企业35家，通过国家无公害农产品认证和绿色食品认证的旅游商品达20余种。依托20多家涉农企业发展扶贫产业基地27个，打通"土地流转挣租金、入股分红挣股金、务工就业挣薪金"的增收渠道，辐射带动2万余名群众增收致富。按照"政府引导、企业运营、市场运作"的原则，大力推进"品牌＋企业＋基地＋贫困群众"的乡村产业发展模式，全力打造"栾川印象"区域农产品品牌，发展扶贫基地27个，先后带动1751户贫困户、5250人增加了收入。如今，栾川的玉米糁、土蜂蜜、柿子醋等山货"出山"，都打上了"栾川印象热"的标签，身价倍增，成为游客购物车中的"新宠"，原来农村随处可见的"土坷垃"，变成了脱贫致富的"金疙瘩"。

三是把贫困群众转变成旅游从业者。通过实施金融帮扶、专业培训和标准化管理，鼓励群众发展农家宾馆、农耕体验、特色民俗等项目。大力发展普惠金融，让有意向的农户有资金发展旅游。2017年以来对新发展农家宾馆的贫困户，每户提供5万元贴息贷款，发放价值3000元的配套设施，进一步激发贫困群众参与旅游业、通过产业发展脱贫的信心和决心。积极引导群众参与与乡村旅游密切相关的交通、娱乐、商贸等配套产业，鼓励群众发展农耕体验和特色民俗项目，引进劳动密集型休闲观光农业和旅游商品加工企业吸纳群众就地就业。目前，全县有31个贫困村发展成为旅游专业村，有2万余名贫困群众从中受益，2085户6693名贫困群众直接参与到旅游发展中来。持续开展经营管理、服务技能、烹饪技能、文明礼仪等技能培训，为农民转化为旅游从业者提供智力支持。目前，当地80%以上的旅游从业人员接受过县旅游部门或劳动部门的专业培训，持证上岗率达98%以上。据统计，全县总人口的30%直接或间接从事乡村旅游，32%的贫困群众通过乡村旅游实现稳定脱贫。

近年来，通过发展全域旅游，栾川先后成为国家首批中国旅游强县和国家级旅游业改革创新先行区、河南省首家国家级生态县和国家"两山"理论实践创新基地，在实践中闯出了一条独具栾川特色的经济发展新路，取得显著成效。

（一）以全域旅游打造山区乡村产业振兴主战场

栾川县15个乡镇中有13个乡镇拥有旅游景区，每个乡镇均有一个乡村旅游示范村和一条沟域经济示范带，充分激发了"菌、药、果"等优势生态资源的价值，带动了"栾川印象"区域农产品品牌提质升级，形成了六大系列107款产品，年销售额1.8亿元，山区土特资源转化为附加值更高的旅游商品，提升了特色农业、休闲康养等各类乡村产业的发展水平。沟域经济得到快速发展，建成7条市级沟域经济示范带，全县沟域年产值达到23亿元，辐射带动4.6万人实现增收致富。自2016年以来，通过发展全域旅游，全县农家宾馆数量由原来的750户增加到现在的1442户，农家宾馆直接从业人员由2200人快速增加到3880人，带动从业人员由13.4万人增加到17.1万人，形成了重渡沟、庄子、协心等全省知名的乡村旅游发展典范村。自2014年以来，栾川接待游客量连年突破1000万人次。2019年，全县共接待游客1638.1万人次，实现旅游总收入96.3亿元，旅游业增加值占GDP比重升至16.5%，成为当地经济发展的支柱产业。

（二）以全域旅游增加农民收入

栾川县以乡村旅游为载体，充分发挥其在经济、环保、民生等方面的带动优势，61个村被列为全国乡村旅游扶贫重点村，占建档立卡贫困村的81%。31个贫困村把乡村旅游作为扶贫主导产业，乡村旅游作为扶贫主导产业的村占建档立卡贫困村的37%。近两年，共有4063名贫困群众通过开办农家乐、销售土特产等形式实现稳定脱贫，占同期全县建档立卡脱贫人口的34.5%。2019年，栾川正式退出贫困县序列，全县97%的贫困人口实现脱贫增收，贫困发生率由2017年的8.25%下降至 0.31%。

（三）以全域旅游创造脱贫攻坚新模式

栾川县提出的全景栾川（全社会参与旅游发展，全区域营造旅游环境，全领域融汇旅游要素，全产业强化旅游引领，全民共享旅游成果），与国家全域旅游发展理念高度吻合。2014 年，全景栾川课题报告编入旅游专业研究生教材。2016 年，国家旅游局将栾川模式总结为"全域景区发展型"，在全国推广。2018 年，重渡沟入选世界旅游联盟旅游减贫案例。2019 年，栾川县旅游产业扶贫的做法入选全国精准扶贫典型案例。2020 年 7 月 8 日，《人民日报》头版刊发文章《生态饭才是长久饭》，为栾川围绕生态保护发展乡村旅游、带领群众精准脱贫的典型案例点赞。

三　借鉴意义

产业兴旺是乡村振兴的重要基础，是解决农村一切问题的前提，只有产业振兴，才能增强乡村吸引力。多年来，栾川在发展全域旅游方面的探索和实践，是践行习近平总书记"两山"理论和以人民为中心发展思想的样板，在这一过程中，栾川县通过实施一系列有力有效的举措，让发展全域旅游成为促进乡村发展农民增收的重要途径和抓手，形成许多值得借鉴的经验。

（一）乡村产业振兴必须加强组织领导

加强党建引领是推动乡村产业振兴的重要保障，必须牢固树立"党建就是生产力"的理念，深入探索融合党建新路径，切实把党建引领与产业发展紧密结合起来，把党组织的政治优势转化为产业发展优势。近年来，栾川旅游之所以能取得一定成效，最主要的原因就是全县各级党委政府始终坚定贯彻习近平生态文明思想，始终坚持绿色发展理念，以全域旅游为主导，以乡村旅游为重点，拓宽视野，加强谋划，主动作为，全面提升，实现了党建大提升、产业大发展、群众得实惠的目标。特别是栾川县委县政府坚持统筹谋划、靠前指挥，成立工作领导小组，切实强化对全域旅游建设工作的总体设计和组织推动，坚持党政主导旅游规划、主导旅游基础设施建设、扶持建设精品旅游景区、主导旅游业发展环境，从规划、资金、人才等方面支持项目建设，最大限度形成工作合力，带动全域旅游发展，促进群众增收，取得了显著成效。在县委县政府的领导下，逐步形成了党委领导、政府主导、部门协作的全域旅游发展格局，全县全域旅游发展体系持续完善，区位优势和资源潜力得到了充分发挥和释放。栾川的实践证明，是否由党政主导，决定了执行力的高低，而执行力的高低，又决定了旅游资源和制度资源能否有效融合、互为支撑，从而保证了资源的有效配置，确保发展思路的权威性、问题获得解决的系统性和全面性、政策解释和执行的一致性。

加强组织领导，一要理顺机制，提高党员干部创业干事的动力。提升农村党组织的组织力，要坚持约束与激励并重，既要强调作为政党组织纪律性的一面，同时也要理顺体制机制，建立组织内正常的激励机制，提高党员干部创业干事的动力。二要引领经济发展，增强党组织的组织动员力。引领乡村经济发展是党组织发挥作用、增强组织力的重要基础。引领经济发展既要依靠国家的政策措施，同时更要靠当地党组织凝心聚力思考当地经济发展的出路。通过吸引外来的资金和产业，以促进农村经济的发展，同时，根据当地的实际产业状况来发展相关的产业，依靠本地的资源、特色产业等来推动农村经济发展。三要加强农村基层党组织建设人才队伍建设。一方面从外部引进，通过"输血"的方式为农村基层党组织带来新的活力，另一方面从农村内部培养党员后备干部，持续优化农村基层党员队伍结构的重要举措。

（二）乡村产业振兴必须以人民为中心

产业发展首先要解决"为谁发展"和"如何发展"的问题，习近平总书记指出，发展现代特色农业和文化旅游业，必须贯彻以人民为中心的发展思想，突出农民的主体地位，把保障农民利益放在第一位，牢固树立以人民为中心的发展思想，立足群众传统习惯和优势，就势引导，出台优惠政策、制定推进措施，推进全域旅游发展，不断满足人民日益增长的美好生活需要。[①] 近几年来，栾川县大力开展全域绿化、全域水系清洁等全域生态环境建设，森林覆盖率、林地保有量等稳居河南首位，PM10、PM2.5浓度实现稳步下降，空气优良天数等指标实现稳步提升。

[①] 《以人民为中心发展文化旅游业——习近平总书记宁夏考察重要讲话在当地文旅界引发强烈反响》，http://www.mct.gov.cn/whzx/whyw/202006/t20200615_854435.htm，2020年6月15日。

通过农村厕所革命、生活污水治理、垃圾治理等不断改善农村人居环境，乡村旅游接待游客量连年攀升，在满足群众对新鲜空气、干净水源、健康食品等普惠生态产品需要的同时，增强了群众的获得感、幸福感、满足感。

坚持以人民为中心，一是必须坚持人民主体地位。在乡村振兴的新征程上，广大农民是乡村振兴的主体，要努力动员和发动广大农民参与到乡村产业振兴中来，充分发挥广大农民的智慧，破解乡村产业振兴的发展瓶颈，避免出现"党员干部干，农民群众看"的现象。二是必须坚持问需问计问政于民。在乡村振兴的新征程上，产业兴旺是重点，发展什么产业、怎么发展产业，必须广集民智，深入每个乡镇、每个村庄进行深入调研，广泛听取广大农民的想法，充分尊重广大农民的意愿，充分尊重农村的风俗习惯，推动农村致富产业发展壮大。三是必须激发广大农民的内生动力。当前，农村人口流失严重，一些地方出现了农村"空心化"，导致农村产业发展内生动力严重缺乏。要加强农业农村发展政策、发展机遇和发展前景的宣传，动员一些有技术、有资金、有能力、有发展眼光的优秀农民回村发展，培育更多乡土优秀人才，带动农民发展致富产业，实现"农业强、农民富、农村美"乡村全面振兴的目标。

（三）乡村产业振兴必须坚持质量兴农绿色兴农

良好生态环境是农村的最大优势和宝贵财富，推进乡村产业振兴必须践行绿水青山就是金山银山理念，以生态兴推动产业兴，促进农村生产生活生态协调发展。栾川县充分发挥森林覆盖率高、空气质量好、生态旅游资源丰富的比较优势，着力培育一二三产业融合发展的生态经济体系，长期坚持打造"绿色栾川，健康乐园"品牌，严格贯彻落实"多开发文化，少开发实体，开发与保护并重、以保护为主"的绿色发展理念，充分挖掘生态价值，把生态优势转化为发展优势，实现了旅游产业的快速发展和效益提升，带动了经济与社会，物质文明、政治文明与精神文明，资源开发与生态建设的协调发展，让土地长出"金元宝"、生态变成"摇钱树"、乡村成为"聚宝盆"。

坚持质量兴农绿色兴农，一要树立绿色发展理念，筑牢乡村产业振兴根基。在架构体系上，要高度重视生态环境承载力与资源开发利用的协调性，构建以追求生态环境效益与社会效益、经济效益的最优化发展格局。在追求标准上，要始终贯彻"绿水青山就是金山银山"绿色发展理念，走好可持续发展的生态文明之路。二要推行绿色生产方式，提升基础农业价值。以绿色发展推动乡村产业振兴，建立以绿色高效为主基调的乡村产业体系是乡村振兴的重要路径。在生产方式上，要彻底革新单一农业生产，向绿色农业生产、智慧农业生产方式转型，打造循环农业、多结构农业生产体系。在结构模式上，不仅增加农产要素的投入来提高产量收益，更要形成一种"投入—消耗—效益—回收"发展模式，加大科技投入对收取效益后农业剩余材料进行再次利用，提升农业生产效率。三要完善绿色发展制度，激发振兴内在动力。绿色发展涉及人文价值理念、经济运行模式以及社会生活方式，相较于传统农业模式，更需要政策制度上的支持。在主体管理制度上，各级政府要统筹市场以及社会各方面力量的介入，发挥市场资源配置主体引导作用，以建立市场化多元化生态补偿方式，激励绿色发展激发乡村振兴活力。在依法治理机制上，要把绿色发展的理念转变为法律意志，提高农产品监管成本，加强产地环境管理，严控无机配料的品质，推进减量化绿色生产。

（四）乡村产业振兴必须突出优势特色

产业是乡村经济发展的重要支撑，而特色是乡村产业发展的重要支撑。选准特色产业、打响特色品牌，发展乡村特色产业、挖掘特色农业潜力，有利于促进适度规模经营、加强全产业链建设、推动产业融合发展，有利于创造新产品、催生新业态、发展新模式、拓展新领域，有利于完善利益分享机制，拓宽农民增收渠道。同时，支持鼓励特色产业的创新发展，能创响一批"土字号""乡字号"特色产品品牌，创新发展具有民族和地域特色的乡村手工业，推动乡村生态文明建设与乡村文化传承，实现将资源优势转化为产业优势进而转化为经济优势。

经过不断丰富旅游业态、做优乡村特色旅游项目，栾川的全域旅游发展已经进入了良性循环，绿水青山正发挥出源源不断的经济社会效益。栾川实践告诉我们，发展特色产业必须要科学制定社会与经济发展规划、产业发展中长期规划，扎实做好现有产业、现有项目与现有资源的合理利用，制定优惠政策，加大招商引资力度和招商引资质量。近年来，栾川县坚持旅游业态和旅游项目"谨慎选择、定位精准、档次高端、规模适中、适当超前"的原则，充分做好市场调研，征求专家意见和建议，与上级主管部门密切沟通，使项目业态符合上级总体规划和发展方向。

（五）乡村产业振兴必须走数字化发展道路

发展乡村数字经济有助于乡村新产业、新业态、新模式的培育与发展，引领乡村产业转型升级。第一，实现数字经济为优化农业生产结构和区域布局赋能。长期以来，我国农产品阶段性供过于求和供给不足并存，农产品结构矛盾突出，质量效益偏低，迫切需要优化农业生产结构和区域布局。要突破以上瓶颈，首先要建设农业农村遥感卫星等天基设施，大力推进北斗卫星导航系统、高分辨率对地观测系统在农业生产中的应用。其次，推进农业农村大数据中心和重要农产品全产业链大数据建设，推动农业农村基础数据整合共享。最后，基于共享数据，根据各地的资源比较优势发展农业生产，形成区域专业化的生产布局，逐步改变农业生产布局"小而全""大而全"的状况，进而优化农业生产结构和区域布局。第二，实现数字经济为确保农产品质量安全赋能。当前，我国农产品质量安全工作仍面临不少困难，形势依然复杂严峻。由此，要加快推进"互联网+农产品"监管，建立基于大数据分析的农产品质量安全信息平台，实施农产品质量智慧监管。重点推进互联网技术应用在农产品生产、流通、加工、销售的全产业链环节。第三，实现数字经济为推动农业生产经营管理现代化赋能。传统农业生产技术落后，生产效率低下，农业经营规模小，农业生产受自然环境的影响较大。实现乡村产业振兴要加快推广云计算、大数据、物联网、人工智能在农业生产经营管理中的运用，打造科技农业、智慧农业、品牌农业。建设智慧农（牧）场，推广精准化农（牧）业作业。第四，实现数字经济为创新农产品流通业态赋能。同工业产品相比，大多数农产品具有季节性、区域性和易腐性等特点，传统农产品流通模式存在流通组织化程度低、流通环节多、损耗大、成本高、丰产不丰收等问题。数字经济为解决上述难题提供了技术支撑。一方面，加大智慧冷链物流建设，智慧冷链物流能对生鲜农产品流通实施全程温控，确保产品品质，大幅降低了产品损耗。另一方面，深化电子商务进农村综合示范，培育农村电商产品品牌，通过网络直播、微商、社群等推动互联网营销的快速迭代，同时也减少农产品流通环节。

(六) 乡村产业振兴必须坚持共建共享

实现乡村产业振兴涉及广泛，不仅需要政府部门统筹推进，更需要全社会的积极支持和共同参与。

一是加大政策倾斜。地方政府应进一步制定完善加大扶持乡村产业发展的配套优惠政策措施，使政策措施实现与产业发展有效对接，尤其是在具有发展前景的乡村产业上加大政策倾斜力度，支持乡村产业振兴。鼓励有条件的地方按市场化方式设立乡村产业发展基金，重点用于乡村产业技术创新。鼓励地方按规定对吸纳贫困家庭劳动力、农村残疾人就业的农业企业给予相关补贴，落实相关税收优惠政策。

二是强化金融支持。金融支持乡村振兴，最重要的是把更多金融资源配置到农村重点领域和薄弱环节，更好满足乡村振兴多样化、多层次的金融需求。首先，深化产业投融资改革，加强农村信用体系建设，引导县域金融机构将吸收的存款主要用于当地，重点支持乡村产业。其次，支持小微企业融资优惠政策适用于乡村产业和农村创新创业，鼓励地方政府发行项目融资和收益自平衡的专项债券，支持符合条件、有一定收益的乡村公益性项目建设。支持符合条件的乡村企业上市融资，着力解决乡村产业融资、个人贷款难题。最后，发展农村数字普惠金融，运用大数据等新一代信息技术，可优化风险定价和管控模型，有效整合涉农主体信用信息，提高客户识别和信贷投放能力，减少对抵押担保的依赖，积极发展农户信用贷款，助力缓解"融资难、融资贵"的矛盾。

三是充分发挥龙头企业引领作用。农业产业化龙头企业是乡村产业振兴的生力军，在乡村产业振兴中具有举足轻重的地位，是农业农村现代化的引领者和农民就业增收的带动者。引领乡村产业高质量发展，需要进一步激发龙头企业创新活力和发展动力。首先，发挥要素聚集的平台作用，引导龙头企业集聚更多的资金、技术、人才、信息等要素，优化要素配置、建设园区载体，带领各类农业经营主体共同开发乡村特色资源，打造乡村产业发展新高地。其次，发挥产业融合的载体作用，引导龙头企业担当农业全产业链的"链主"，跨界配置农业与现代产业要素，打通产业上中下游的各个环节，催生新产业新业态新模式，促进跨区域产业链融合，开拓乡村产业发展新空间。再次，发挥创新驱动的引领作用，引导龙头企业利用技术先进、实力雄厚等优势，加强研发投入和成果转化，提升技术装备水平，致力于解决关键品种、关键技术、关键设备等问题，促进乡村产业转型升级。最后，发挥联农带农的中坚作用，引导龙头企业牵头组建农业产业化联合体，巩固契约式，推广分红式，完善股权式利益联结机制，带动农民就业增收致富，激发乡村产业发展新活力。

第二节 繁荣乡村文化，助推乡村文化振兴

乡村振兴，既要塑形，也要铸魂。加强乡风文明建设，既是乡村振兴的重要内容，也是乡村振兴的重要推动力量和软件基础。加强乡风文明建设，既要传承优秀传统文化，更要发挥好先进文化的引领作用，同时，要充分尊重乡村本位和农民主体地位，围绕农民需要提供文化服务，组织农民开展文化活动，提升农民素质和乡风文明程度。实施乡村振兴战略，不仅要让农民"住上好房子、开上好车子"，还要让农民"过上好日子、活得有面子"，满足其精神需求。特别是在乡村居民生活水平已经接近全面小康、衣食住行已经不成问题的现阶段，满足农民的精神需求，就显得更为重要，也更为迫切。

浙江省嘉善县洪溪村是中国乡村振兴战略实施中依托文化振兴发展起来的典型代表，是全国乡村振兴优秀案例之一，为全国其他乡村科学有效实施乡村振兴战略，实现农业强、农村美、农民富提供了思路参考和实践路径，为助推中国乡村全面振兴提供了现实样板。回顾嘉善县洪溪村的发展历程，我们发现推动乡风文明建设是其文化振兴的核心支柱，而推动文化振兴恰恰是洪溪村全面振兴的灵魂助手。

一 基本概况

（一）背景介绍

嘉善县洪溪村位于天凝镇东部，是原洪溪集镇所在地，洪溪村共1.38平方公里，地理位置优越，水陆交通便利。洪溪村中华人民共和国成立初期为洪溪村、西周村、高浜村，互助合作运动中，西周、高浜合建七一高级社，洪溪村建立洪联高级社，公社化时并入第十一营，1959年3月改称七一生产队，1961年4月分别建立七一大队、洪联大队，

1969年10月洪联、七一合并为洪溪大队，1984年2月建立洪溪村，成立村民委员会。洪溪村下辖7个自然村，18个村民小组，共565户，常住人口1698人，新居民1310人。现有党员63人，村民代表43人。2019年村集体可支配资金1200万元，其中固定收入达到350万元，村民人均年纯收入43351元。

从昔日有名的"上访村"到如今入选全国乡村振兴优秀案例，洪溪村转变的重要秘诀之一就是注重乡风文明建设，通过开展文化活动来满足村民迅速增长的精神文化需求，以乡风文明打造乡村振兴之"魂"。一方面，洪溪村投入600多万元建造了篮球场、排舞场、门球场、文化礼堂等，为乡风文明建设提供了必要的硬件支撑。另一方面，洪溪村培育了"洪溪篮球队"和"辣妈宝贝"两张文化"金名片"。在这两张文化"金名片"的带动下，引导村民参与健康向上的文体活动，养成健康文明的生活习惯。为实现洪溪村乡风文明，党建引领也发挥了重要作用。为切实提升群众文化素质，洪溪村充分发挥村级党组织在乡风文明建设中的战斗堡垒作用，发挥党员的先锋模范作用，平日里通过"三会一课"、党员活动日、共享书屋等载体，宣扬爱国主义、社会公德、家庭道德、传统美德等内容，切实提高村民鉴别是非、美丑、荣耻的能力，让文明乡风成为村民的自觉行为。

洪溪村处在城郊接合部，环境曾一度"脏乱差"，村庄发展停滞不前，为了解决这些问题，洪溪村决定从民风抓起，着手培育文明乡风、淳朴民风。近年来，洪溪村以打造美丽乡村建设标杆村为契机，投入近2000万元，开展全域美丽乡村建设，全体村民主动参与美丽乡村建设，整村村民的卫生意识、环境意识、文明意识已经大大提高了。此外，在乡村管理方面，洪溪村注重抓制度、建机制、求实效，凡是涉及村民切身利益的重大事项，无论是道路修筑，还是环境整治，均采取"村务公决"，以"网格化管理组团式服务"为依托，不断夯实网格化管理基础，并将网格细分，真正实现从"为民做主"到"由民做主"的转变。近年来，洪溪村还"紧跟潮流"深化搭建"红色E家园"微信平台，不仅实现党员教育的"微模式"，更开启了民生信息的重要窗口。目前，洪溪村"红色E家园"已有40余名党员、230余名群众，从基础设施损坏到邻里矛盾纠纷等各类突发事件，都能通过这一微信平台实现及时知悉和处置。

目前，全村共有文艺队20多支，队员320人，基本形成"社社有队伍，家家有骨干"的良好局面。村里每年举办农民文化体育节、"中秋邻里节""相亲相爱一家人——百桌席千人宴"等大型群众性文体活动，全村百姓在文体活动中的获得感和幸福感不断提升，也使村里各项工作开展得更加顺畅。现在，洪溪村已成为远近闻名的和谐村、小康村。每到傍晚时分，动感的舞曲打破寂静，村里的"辣妈宝贝"队员们跳起欢快的舞蹈；篮球馆里，正在举行球赛，群众的呐喊声、加油声此起彼伏；在村里活动室，老年合唱团歌声嘹亮；公园绿地上，孩子们追逐嬉戏，处处传来欢声笑语。

（二）主要做法

要推动乡村文化振兴，乡风文明是保障。通过各种文化活动，提升农民精神风貌，培育文明乡风、良好家风、淳朴民风，不断提高乡村社会文明程度。洪溪村正是通过丰富多彩的乡村文化活动焕发乡村文明新气象。自2015年开始，"辣妈宝贝"连续三年荣获"浙江省文化礼堂排舞大赛金奖"，2016年荣获"全国村晚最美村花奖"。2017年，洪溪村协办了第九届中国小康村篮球赛，"辣妈宝贝"参加嘉善县百场文艺下村进社区演出，演出场数达到38场。

一是组建文体队伍，搭建村民文化活动平台。一个村要发展要振兴，关键是人心稳定，要拉近村民与村民、村民与村干部之间的距离。为了改变村里的现状，洪溪村两委班子确实动了不少脑筋，如以特色体育项目篮球为重点活动载体，动员洪溪村村民参与文化活动，以活动来聚人心、稳人心。在2016年浙江嘉善"洪峰杯"第八届中国小康村篮球赛总决赛上，主办方还宣布将洪溪篮球馆作为中国小康村篮球赛总决赛的永久承办场馆。此外，洪溪村组建了多支文体队伍，把以前几名积极参与上访者和平时喜欢参加表演的妇女邀请到文艺队中，村里专门安排人员负责几支队伍的各项工作。

二是开展文体活动，丰富村民业余文化生活。多支文体队伍组建以后，经常开展各类活动，营造欢乐和谐的环境。篮球队重组以来，可以说天天有练、月月有赛，每一场比赛都像一个热闹的节庆，乡村"种文化"把洪溪村的篮球活动推向高峰。村文艺队在几个文艺骨干的带领下，编排了腰鼓舞、双绸舞、交谊舞，"辣妈宝贝"舞蹈队先后参加了《中国达人秀》《舞动好声音》《歌声传奇》等电视节目，走进北京人民大会堂参加全国村歌大赛，还成功登上了央视舞台。与此同时，"辣妈宝贝"不仅走上了文化大舞台，也成功迎来了经济大舞台。2013年，洪溪村成功注册"洪溪辣妈宝贝"商标，领取了"嘉善辣妈宝贝文化传播有限公司"营业执照，还开启了"互联网＋"的模式，"辣妈宝贝"电子商务微商城平台于2016年5月15日上线，走上了品牌市场化运作之路，更是激发辣妈宝贝们的跳舞热情，造就一个名声在外的农民表演团体，还受邀参加第42届龙达国际民间艺术节，吸引了众多国外粉丝。目前，洪溪村有十几支文艺队伍，基本实现了"社社有队伍、家家有骨干"。每年举办农民文化体育节，准备一台文艺晚会，每次都有400多名文艺骨干，身着盛装表演舞蹈、三句半、快板、大合唱、诗朗诵等各具特色的节目。如今，每天的文化活动成了村民的日常需要。

三是显现文化力量，促进社会和谐发展。文体活动犹如一块磁石，已经把大家紧紧联系在一起，实实在在地融入农民的生活和行为方式之中，成为建设新农村、培育新农民的一个重要载体。自开展丰富多彩的文化活动以来，取得的良好社会效益非常显著，邻里之间的纠纷大大减少，村民与村干部的距离也拉近了，社会风气得到了明显改善，赌博没有吸引力了，吵架没有闲工夫了，村民也在活动中得到了教育、受到了鼓舞，更感受到了身心的愉悦，同时，一份集体荣誉感和责任感，使大家形成了新的凝聚力。由于文化活动的开展，使村里其他各项工作开展起来更加顺利。2020年，洪溪村顺利完成了全域土地流转，探索起了农业发展的新路径新模式，利用村里的150多亩零散农田成立了天洪果蔬专业合作社，既增强村集体经济，又为农民创业就业搭建了平台。

四是形成文明理念，推进美丽乡村建设。洪溪村在2017年开展环境整治行动，2月，洪溪村召集60多名党员和村民代表，召开"美丽乡村"建设推进大会，吹响了环境整治的号角。之后，一轮党员带头、村民参与的小城镇环境综合整治工作热火朝天地开始了。到了6月，洪溪村又挨家挨户发放垃圾分类手册，着重开展了"垃圾不落地"行动。为了动员群众积极参与到活动中来，洪溪村还推出了美丽家庭星级评比活动，每季度评比一次，达到4星级以上的给予物质奖励，让获奖的村民有一种荣誉感和自豪感。如今在洪溪村，"垃圾不落地"的文明理念已深入人心，化为村民的一项自觉行动，正不断散发出更大能量的"涟漪效应"。

五是实现乡风文明，需要大力发展乡村经济。洪溪村坚持以经济建设为中心，通过集镇开发、项目改造、发展高效农业等方式，不断壮大村级集体经济，2018年实现可支配收入1200多万元。其中，洪溪村新建公建配套用房约2万平方米，增加集体一次性收入1000多万元。利用原有厂房新建固定码头和废品分拣回收中心，每年收入300余万元。发展高效生态农业，果蔬专业合作社占地157亩，主要有葡萄和花卉等多种经济作物，建设中草药基地1个。通过创建省3A级景区村庄，发展休闲农庄及农家乐，带动村民共同致富。如今生活在洪溪村的村民幸福起来了，逐渐形成了文明乡风。

六是实现乡风文明，需要大力推动文化建设。按照"水清树绿村庄洁、小桥流水美江南、幸福人居新标杆"的工作目标，洪溪村深入开展乡风文明建设，积极引导村民追求科学、健康、文明的生产生活方式。抓好文化惠民工程，发挥好村文艺骨干队伍的作用，积极开展各项文化活动。依托"文化礼堂"、道德讲堂，开展"五户"评创活动，引导全村农户尊老爱幼、勤劳致富、热心公益等，进一步倡导文明乡风，提高广大村民素质，促进乡村社会和谐稳定。

七是实现乡风文明，需要大力推进乡村治理。作为全国民主法治示范村，洪溪村依法实行民主选举、民主决策、民主管理、民主监督，用法治管住底线，积极探索村民参与民主管理的新模式，推行重大村务决策公决制，形成了重大事项由村民公决—村干部具体实施—村民监督委员会全程监督的模式，2012年又创新推出了重大村务决策公决"八步工作法"，自2006年以来无一例越级上访案件发生，由原来的"上访村"变成了如今的"和谐村"，由原来的"问题村"变成了如今的"乡风文明村"，用实际行动走出了一条新时代乡村振兴之路。

二　主要成就及经验

近几年，嘉善县洪溪村先后获得"省级全面创建小康建设示范村""省级卫生村""省级人民调解工作先进集体""市级三无达标村""市级绿色家庭创建示范点""县级文明村""县级先进基层党组织""县一级综治站""县级生态村""县级五好党支部""县级百姓致富工程先进村"

等荣誉。2017年12月17日，获评2017中国最美村镇50强。2019年12月24日，浙江省嘉兴市嘉善县天凝镇洪溪村被列入全国乡村治理示范乡镇名单。2021年6月，洪溪村党委被授予"浙江省先进基层党组织"称号。2021年10月，被命名为"2021年全国示范性老年友好型社区"。2021年11月，被民政部批准为"全国村级议事协商创新实验试点单位"。2018年12月，入选2018年浙江省3A级景区村庄名单。

（一）加强党的建设为实现乡村文化振兴提供组织保障

办好农村的事情，实现乡村振兴，基层党组织必须坚强，党员队伍必须过硬，关键还需要优秀的农村基层党组织书记发挥"头雁"作用。一是加强基层组织建设。深入开展"不忘初心，牢记使命"主题教育，新建高浜党员先锋站——红茶坊，并且每天安排党员值班，开展好"网格连心，组团服务"，洪溪村今年又新创党员连户制度，村里大部分党员每人联系同小社的十几位普通村民，并且要求党员走访到每位村民家中发放联系卡，与上海徐练村、江苏杨文头村进行党建结对，积极探索长三角一体化背景下村级结对共建的新模式。二是狠抓党员干部教育管理。今年洪溪村结合"主题党日""三会一课"等，采取自学、集中学等多种形式，组织学习习近平总书记系列重要讲话精神，并深入学习《习近平关于"不忘初心，牢记使命"论述摘编》，加强党员理论学习。三是用"党建+"引领美丽乡村建设。创新实施党员"亮晒评"工作机制，在村里的远教广场大屏幕上由党员带头亮承诺、晒家底，公开展示房前屋后照片，并自觉接受群众评议承诺，同时，不断深化党员联户工作，并以"红色E家园"党员微信平台为主要载体，在洪溪村美丽乡村建设中，做好带头示范作用，洪溪村面貌焕然一新。四是强化廉洁气氛营造，深入推进"清廉村居"建设。为纪念出生在高浜的中科院院士顾功叙，打造功叙园，同时建立了家风家训展示点、清廉宣传橱窗，包含清廉元素的文化景观等，深入推行"八步工作法"村务决策公决，把全面从严治党触角延伸到最基层。五是加强村集体经济资金管理。在美丽乡村建设中，由村监会全程参与监督村里重大工程项目建设，保证村级工程廉洁性。洪溪村把基层党组织建设放在建立健全现代乡村社会治理体制的首位，通过全村党员的共同努力，改善党群关系，党组织的威信逐渐树立起来，凝聚力逐渐显露，充分发挥了基层党组织的战斗堡垒作用和党员先锋模范作用,有力规避了乡村治理中的弱化、虚化、散化等问题,使乡村善治有了灵魂,引领乡村各项工作打开新局面。

(二)促进农民富裕为实现乡村文化振兴奠定物质基础

要推动乡村产业兴旺,产业发展要与农民增收相结合,推动农民生活富裕。一是积极研究政策借助外力,在用足用好政策上下功夫。村两委班子认为要想使得村集体经济得到较快发展,光靠自己不行,还要认真领会上级有关惠民政策,充分利用好优惠政策,千方百计来抓村集体经济收入。每年年初主动与有关部门联系,根据本村实际情况,做好项目申报,并认真抓好落实,保证项目验收通过,积极争取补助资金。二是结合实际发挥优势,在壮大村集体经济上下功夫。针对土地指标紧张、村资金紧缺情况,洪溪村地处原来的集镇所在地,要使洪溪村能快速增加村集体收入,必须积极利用处于集镇优势,参与小城镇建设。洪溪村通过编制新一轮新农村规划,针对原村民住房都属于 70 年代新农村住宅,全村每家每户只有一楼一底,村民要想建房,旧房不能拆、转让有难度的实际情况,投入资金共建造了 8900 平方米的 3 幢公寓房,供村民和外来人口长期租用,既可以解决村民实际问题,又可以为村里带来可观收入,实现村集体收入 500 余万元,使洪溪村集体收入有了根本性的变化。三是退散进集,在创新村级集体收入上下功夫。2016 年之前,洪溪村每年固定收入约有 150 万元,其中 80% 来自土地和房屋的出租,与三发村合开的一个铁市场每年也能带来 40 多万元收入。但是 2016 年全县开展村级"低小散"企业腾退工作,对洪溪村来说,腾退"低小散"意味着要整治全村 22 家小企业和铁市场,一年要减少 140 万元的收入。这个决策一度让村干部们很发愁,因为腾退后村里有可能面临"揭不开锅"的窘况。县、镇两级政府及时开出了抱团发展的"妙药良方"。洪溪村、马塔塘村等 5 个村投资 1100 万元,在洪溪集镇建造 6800 平方米的公建配套用房,预计每年村均可增加收入 20 万元。天凝镇码头整治后,确定了三处永久性码头,其中有一处就位于洪溪村,码头的投资、开发和营收全都归属村里。村里投资了 400 多万元将原有的码头进行改造和提升,经过拍租达到 202 万元。码头边上是一家占地 10 亩腾退企业,这里将被整改成垃圾分拣站,每年也能收入 54 万元。因为"退散进集",村集体收入比以前还要多,钱袋子鼓了,建设"美丽乡村"更加有底气。

(三) 改善民生为实现乡村文化振兴强基

一是设立居家养老服务中心使老有所养。对于是否开展居家养老服务（《洪溪村居家养老服务若干规定》），按照惯例，提请了广大村民的表决，对每一名60岁以上老年人情况以卡片模式建立个人档案。另外在合作医疗健康体检的基础上建立了老年人健康档案。实施"关爱老人"工程，实行养老金制度，通过每年为老年人发放养老金、过生日、传统节日赠送礼品等方式关爱老人。二是成立志愿者队伍使老有所依。面对众多需要照顾的老人，洪溪村成立了一支30多人的志愿者服务队，主要由年轻党员、青年团员和妇女骨干组成。定期组织志愿者为80岁以上老人上门打扫卫生、整理家务、谈心聊天，为身边的困难老人提供力所能及的帮助。三是开展丰富活动使老有所乐。以文化礼堂、居家养老服务照料中心为依托为村民和老年人服务，老年朋友可在里面玩扑克、下象棋、打麻将，村里有很多老年人参加了镇里的门球队、腰鼓队、文体队。开办老年大学免费为老年人订购各种学习资料，派专人负责，落实老年大学各项工作，定期组织宣讲老年人权益保障法和健康知识等，丰富老年人的生活。四是依托网格长做好基层矛盾纠纷调解工作。定期开展平安大巡防和"铁拳护航、交通安全大会战"行动，确保村民人身安全和财产安全。组织志愿者上街进行文明劝导，告诫村民骑电动车戴头盔出行，保障驾驶人的生命财产安全。

(四) 深化乡村治理为实现乡村文化振兴提供制度保障

一是实行民主选举，加强村两委班子建设。2003年之前，由于村主要领导变动较为频繁，对村情民意未能深入了解、熟悉，全村没有形成连贯明确的发展思路。针对洪溪村这种情况，镇党委高度重视，通过走访村里的党员、群众，并召开座谈会充分听取党员群众意见后，镇党委决定在洪溪村实行嘉善县首次村党支部书记的无候选人直选，最终在村里担任了十多年妇女主任的陈俐勤当选为村支部书记，也选出了一批参政议政能力较强、能真正履行职责、能为全村大部分村民利益着想也勇于承担责任的村民代表，村民对此都表示欢迎和赞同，洪溪村的民主选举深入人心。二是探索民主决策，变"为民做主"为"由民做主"。洪溪村原先在村级重大事务的处理上公开透明不够，村里开展很多工作或有什么重大事情，连党员和村民代表都不知道，村级重大事务仅是村干部少数人决定,引发了群众的不信任,也造成了干群关系的隔阂,村里的很多工作得不到党员、村民代表支持,各项工作也难以落实。新一届的村两委班子,从以前历经的矛盾问题中总结经验教训,结合本村实际,在实践中逐步探索村级重大事务民主决策机制,为农民群众搭建参与村级事务决策的平台,充分调动广大群众参与村级事务的积极性,把农民当家做主的权利落到了实处。三是加强民主管理,推进和谐新农村建设。洪溪村制定了以《村务公约》为龙头的一系列管理制度,对村级财务、重大工程项目实施、村务公开等进行了明确规定,充分发挥村级组织民主自治权力,实现了村民的自我管理、自我服务、自我教育、自我提高,村级职能逐步明晰。凡是村里的一些非经营性资产的发包、租赁、转让,村级水利、道路等重大工程项目,经民主公决后,在实施过程中,坚决执行村级重大项目招投标和合同规范管理制度,全部进入镇招投标平台面向社会公开招投标,改变了以往由少数村干部说了算的状况,杜绝了"暗箱操作",体现了公开、公平、公正的原则,增强了村干部依照制度办事的自觉性,有效推动了村务工作的规范化和制度化。

(五)建设美丽乡村为实现乡村文化振兴赋能

一是高效推进各类工程项目。开展美丽乡村"一事一议"项目论证,对诸如优美庭院景观绿化、水上舞台及滨河廊道建设等关乎村庄建设的项目进行集体决策,确保项目顺利开展、科学建设。二是实施"四位一体"长效保洁市场化运作。通过市场竞争引入保洁服务提供方,并由村委派两名环境督查员,对洪溪村进行巡查,发现问题立即整改,保证村庄环境卫生整洁干净。三是进一步加强垃圾分类工作。长期聘请垃圾分类监督员对农户分类情况每天进行检查记录,分类正确的农户给予奖励,村干部每月进行一次抽查,每月发放奖金并公布,对考评优秀的,进行大屏表彰,以此激励广大村民参与到垃圾分类行动中来,并且在洪港岸小区和高浜率先实行四分类投放,为美丽乡村建设赋能。

三 借鉴经验

洪溪村从有名的"上访村"到富裕、幸福的"和谐村"的转变,使之成为我国乡村建设治理有效的样本。通过对洪溪村美丽乡村建设路径选择的分析,可以发现,洪溪村发展成就在于其发展的过程中始终坚持乡村振兴依靠党的建设、经济发展、乡风文明、村域善治四个基本点，同时，始终坚持发展为了村民、发展依靠村民、发展成果由村民共享的基本思路。

（一）乡村文化振兴党的建设是关键

办好农村的事情，实现乡村振兴，关键在党。要推动乡村振兴，需要把基层党组织建设放在首位，通过找准民生需求、汇聚社情民意、精准管理服务，在发展的过程中不断深化党建引领基层治理创新。在乡村发展中全村党员需要共同努力，接受广大群众监督，以"网格化管理、组团式服务"为基础，深化创先争优，促使党员发挥表率作用，提升党员在村民中的形象，逐渐树立起党组织的威信，增强党组织的凝聚力，同时逐步引导村民树立正确的人生观、价值观。充分发挥基层党组织党员模范作用，规避乡村治理中容易出现的散化问题，调动全体党员、村民参政议政的自觉性，引领乡村各项工作打开新局面。

（二）乡村文化振兴经济发展是支撑

在富民强村中推进共同富裕，首先，要有好的产业，通过创新有效机制和模式，做强乡村产业平台，快速发展乡村优势产业，做好相关产业的转型升级工作，让越来越多的村民从中获得实惠。其次，需要了解地方有关的惠民政策，充分利用地方政策来助力乡村经济的增长，积极与有关部门保持密切联系，做好乡村项目有序推进工作，积极争取补助资金。最后，在乡村集体经济方面，对于可供出租的土地、可供出租的标准厂房以及可供出租的店面等固定资产加以合理利用，对于村民开设的各类大小企业、养殖鱼塘、开店摆摊等要给予相应的支持，使得村里集体收入和个人收入发生根本性变化，推进全体村民共同富裕。

（三）乡村文化振兴乡风文明是保障

要推动乡村文化振兴，乡风文明是保障。一个村要发展，首先要稳定，乡村稳定的关键是人心稳定，要拉近村民与村民、村民与村干部之间的距离。通过组建文体队伍，搭建村民文化活动平台，使得村民的业余文化生活得以丰富起来，积极动员全体村民参与文化活动，通过在一起经常开展各类活动，可以营造欢乐和谐的环境，以活动来聚人心、稳人心。文化体育活动也可以树立健康文明的社会风气，使得邻里之间的纠纷大大减少，村民与村干部的距离愈加亲密，改善了乡村的社会风气。

乡村通过举办各种文化活动，丰富了村民业余生活，培育了文明乡风，提高了乡村社会文明程度，村民也在文化活动中得到教育，感受到了快乐，增强了集体荣誉感和责任感，从而使得村里其他各项工作开展起来更加顺利。

（四）乡村文化振兴村域善治是依托

乡村要振兴、农村要实现改变，落到实处仍需乡村治理水平的提高。国家所构建的社会治理体制包括"党委领导、政府负责、社会协同、公众参与、法治保障"等多个方面，在乡村社会治理中公众参与指的就是村民成为治理的主体，共同参与村务实现村民自治。通过抓制度、建机制、求实效，凡是涉及村民切身利益的重大事项，无论是道路修筑，还是环境整治，均采取"村务公决"，例如村规民约的制定、公共事务的决策、管理、监督，主动表达自己的需求和建议，客观评价村干部工作实际效果等都需要村民亲自参与其中。村民成为治理的主体，就会主动站出来维护村里荣誉，自觉地充当监督员，充分地发挥积极性和主动性，真正建构出村民自我管理、自我教育、自我监督、自我服务的乡村治理方式；走出一条依靠村民共建共享的和谐社会治理之路。在自治模式推行的同时，农村社会治理也必须在法制的轨道上进行，处理村里事务如果仅凭感觉、拍脑袋，就会使乡村集体经济蒙受损失，从而引起党员群众关系紧张。村干部善于用法治思维来解决问题，也会逐渐引导村民用法律去思考和解决问题，乡村内部整体的法治意识逐渐增强，矛盾摩擦逐渐减少。乡村治理需要法治与德治相结合，推行德治是一项长期的工作，通过发展群众文化体育活动，潜移默化塑造村民村风村貌，使得乡村整体的面貌焕然一新，实现乡村全面振兴。

（五）坚持发展为了村民、依靠村民

乡村在发展中虽然不能实现村民齐步走，但是整体一定都要往前走，坚持幸福路上一个也不能少。村委班子干部与群众接触最直接最密切，要把凝聚人心当作自己的责任，把为人民群众谋求利益当作自己的根本目标。在日常的工作中要切实做到关心群众疾苦，把人民群众的安危冷暖时刻挂在心上。在村民就业方面，要同步建立村民档案，并及时更新信息，为村干部帮助村民就业、创业提供第一手资料。对于涉及群众利益的大事，例如违章建筑的拆除、公共建设用地的征迁等要严格把关，从不损害村民利益的角度出发做好乡村治理工作。在推进乡村经济快速发展的同时，不得以损害村民居住条件为代价，要深入践行"绿水青山就是金山银山"理念，不断提升乡村的美丽度和村民的幸福感。在村民的居住环境方面，要深入开展村庄清洁行动，全面落实农村人居环境长效管护机制，筑牢绿色发展基底，让全体村民都能共享绿色生态带来的民生福祉。同时，要积极建造相关的配套生活设施，对全村河道做好生态护岸，乡村道路要连通每家每户，房前屋后、道路、河道两岸种植绿化，在村里成立了环境管理站，对全村环境卫生进行"海、陆、空"立体式长效保洁管理，做好实事工程，使村民居住环境在经济发展的同时得到改善提升。

第三节 打造生态宜居环境，实现乡村生态振兴

乡村生态振兴是普惠的民生福祉。在当前巩固脱贫成果、乡村产业薄弱、环境治理滞后、人居环境亟待改善等形势下，乡村生态振兴是补齐乡村环境短板、推动乡村绿色发展的重要着力点。通过形成乡村生态环境管理合力，建立生态文明规划思维，持续开展农村环境综合整治，加强经验总结和试点示范，以生态振兴为抓手推进乡村振兴。2017年5月26日，习近平总书记在十八届中央政治局第四十一次集体学习时强调：加快推进生态保护修复。要坚持保护优先、自然恢复为主，深入实施山水林田湖一体化生态保护和修复，开展大规模国土绿化行动，加快水土流失和荒漠化石漠化综合治理。[①] 福建省长汀县曾是中国南方水土流失重灾区，经过当地政府与人民群众几十年的勠力同心、一代接着一代干，现在长汀县已是中国水土流失治理的一面亮丽旗帜，形成了"长汀经验"，并惠及西北大地，同时走向全球，向世界展示中国生态文明建设成果。

---

① 《习近平主持第四十一次集体学习》，http://www.gov.cn/xinwen/2017-05127/content_5197606.htm，2017年5月27日。

一 基本概况

福建省长汀县是一片红色的土地，这里是中央苏区所在地，也是中央红军二万五千里长征出发地之一。长汀的"红色"还有另一个意谓：这里也曾是我国南方红壤地区水土流失最为严重的区域之一。新中国成立前，长汀是中国水土流失最严重的地区之一，其流失面积之大、程度之深、危害之重、影响之广，均居福建及其他南方省份之首。据1985年遥感监测数据显示，长汀全县水土流失面积达146.2万亩，占全县面积的31.5%[①]。水土流失最为严重的地区，山光岭秃，草木不存，夏天在阳光直射下，地表温度可达70多摄氏度，被当地人喻为"火焰山"，红壤遍露，山岭一片赤色。"山光、水浊、田瘦、人穷"曾是当地水土流失区自然生态恶化、群众生活贫困的真实写照。如何将治理水土流失与改善民生相结合、与发展绿色产业相结合，实现人与自然和谐发展，是长汀县必须直面解决的难题。

早在20世纪40年代，长汀就与陕西长安、甘肃天水一起被列为中国三大水土流失治理试验区。1940年12月，中国最早水土保持机构——"福建省研究院土壤保肥试验区"在长汀河田设立，当时民国政府力图治理长汀水土流失，但收效甚微。1949年，新中国成立后仅两个月，福建省便成立"长汀县河田水土保持试验区"。尽管福建省历届主政者均对此高度重视，在初步治理的层面上取得一定成效，但"文化大革命"十年浩劫让其治理成果受到严重损失。改革开放后，如何治理长汀水土流失重新成为福建主政者的重要议题。1983年4月，时任福建省委书记项南考察长汀，他写下了著名的《水土保持三字经》。同年，福建省把长汀列为治理水土流失的试点。1983年，福建省开始了长汀规模化水土流失治理。根据1985年数据显示，长汀水土流失面积高达146.2万亩，占全县面积的31.5%。尽管经过1985年至1999年的努力，情况有所缓解，治理的水土流失面积达45万亩，减少水土流失面积35.55万亩，有效减轻了洪涝灾害，但如何彻底改变水土流失的被动局面，任重而道远，仍有

[①]《长汀，常青！——福建长汀水土流失综合治理纪实》，https://baijiahao.baidu.com/s?id=1718731018547268044&wfr=spider&for=pc，2021年12月10日。

100多万亩的水土流失区亟待治理[1]。

21世纪初,在时任福建省委副书记、省长习近平同志的亲自关心指导下,长汀水土流失治理被列为福建省为民办实事项目,省委省政府连续8年每年从省级财政划拨1000万元,由此拉开长汀大规模治山治水的序幕。2012年以来,长汀的水土流失治理进入到了"快车道"。长汀县按照习近平总书记"进则全胜,不进则退"[2]的批示,在水利、林业等中央部委和福建省委省政府的大力支持下,水土流失治理持续推进。根据统计数据显示,在"十二五"期间,长汀县累计综合治理水土流失面积60.8万亩,占规划任务104.8%,水土流失面积下降至39.6万亩,水土流失率降至8.52%。与此同时,长汀水土流失治理工程投资也极大增加。根据统计,长汀在"十二五"期间总共实施了20个水土流失治理项目,完成投资3.23亿元。全县新增林地水土流失治理、坡耕地改造、崩岗治理、草牧沼果生态治理及水土保持生态村等41个示范片,总面积近5万亩。全县新植或补植水土保持阔叶林近9万亩,植被覆盖率提高到86%。"十三五"期间,全县累计治理水土流失面积81.12万亩,比"十二五"期间增加8.42万亩,水土流失面积从2011年年底的47.69万亩下降到2020年年底的31.52万亩,水土流失率降低到6.78%,低于全省平均水平,在省11个水土流失治理一、二类县中最低。森林覆盖率从2011年的79.5%提高到2020年的80.31%,森林蓄量从2011年的1088.41万立方米提高到2020年的1879.9万立方米[3]。

治荒接力数十载,一任接着一任干,从赤岭童山到山河披绿,长汀生态环境发生了天翻地覆的变化。昔日红壤裸露、沟壑纵横,而今满目苍翠、花果飘香。露湖村是长汀县河田境内水土流失最为严重的行政村,曾经是光头山,贫穷与生态脆弱相伴而生。三天不下雨便成了旱灾,下雨三小时则成了水灾。就这样,"头顶大日头、脚踩砂孤头,三餐番薯

---

[1] 吴启蒸、杨秋明:《那山那水,牵动着多少人的心——长汀县40年生态文明建设回眸》,《福建党史月刊》2018年第11期。

[2] 《治水保土 绿遍八闽》,http://www.forestry.gov.cn/main/72/20181210/172118555864938.html,2018年11月11日。

[3] 《进则全胜谱新篇——"十三五"长汀水土流失治理综述》,http://fjly.wenming.cn/lgxd/202101/t20210106_6895021.html,2021年1月6日。

头""河田是个'好地方',番薯头子淘粥汤,纸客瓦客四处走,有女莫嫁河田郎"成了当地人民最真实的生活写照。近年来,露湖村坚定不移贯彻包括绿色发展理念在内的新发展理念,精准施策,以水土流失综合治理为契机,把脱贫攻坚与生态建设有机结合,全面封禁保护植被,创新"等高草灌带"治理方法,大力推广"草、牧、沼、果(菜)"生态开发治理模式,积极探索推广绿水青山转化为金山银山的路径,发展绿色生态产业,提升脱贫攻坚整体质量,让群众在水土流失治理过程中增收致富[1]。

长汀县这片土地上的人民以"滴水穿石、人一我十"的精神,将昔日光秃赤烈的"火焰山",变为苍翠蓊郁的"花果山",生态保护和修复工作,不仅让昔日南方水土流失最为严重的长汀县脱胎换骨,成为中国水土流失治理的一面旗帜,也让这个福建省扶贫开发重点县在2018年成功脱贫摘帽,释放出经济社会发展的多重效应。

二 主要经验及成就

近年来,龙岩市长汀县牢固树立生态优先、绿色发展理念,遵循"山水林田湖草是一个生命共同体"的理念,以"绿盈乡村"建设为抓手,围绕"山更好、水更清、林更优、田更洁、天更蓝、海更净、业更兴、村更美"等八个方面目标,推进村庄在"绿化、绿韵、绿态、绿魂"等方面实现从初级版、中级版到高级版的梯次提升,持续开展水土流失治理,为建设"机制活、产业优、百姓富、生态美"的新福建作出贡献,不断提升老百姓幸福感和获得感。数十年来,科学治理,久久为功。建立党政领导挂钩责任制,实现政策资金倾斜。创新治理理念和技术,将工程措施、生物措施和农业技术措施有机结合,人工治理与生态修复有机结合,创新封禁护林、社会参与和激励保障机制等[2],取得的成就主要如下:

---

[1] 《长汀露湖村保护生态促振兴 远志飘香致富路》,http://m.mxrb.cn/news.html?aid=99226,2021年8月16日。

[2] 涂成悦、龙贺兴、刘金龙:《森林景观恢复视角下的福建长汀水土流失治理经验》,《林业经济》2016年第3期。

环境质量持续改善。截至2020年年底，长汀水土流失率降低至6.78%，森林覆盖率提高至80.31%。森林蓄水量为1557万立方米，湿地面积达3499公顷，自然保护区面积占全县面积的8.84%。共建设生态清洁型小流域23条，全县18个乡镇中成功创建国家级生态乡镇15个、省级生态乡镇17个，全县290个行政村中，省级生态村63个、市级生态村195个。先后获评"全国生态文明示范县""全国现代农业示范县"等国家、省级荣誉20多项，列入全国首批水生态文明城市建设、全国第六批生态文明建设等十多个国家级试点[1]。2017年又被授予第一批国家生态文明建设示范县称号和"绿水青山就是金山银山"的创新实践基地。

生态环境保护持续深入。2011年以来，长汀县大力推进水、大气、土壤环境综合整治力度，出台了《长汀县水污染防治行动计划工作实施方案》《汀江流域水污染防治规划》《长汀县大气污染防治行动计划工作实施方案》《长汀县土壤污染防治行动计划工作方案》等。在工业污染源治理、农业面源治理、畜禽养殖污染整治、饮用水源保护等方面投入大量的人力、物力和财力。在河流水质改善方面，福建省治理河流7600多公里，打造水土保持生态清洁型小流域1000多条，福建省河湖水质良好稳定，主要流域Ⅰ类至Ⅲ类水比例达96%，县级以上集中式生活饮用水水源地水质达标率100%。在水土流失治理方面，全省共完成水土流失综合治理面积2600多万亩、坡耕地整治47万亩、崩岗治理3000多个，水土流失率大于10%的县由22个降至9个，全省平均水土流失率从9.95%降至7.52%[2]。

生态环境的改善带动了产业振兴。一是龙岩高新区长汀产业园升格成为国家级高新技术产业园区，福建（龙岩）稀土工业园区被列为福建省重点抓的20个产业基地（集群）之一，晋江（长汀）工业园被列为福建省第一批"山海协作"共建产业园区。二是通过一系列重、特大项目的实施，助力长汀县纺织服装、稀土精深加工、现代农业、文化旅游、

---

[1]《长汀经验，"生态兴则文明兴"的生动诠释》，http://swcc.mwr.gov.cn/sbnews/202112/t20211229_1557328.htm，2021年12月18日。

[2]《福建：山河巨变展新颜"进则全胜"绘新篇》，https://baijiahao.baidu.com/s?id=1718718942978597328&wfr=spider&for=pc，2021年12月10日。

电子商务等绿色转型。三是持续推进汀江生态经济走廊建设，打造6个主体功能区，做好生态农业、生态林业、生态种养、生态旅游等生态发展文章，实现生态效益、经济效益双赢。福建省生产总值加速突破，2020年达到4.39万亿元，农村居民人均可支配收入提升至18149元，全省现行标准下45.2万农村建档立卡贫困人口全部脱贫，2201个建档立卡贫困村全部退出，23个省级扶贫开发工作重点县全部摘帽，用生动实践诠释了习近平总书记"生态兴则文明兴"的科学论断[①]。

长汀水土流失综合治理和生态文明建设取得的巨大成就是习近平生态文明思想的生动实践，为饱受水土流失之苦的地区提供了从生态恢复、生态脱贫到生态振兴的新模式。概括起来，长汀成功的经验主要在于以下几个方面：

（一）树立绿色发展观念，激发实现绿色转型的内核动力

"像保护眼睛一样保护生态环境""像对待生命一样对待生态环境"。在长汀，干部群众不约而同地认同和表达着同样的观点。历经水土流失治理的万千艰辛，享用"绿水青山"带来的"金山银山"，如今的长汀，生态理念已深入人心。从伐木取暖、烧山毁林到视绿水青山为金山银山，再到将绿水青山转化为金山银山，长汀经历了思想上的巨变，逐步确立了正确的生态价值观，实现了发展方式的彻底变革。几十年来，长汀形成了统筹协调、源头治理、综合治理和系统治理的生态治理观，把山水林田湖草沙作为生命共同体，认清良好生态环境是最普惠的民生福祉，谋求人与自然和谐共生。

（二）坚持生态建设产业化、产业发展生态化

一手抓治理，一手抓发展，在平衡协调发展中，做足生态种养、生态旅游、生态农业等文章。治山与治水相结合，实施山水林田湖草系统治理，打造生态清洁型小流域。通过"河长制"，开展汀江—韩江跨省流域生态保护补偿试点，建立上下游成本共担、效益共享的长效机制。实施小水电站退出试点、小流域河道清淤疏浚等，实现"河畅、水清、岸绿"。治理与保护相结合，严格落实耕地保护和土地节约集约利用制度。

---

① 《从脱贫之路走向振兴之路》，http://www.fj.gov.cn/zwgk/ztzl/gjcjgxgg/dt/202209/t20220906_5987901.htm，2022年9月6日。

颁布《封山育林命令》，严格"10个禁止"措施，打击涉林违法犯罪行为。实行环保"一票否决"制，狠抓生猪养殖业污染综合整治，2013年以来累计关闭拆除生猪养殖场2311家，削减生猪产能60万头，拆除面积80万平方米①。

把发展林下经济作为生态产业的突破口。多年来，长汀将水土流失治理和脱贫攻坚相结合，在水土流失整治的同时，注重保护生态，发展绿色经济，拓开生态富裕的道路。2019年，长汀县共完成林下经济种植面积4557亩，林下经济经营面积171.31万亩，实现产值28.64亿元。如今绿色产业已成为长汀县乡村振兴的新引擎。以兰花和中草药两大林下经济品牌为引领，长汀因地制宜，发展一村一品，现已建成21个林下经济特色示范基地。2019年，长汀县被授予全国绿化模范单位，被国家林草局授予第四批全国7个以县为单位的国家林下经济示范基地②。

发展生态农业，引导农民发展大田经济、林下经济、花卉经济等系列生态农业。2012年以来，全县建成设施农业2200亩，成立农民专业合作社627家、家庭农场1232家，林下经济经营面积达160万亩，参与林农户数2万户，年产值23亿元。同时，在长汀水土流失治理的过程中，当地党委政府一直发挥主导作用，带动群众和社会力量参与，做到了以政府为主导、群众为主体、全社会共同参与的治理模式，激发了群众的首创精神，创造了一系列生态治理的科学方法③。

发展生态旅游，提升景观格局和景观生态服务功能。在有条件的已治理区域，配套建设路网、水网，发展水果、花卉苗木、休闲观光旅游等生态产业，建设美丽乡村，促进水保产业增效和农民增收。启动实施了生态文明建设示范区、美丽乡村等一批生态家园重点项目建设。以"一江两岸"景观修复工程、汀江国家级湿地公园建设、南坑乡村旅游等项目为抓手，大力发展名城旅游、生态旅游、乡村旅游，形成了别具特

---

① 《红土地上的绿色革命——福建省长汀县持续推进水土流失治理》，http://www.swcc.org.cn/sbjy/2019-12-18/68952.html，2019年12月18日。
② 《福建长汀：山绿了，心稳了，人富了》，http://www.forestry.gov.cn/main/5384/20200430/085832827410043.html，2020年4月30日。
③ 翁伯琦、徐晓俞、罗旭辉等：《福建省长汀县水土流失治理模式对绿色农业发展的启示》，《山地学报》2014年第2期。

色的生态文明旅游观光路线，年吸引休闲观光客100多万人。

探索县域经济绿色发展新模式，梳理出绿色产业发展方向，打造绿色产业体系。做强稀土、纺织服装、文化旅游3个主导产业，打造特色现代农业、医疗器械、电子商务3个重点产业，培育新能源、健康养老2个新兴产业的"332"产业新格局。2019年，全县地区生产总值预计超过256亿元，同比增长7.8%，并连续三年跻身福建省县域经济发展十佳县[①]。

（三）加大科技创新投入，驱动绿色转型发展

在制定水土流失治理和生态重建的相关政策时，长汀十分注重科技投入，研究探索出了一系列先进治理模式。从习近平同志在福建时倡导的科技特派员制度，到现今多种新技术在生态治理和产业发展中的应用，各级水利、林业、农业、科技等部门和科研机构作出了诸多有价值的实践。

先后建立长汀水土保持院士专家工作站等"三站一院一中心"，吸引国内科研机构、院校研究生到长汀开展水土保持科研攻关，充分发挥科学技术的关键作用。长汀县与中科院、福建农林大学、福建师范大学等科研院所和高等院校协作，开展了崩岗类型划分与经济型治理技术集成等项目研究，通过"筑巢引凤"打造"科技聚集盆地"，实现治理成效与研究成果"两翼齐飞"。在与福建师范大学合作的崩岗治理工程示范点，经过治理的山坡已看不到裸露在外坑坑洼洼的崩岗，通过"削、降、治、稳"等措施，崩岗区变成层层梯田，栽满了杨梅树，套种了大豆、金银花等季节性作物。

针对生态治理面临的科技难题，长汀县与中科院、福建农林大学等科研院所和高校，开展崩岗类型划分与经济型技术集成、生态高值农业复合模式示范等联合研究。探索和应用推广水土流失治理新模式、新技术，制定《红壤丘陵区水土保持治理标准体系》7个基础标准和9个地方标准，填补了我国南方红壤丘陵区水土保持标准的空白。

（四）完善制度建设，强化部门协同发力

制度建设是生态文明建设体系的生命骨架和基础保障。长汀能够在

---

① 数据来源于《长汀县2019年国民经济和社会发展统计公报》，http://www.changting.gov.cn/xxgk/zfxxgk/zfzcbm/tjj/zfxxgkml/09/202008/t20200818_1713886.htm，2020年4月27日。

众多水土流失地区脱颖而出实现成功,一个重要原因就是形成了良好的制度保障,把治理能力现代化与水土流失治理统筹兼顾,落实强化治理机制,将长汀水土流失治理工作向纵深推进。

在政策支持方面,长汀县先后出台了《关于掀起新一轮水土流失综合治理高潮推进生态县建设实施方案的通知》等十多个文件,编制了县乡村水土保持综合规划、汀江生态经济走廊建设规划等一系列规划方案,创新封禁护林、社会参与和激励保障机制等,为长汀持续开展水土流失治理和生态文明建设提供了科学合理的战略设计。

在治理责任落实方面,强化组织领导。建立县、乡(镇)、村(社区)"三级"书记抓水土流失的深层治理体制机制,长汀县将水土流失治理列入贯彻落实习近平总书记重要批示精神,推进生态县建设的首要工作任务进行专题安排部署,召开动员会、推进会,主要领导抓谋划、抓部署、抓推进。出台《县、乡(镇)、村(社区)"三级"书记抓水土流失精准治理深层治理体制机制》,压紧压实"第一责任人"责任,县委常委会议每月听取治理工作专题报告一次、县党政主要领导每月深入治理点开展调研一次、每月召开一次治理项目工作推进会。建立了林业局领导挂钩乡(镇)和局机关专业技术人员挂钩项目、林业站技术人员和护林员包山头地块的"三级"推进责任机制,做到每个项目都有专人全程服务、全程推动、全程监督,严格把好质量关,确保水土流失治理项目及时推进,取得实效。

治理管护方面,建立健全了水土流失分户承包、联户承包、统一治理分户管护、集体承包治理、专业队管护等五种治理管护责任制,探索出"等高草灌带"治理方法,大力推广"草、牧、沼、果(菜)"生态开发治理模式。"包"字上了山,光山披绿装,村民自发开垦荒山种植千亩板栗园,建立中国石油万亩水保生态示范林,实现造林和林分改造6000余亩。落实"以电代燃"补助政策,守住一片青山,目前已实现全村558户村民"以电代燃"的全覆盖[1],既方便了百姓,又守住了绿水青山,实现了水土流失治理从规模化向精准化转变。

---

[1] 《长汀县河田镇露湖村"绿盈乡村"建设:昔日"火焰山",今朝"花果山"》,https://www.sohu.com/a/410633975_100218261,2020年7月30日。

完善监督管理制度，保障治理成效。长汀县重点推行资金管理制度，出台《长汀县推进水土流失精准治理深层治理资金管理办法（试行）》，整合涉农资金，实行"大专项＋任务清单"管理模式，实现"多个渠道引水，一个龙头放水"的水土流失综合治理资金投入新格局，严格按照"严管林、慎用钱、质为先"的九字方针，本着公平、公正、公开、择优、信用的原则，对所有造林施工班组、苗木、肥料供应等进行公开招投标。严格实行项目会审制度，会集各相关单位，各司其职，逐个会审，严格把关，对项目施工方案进行部门会审，确保实施方案符合治理要求。落实监管制度，抽调项目治理责任单位专业技术人员，分组深入施工现场，配合监理人员进行质量监督与技术指导，重点把好适地适树关、整地挖穴关、苗木质量、施肥和栽植关，对整地质量、苗木质量、栽植技术等一系列工序严格执行签单制。验收合格后，才能进行下一步工序，确保每个项目按作业设计高质量完成。

在法治保障创新方面，颁布实施《龙岩市长汀水土流失区生态文明建设促进条例》等法规，建立生态红线管控机制，使生态文明建设步入法治化轨道。

（五）创新治理方式，构建现代化科学治理体系

经过多年探索，长汀因地制宜、因山施策，探索出一条工程措施与生物措施相结合、人工治理与生态修复相结合、生态建设与经济发展相结合的科学治理和发展之路。

因地制宜，对植被稀少、水土流失的裸露林地，实行乔灌草立体同步治理，在短时间内覆盖林地，遏制水土流失。对树种结构单一、生物多样性缺乏、抵御自然灾害能力较弱的林地，进行树种结构调整和补植修复，提高森林质量和生态功能，共采用了低效林改造、草灌乔混交、草牧沼果循环种养、崩岗治理等八种治理模式[1]。

坚持生态治理与村庄绿化美化、乡村振兴同步推进，积极开展生态品牌创建工作。打造各乡镇水土流失治理特色产品，每个区域都有各自的特色。如濯田镇的女"愚公"马雪梅，将"猪—鸡—沼—果"生态

---

[1] 朱鹤健：《我国亚热带山地生态系统脆弱区生态恢复的战略思想——基于长汀水土保持11年研究成果》，《自然资源学报》2013年第9期。

种养模式进行拓展，绿化了大片山体并产生最大经济效益。南坑村引进了厦门树王银杏公司，种植银杏 2300 多亩、5 万多株[①]。三洲湿地将以往的"火焰山"改造成了风光秀丽、流水潺潺、林果连片的生态旅游胜地。

实行以奖代补，使群众成为治理水土流失的主人翁和主力军。2012 年以来，长汀新增经济果林 1.56 万亩，新种植经济作物 1.3 万亩；新增林地水土流失治理、坡耕地改造等各类示范片 41 个，总面积近 5 万亩[②]。其中涌现出了"断臂铁人"退伍军人兰林金、造林大户林慕洪等一批水土流失治理的草根英雄。

统筹推进汀江流域森林和湿地生态系统保护的同时，长汀县还开展了"六清六美"乡村环境专项整治，推进农村"改水、改电、改路、改厕、改圈"，推动逐步形成绿色低碳循环的生产生活方式。建立国家级自然保护区 1 处、国家级水产种质资源保护区 1 处、国家湿地公园 1 个及美丽乡村 97 个[③]。

（六）打造汀江生态经济走廊，实现区域一体化全面发展

长汀将生态文明建设融入了经济、政治、文化、社会建设的各个方面，全力打造汀江生态经济走廊。按照"荒山—绿洲—生态家园"的路径，建设以长汀为主线、"一江两岸"为纽带的汀江生态经济走廊，沿汀江自上而下着力打造庵杰至新桥段自然保护与生态休闲观光区，大同至汀州段生态宜居城市与文化历史名城区，策武段稀土工业与工贸发展区，河田段省级小城镇综合改革试点区，三洲段水土流失治理和生态文明建设示范区，濯田至羊牯段生态保护、生态种植与现代农业示范区等六大功能板块。

在汀江生态经济走廊建设过程中，牢牢把握推进文化融入、推动产业集聚、推动城乡发展、推进项目整合、推进机制创新五个原则，将历

[①] 《人不负青山，青山定不负人！看生态文明建设的龙岩实践》，https://m.thepaper.cn/baijiahao_15194784，2021 年 11 月 2 日。

[②] 《滴水穿石点绿成金 福建长汀持续推进水土流失治理》，https://m.gmw.cn/baijia/2019-05/14/32829715.html，2019 年 5 月 14 日。

[③] 《福建长汀：十年深化改革 一棵香樟树见证生态巨变》，http://www.longyan.gov.cn/zt/rdzt/20djs/ffsn_20d/202211/t20221104_1945415.htm，2022 年 10 月 21 日。

史文化、客家文化、红色文化、生态文化等元素融入生态经济走廊建设发展当中。同时，把发展新兴产业和改造提升传统产业结合起来，构建上下游联动、功能互补、配套完善的产业链。吸引人口向中心镇、中心村集中，推动工业化和城镇化良性互动，城镇化和农业现代化协调发展，把汀江生态经济走廊建设成为生态建设和产业项目的承载地、体制机制创新的试验区。

汀江经济走廊主动承接沿海劳动密集型产业的发展，重点发展纺织、稀土、机械电子、农副产品加工等工业和旅游、商贸等第三产业，因地制宜发展特色种养业及"草木沼果"循环种养生态农业，通过产业发展转移水土流失区的生态人口，推进区域经济发展。

（七）精准治理，水土流失治理以"精"为先

精准治理主要包括治理重点工程、综合提升工程、生态示范工程这三大工程。水土流失精准治理深层治理包括治理面积精准、治理措施精准和治理技术精准三方面内容，要的是更细的办法、更高的质量。为推进水土流失精准治理深层治理工作，长汀成立了以县委书记为组长的治理工作领导小组，下设办公室，协调解决实施过程中重点难点问题，统筹水土流失精深治理工作，打破了以往林业、水利等部门各自为政的单一治理形式，各部门联动开展治理项目规划编制工作。县委常委会议实行每月一听取治理工作专题汇报、每月一深入治理点开展调研、每月一定期召开治理项目工作推进会"三个一"制度，督促责任落实、工作推进。聚焦精深治理，组织精干力量深入一线精准摸排，落实流失斑块，因地制宜，明确治理措施，将各项目细化落实到山头地块。依托林业发展公司，实行项目统一管理、统一设计、统一组织、统一施工，抽调专业技术人员开展治理质量监督和技术指导，每个作业点实行技术人员全程跟班作业，严把质量关。

长汀县林业部门坚持水土流失精准治理深层治理与造林绿化相结合，坚持造林与造景相结合，坚持绿化、花化、彩化统筹协调，积极开展国家森林乡村、省级森林村庄创建工作，大力推进国土绿化。2019年，全县完成植树造林37239亩，完成森林抚育62366亩，完成封山育林82479亩，分别占任务的175.5%、124.7%和110%；申创国家森林乡村7个、

省级森林村庄9个①。

长汀县一手抓精深治理，一手抓生态保护，另辟蹊径开展绿色经济。长汀县在全省率先推行县、乡（镇）、村三级"林长制"，分级设立林长、警长，"三级"书记分别为第一林长，形成各级林长牵头、部门齐抓共管、社会广泛参与的治理新格局。实行林长制以来，森林资源得到有效保护。全县森林覆盖率已达80.3%，森林蓄积量达1779万立方米②。

三 借鉴意义

（一）持之以恒治理水土流失、实现生态扶贫

长汀县严重的水土流失引起了历届省委、省政府领导的高度重视。1983年，时任福建省委书记项南考察长汀，写下了《水土保持三字经》，同年，省委、省政府把长汀列为全省治理水土流失的试点，并组织省直有关8个单位联合治理，拉开了长汀大规模治理水土流失的序幕。1999年、2001年时任省长习近平同志先后两次专题考察、调研长汀县水土保持治理工作，对长汀水土保持工作作出"再干八年，解决长汀水土流失问题"的重要批示。③ 从2000年开始至2010年持续11年时间，省委、省政府将长汀县水土流失综合治理列入省"为民办实事"项目之一，每年省直有关部门筹集1000万元用于长汀水土流失治理，掀起了新一轮水土流失治理高潮。二十几年来，历届省委、省政府主要领导都亲临长汀对水土保持工作进行具体的指导。在全省上下齐心协力，坚持不懈的努力下，辛勤的汗水终于换来了今天的绿水青山。

（二）实事求是落到实处推进长汀生态振兴

一是组织管理突出"实"。县委、县政府出台了《水土流失综合治理领导小组工作制度》，明确责任与分工，做到组织落实、责任落实、人员落实。二是项目前期突出"实"。长汀县于1999年、2003年、2007年对全县水土流失进行卫星遥感调查，以小流域为单元，分类型分措施登记

---

① 《福建省长汀县推进水土流失精深治理》，http://www.forestry.gov.cn/main/141/20200522/144548006245792.html，2020年5月22日。

② 《福建省长汀县推进水土流失精深治理》，http://www.forestry.gov.cn/main/141/20200522/144548006245792.html，2020年5月22日。

③ 《篮杨梅里的初心》，http://www.hebitv.com/news/49979，2019年7月4日。

建档，建立全县项目库，在此基础上编制可行性研究报告、初步设计报告、年度实施方案并通过专家审查论证，力求措施得当、布局合理。三是项目管理突出"实"。项目管理做到三个规范，即规范质量标准、管理措施、资金审批。四是干部群众真抓实干。长汀各级党委、政府把治理水土流失作为"民心工程""生存工程""发展工程""基础工程"，把工作着力点放在凝聚民心、发挥民智、调动民力上，尊重群众的首创精神，积聚全县人民的合力，发扬老区人民自力更生、艰苦奋斗和"滴水穿石、人一我十"的精神，几十年如一日治理水土流失，辛勤的汗水终于换来了今天的绿水青山。

（三）开拓创新、因地制宜探索发展新路径

长汀水土保持工作始终坚持开拓创新、因长汀制宜、因长汀施策的原则，通过创新理念、技术、机制、管理，探索出了一条适宜南方水土流失治理的新路子："反弹琵琶"治理理念加快了水土流失治理步伐，"等高草灌带"、陡坡地"小穴播草""草牧沼果"循环种养、乡土树种的优化配置等技术提高了水土流失治理效益。科技协作机制提高水土流失治理的科技含量。资金补助机制调动了人民群众广泛参与治理水土流失的积极性，创新项目管理，建立项目管理卡，实行项目管理终身制，保证了水土流失治理的质量。

（四）以民为本，生态产业带动人民增收致富

长汀的水土保持工作一直按照"生态修复要和人工建设相结合，生态建设要与经济建设相结合，生态建设要与能源建设结合起来，水土保持要和地方经济发展结合起来"这个指导思想，把水土保持与改善生态、改善民生相结合。一是从解决群众的生活入手，建立疏导用燃的渠道，烧煤由政府出资补贴，建沼气池给予补助，引导农民以煤、电、沼代柴。2000 年以来，全县用于节能改燃补助达 2000 多万元[①]。二是鼓励农民开发性治理荒坡地，变水土流失区为经济作物区，推动水土流失治理与农村经济结构调整和地方特色产业的结合，促进农业增收和农民增收。三是积极探索和推广"草牧沼果"循环种养生态农业，解决农村燃料和肥

---

① 《福建长汀县水土保持生态建设的经验启示》，http://fj.sina.com.cn/news/m/2012-01-30/1454122322.html，2011 年 8 月 5 日。

料问题，同时拉长了产业链，增加了农民收入。四是注重水土流失区剩余劳动力的转移问题。结合沿海劳动密集型产业向内地转移的契机，大力发展以针纺织业为主的劳动密集型产业，从非农渠道增加农民的收入，减少农民因农事生产及其他因素对大自然的破坏。

长汀的绿色转型是欠发达山区的伟大创举，也是红壤区水土流失治理的宝贵经验。它不仅是习近平生态文明思想的重要孕育地，也是践行习近平生态文明思想的成功试验田。长汀人民用成功实践总结出"党委领导、政府主导、群众主体、社会参与、多策并举、以人为本、持之以恒"的水土流失治理经验，创造了生态文明建设的奇迹，释放出经济社会发展的多重效应。长汀县从水土流失重灾区转变为国家生态文明建设示范县，成为全国水土流失治理的一面旗帜。2017年，长汀成为第一批国家生态文明建设示范县和"绿水青山就是金山银山"创新实践基地。2018年成功摘掉福建省扶贫开发重点县的帽子。2020年，长汀县水土流失综合治理与生态修复成功入选联合国《生物多样性公约》第十五次缔约方大会（COP15）生态修复典型案例，"长汀经验"开始走向世界。长汀经验不仅对全国具有典型示范作用，也是向世界讲述生态文明建设中国故事的良好范本，在传播中国生态智慧、贡献中国绿色经验方面意义深远。

第四节　多措并举夯基础，推动乡村人才振兴

进入新时代，在打赢脱贫攻坚战消除绝对贫困后，全面推进乡村振兴，这也是中国"三农"工作重心的历史性转移。人是生产力中最积极、最活跃的因素，乡村要振兴，乡村人才必振兴，要坚定不移实施人才强农战略。习近平总书记在两院院士大会和中国科协十大上发表的重要讲话中强调，要激发各类人才创新活力，建设全球人才高地。[①] 因此，要实现乡村振兴的总目标、总要求，关键在人才。人才振兴是实施乡村振兴

---

①　人民日报评论员：《激发各类人才创新活力——论学习贯彻习近平总书记在两院院士大会中国科协十大上重要讲话》，http://www.gov.cn/xinwen/2021-06/03/content_5615371.htm，2021年6月3日。

战略的重要推动力,是落实"二十字总要求"的有力保障。福建晋江是中国民营经济的摇篮之一,民营经济占有90%以上的份额。在30多年的首轮创业中,这里创造了闻名全国的"晋江经验""晋江模式"。1996年至2002年,时任中共福建省委副书记、省长习近平曾先后7次深入泉州市所属的晋江市,总结晋江发展成就,提炼出"六个始终坚持"和"正确处理好五大关系"为核心内涵的"晋江经验"。[①] 晋江的持续快速发展,与晋江持续推进人才体制机制改革、精确定位人才战略、精准引育产业人才、精心营造的创新环境密不可分。晋江的人才战略为晋江的持续发展注入源源不绝的动力。

一 基本概况

晋江市位于我国东南沿海,是福建省经济最强的县级市。"晋江经验"是1996年到2002年期间,习近平同志七下晋江,通过走访企业、社区、农村、基层在实地调研中总结提出的。20年来,在"晋江经验"的指引下,晋江开启了一条全面发展之路,不仅成为经济强县,也成为一座天蓝水绿的魅力宜居之城。当前,中国特色社会主义已经进入新时代,打赢三大攻坚战、全面推进乡村振兴的任务繁重。面对新形势、新问题,习近平总书记20年前总结出的"晋江经验"不仅对于发展县域经济具有很强的指导作用,对于今天推动我国的乡村振兴尤其是人才振兴也深具现实意义。

(一)背景介绍

晋江地处福建东南沿海,濒临台湾海峡,陆域面积649平方公里,海岸线长121公里。改革开放初期,晋江处于以农业为主的自给、半自给状态,GDP仅为1.45亿元,[②] 低于全国的平均水平,经济在较长的时期落后于其他地方,属于典型的"一方水土难养一方人"的贫困农业县。1978年,改革的春风吹遍了神州大地,晋江从"三闲"(闲房、闲资、闲置劳动力)起步,"三来一补"(来料加工、来样加工、来件装配和补偿贸易)过渡,再到"三资企业"上路、"产业集群"迈大步,创造出

---

① 习近平:《研究借鉴晋江经验 加快县域经济发展》,《人民日报》2002年8月20日。
② 相关数据来源于晋江市人民政府网站,http://www.jinjiang.gov.cn/。

以"市场经济为主、外向型经济为主、股份合作制为主、多种经济成分共同发展"为主要特征的经济发展模式，这一系列积极的措施让这块土地很快焕发了生机，从1978年到2001年，晋江经济迅速发展，年均增速达到26.16%，2001年晋江全市的生产总值突破300亿元，实现了从"高产穷县"到"福建第一""全国十强"的巨大跨越。长期以来，晋江坚持统筹规划建设，逐步从一个"城市不像城市、农村不像农村"的"特大镇"转变成为一座功能完善的现代化城市，真正实现了全市一座城、城乡一体化发展。晋江的发展速度之快使其在全国备受关注，在这惊人的发展速度背后的原因也引人深思。1996年到2002年，习近平同志在福建工作期间，通过七次深入晋江进行实地调研，将晋江经济社会持续快速发展的成功经验提炼概括为"六个始终坚持"和"正确处理好五大关系"的"晋江经验"。该理论为中国县域发展提供了不同的实践经验，自发布以来成为指引晋江乃至福建加快改革、全面发展的行动指南。

（二）"晋江经验"的核心内涵

1996年至2002年期间，先后担任福建省委副书记、省长的习近平七下晋江进行实地考察。通过全面深入的实地调研，习近平同志将国内外改革发展大势与闽南独特的地理人文环境相结合，从而提炼出"晋江经验"，并将其主要内容概括为"六个始终坚持"和"正确处理好五个关系"两个方面。

"六个始终坚持"即始终坚持以发展社会生产力为改革和发展的根本方向；始终坚持以市场为导向发展经济；始终坚持在顽强拼搏中取胜；始终坚持以诚信促进市场经济的健康发展；始终坚持立足本地优势和选择符合自身条件的最佳方式加快经济发展；始终坚持加强政府对市场经济的引导和服务。"六个始终坚持"围绕着晋江生产力发展情况，从实际出发，试图实现市场、企业、政府三者的有机统一，从而促进晋江整体经济的发展。"正确处理好五个关系"即处理好有形通道和无形通道的关系，既重视基础设施方面的有形通道建设，又要重视产业、资金、人才流、技术等无形通道建设；处理好发展中小企业和大企业之间的关系，通过培育龙头企业提升抗御市场风险能力，同时改革企业体制、机制、技术和管理，做大做强企业；处理好发展高新技术产业和传统产业的关系，传统产业是产业发展的基础和支撑，高新技术产业代表着产业升级方向，在产业升级的同时发展具有优势的传统产业，用高新技术对传统产业进行改造和提高；处理好工业化和城市化的关系，工业化与城市化都是现代化建设的必由之路，两者相辅相成，努力在工业化与城市化协调发展方面进行探索；处理好发展市场经济与建设新型的服务型政府之间的关系，我国的经济体制决定了政府不能放手经济，新型的服务型政府也意味着政府要减少审批，将属于市场的职能更多地交给市场。"处理好五大关系"立足于晋江经济发展，为正确处理各类关系提供了思路指导。正是在"六个始终坚持"和"正确处理好五个关系"的指引下，晋江坚持解放和发展生产力，坚持社会主义市场经济改革方向，全面激发了晋江的创造力和发展活力。

（三）"晋江经验"指引乡村人才振兴

人才是乡村发展的核心竞争力，想要快速发展实现乡村振兴，需要有充足的人才保障。20年来，在"晋江经验"的指引下，晋江市深化"三农"体制改革，出台各种政策吸引大学毕业生等人才参与农村创业创新，从以下三个方面采取措施为乡村振兴提供有力的支撑。首先是搭建农村创业创新平台，打造资源聚集高地。一方面，通过建设创意创业创新园、国际工业设计园、智能装备产业园、福大晋江科教园等科技创新载体，为农业农村各类人才的创业创新提供足够的空间，搭建好孵化共享平台。另一方面，与省内外高校签订农村双创合作协议，搭建校地合作平台。其次是培育农村创业创新主体，壮大乡村人才队伍。一方面，完善"人才创业创新"政策，以优越的政策吸引一批人才回到乡村创业，在实现自身价值的同时为乡村振兴贡献力量。另一方面，通过开展为期3年的"百生百村"乡村志愿服务等活动，实施"人才反哺农村"计划。最后是开展农村创业创新活动，营造出较好的创业氛围。一方面，积极开展各类农村创业创新竞赛；另一方面，开展"五微五营双创"活动。通过开展"微景观、微菜园、微庭院、微森林、微墙绘"、"大学生夏令营、国庆建造营、校园双微创意营、大树微景观工作营、大学生寒假社会实践营"等活动，营造出热闹的创业氛围。通过一系列措施的落地，晋江市在2020年建立了高素质农业农村"双创"团队38个、大学生经营规模农场50家，实现全市农村居民人均可支配收入2.87万元，同比增长 9.2%。①

（四）新时代下"晋江经验"的传承与发展

2019年全国"两会"期间，习近平总书记在参加福建代表团审议时指出，"晋江经验"并未过时，仍然具有很强的指导意义。"晋江经验"既是习近平总书记对晋江发展的先行总结，也是习近平总书记对中国特色社会主义思想的先行探索，它与习近平新时代中国特色社会主义思想是一脉相承的，为习近平新时代中国特色社会主义思想提供了实践来源。新时代背景下系统梳理"晋江经验"不仅可以丰富马克思主义理论思想，也为中国县域经济如何发展提供了地方治理的实践方案。中国特色社会主义当前已进入新时代，解决"人民日益增长的美好生活需要和不平衡不充分的发展之间的矛盾"需要有不同的解决方案，"晋江经验"是晋江人民对中国特色社会主义县域发展道路的大胆探索与成功实践，虽然它只是众多解决方案中的一个，但却是被实践证明真正可行的方案，传承和发展"晋江经验"成为新时代背景下县域发展的新任务。一方面，全面推进"晋江经验"的传承工作，可以为中国县域经济的发展提供全面系统的解决方案；另一方面，全面推进"晋江经验"的发展工作，可以让晋江成为习近平新时代中国特色社会主义思想的实践基地和理论发展基地，继续为中国特色社会主义探索可行的道路，为中国特色社会主义县域发展提供"晋江方案"，助力乡村全面振兴。

二 主要成就及经验

（一）主要成就

近年来，面对产业转型升级和经济结构调整的挑战，晋江市委、市政府始终坚持把人才工作作为经济转型的"第一资源"和"第一推动力"，通过完善体制机制，创新工作方法，充分释放人才红利，为晋江科学发展、跨越发展注入强劲动力。适应"产业提升、城建提速"发展需要，大力引进各类急需紧缺人才，保障人才资源开发与经济社会发展需求相匹配。晋江市现有各类人才近27万人，人才总量占全市总人口的比重达到16%。晋江市的区域创新能力和人才竞争力正在持续增强。目前，

---

① 相关数据来源于晋江市人民政府统计信息发布，http://jinjiang.gov.cn/xxgk/tjxx/。

晋江拥有"国字号"品牌130个、上市公司43家，2013年晋江全市GDP为1355亿元，公共财政收入达到182.75亿元，[①] 人才推动晋江经济完成了从"晋江制造"到"晋江智造"的蜕变。

1. 吸引人才效果显著

晋江已陆续成为泉州市"365"民营企业人才工作机制试点、福建省人才强市试点和第二批全国社会工作人才试点。晋江创新推行了"四优"工作法，创造了独具特色的"晋江人才经验"。《中办信息》等刊发表其做法，中组部人才局来晋调研时也予以高度肯定。目前，晋江共集聚国家"千人计划"专家1人、"国家有突出贡献的中青年专家"2名、省"百人计划"专家7人、泉州市"海纳百川"高端人才53人，拥有在晋工作博士128人（在外晋籍博士255人），人才工作成为晋江的新亮点。

2. 形成多批系列化专业化的产业园区

晋江相继投建了三创园、洪山文创园、智能装备产业园、金井高校科教园、陈埭鞋服创新中心五大创新载体。其中，三创园轻工学院孵化基地共吸纳创业团队和项目27个，洪山文创园累计引进高校及设计机构60家，成功引入清华大学美术学院服装研究所、北京798工作室等30家工业设计专业机构，吸引入驻200多名创意设计人才，成功实现了政产学研的对接融合。晋江累计推动本地企业与20多家高等院校合作实施79个产学研项目，承担27个国家级、省级重大科技项目。引入中科院海西研究院、中国纺织科学研究院、中国皮革和制鞋工业研究院等7家公共技术服务平台，累计集聚各类技术研发人才200多人，对接技术成果51项，促成22个项目签约，服务企业200多家。如引进哈工大机器人研究所专家，合作实施"智能化改造"工程，带动全市至少30%规模以上企业应用智能化装备，已累计替代人工达10万人。注重发展企业技术研发平台和众创空间，建设重点实验室、工程实验室和企业技术中心等200多家，众创空间11处，入驻创客团队537个。设立博士后科研工作站，已集聚海内外博士300多名，有力抢占行业价值链高端。

---

① 相关数据来源于《晋江市"十四五"人才发展规划（2021—2025年）》，http://www.jinjiang.gov.cn/xxgk/ghjh/zxgh/202112/t20211230_2677125.htm，2021年12月30日。

3. 培育高科技创新型产业

晋江市设立人才专项资金和产业创投引导基金，下设智能制造、"互联网＋"和创业创新子基金，引导基金保障优秀人才实施创业项目。自2011年起，晋江市累计投入人才资金3亿多元，其中近1亿元投资于科技创新项目，惠及优秀人才5000多人次。2015年全社会R&D投入占GDP比重提升至2.6%，科技创新型企业增至200多家。例如，浩沙实业获10万元科技进步奖励实施的"防散脱纬编无痕弹力面料开发"项目，已实现年产面料128吨，年销售收入6490万元，新增利润1600万元，带动了服装出口产业档次提升。①

4. 人才发展推动产业转型升级

晋江改革开放初期只有1.45亿元的GDP，人均154元，农民人均纯收入107元，仅为全国平均水平的80%，财政收入1488万元，是个入不敷出靠上级财政补助的"贫穷县"。如今发展成为福建省最具经济实力的县级市，在全国也是名列前茅，工业、第三产业、社会事业、社会保障等各个方面也都取得了快速的发展，形成了以劲霸男装、七匹狼、亲亲、恒安等为代表的知名企业，支柱产业形成了完整产业链。目前，晋江民营经济占据GDP版图、财政收入和从业人口的比例都在90%以上。

（二）主要经验

晋江的持续快速发展，与晋江持续推进人才体制机制改革，精确定位人才战略，精准引育产业人才，精心营造创新环境密不可分。概括主要经验有以下几个方面：

1. 构建以服务为导向的人才政策体系

晋江积极构建以服务为导向的人才政策体系，探索政府人才工作职能从"管理"到"服务"的转变。晋江将政府引导、扶持和服务经济的作用与市场配置资源的决定性作用紧密联合，不断完善政府与企业互动联动的体制机制。政府重点做好公共服务平台、政策环境建设这些大环节的引导，放手让企业担当发展主体。在企业发展的每个关键阶段，政府都会及时"出手"，以战略引导、系统培训等有力措施，推动企业沿着正确轨迹发展。通过"政府扶持、统一规划、专业化运营"的方

---

① 相关数据来源于晋江市人民政府网站，http://www.jinjiang.gov.cn/。

式，晋江建设了一批公共创新技术服务机构，形成了一套公共创新技术服务体系。为创造良好的人才发展环境，晋江市委、市政府先后制定出台《关于加快引进优秀人才的若干意见》、全国县级市首份《优秀人才认定标准》和金融人才、工业创意设计人才等十多份相衔接、相配套的扶持政策，各种优惠措施涵盖了人才生活所需的方方面面，诸如人才津补贴、住房保障、创业扶持、科研经费资助以及户口迁入、家属就业、子女就学、医保社保等，这些措施集中解决了人才反映强烈的一些突出问题。晋江市财政对公共服务体系的打造、人才工作服务方式、内容等作出明确规定，将"服务"意识贯彻到人才工作的始终，为推动政府人才工作职能转变，依靠人才促进转型升级提供坚实的政策保障。

晋江政府不断加强政企互动，从 2003 年举办首期北大（晋江）总裁研修班，至今实施企业家素质提升行动"领航计划"，引入专业运营机构，实行一体化运营、系统化培训、项目化推进和市场化运作，先后培育了超千名优秀企业家，培育上市企业 46 家，居全国县级市首位。

2. 建立人才综合评价体系，完善人才激励制度

着力建立科学化、社会化、市场化的人才评价制度，先后出台县级首份优秀人才认定标准和"1+N"人才政策体系，遵循人才分类评价，对高端创新型人才、企业应用型人才、科技创业型团队分别制定评价标准，采取政府认定、企业评定、专业机构评审相结合的多元评价方式，按一至五类进行评价。构建人才服务全链条，从生活补助、培训补贴、住房、就医、子女就学等多个角度给予大力扶持，全力打造人才宜居宜业的城市环境和高配套低成本的创业环境。给予每人最高 80 万元购房补贴、4 万元学术活动资助、每年最高 18 万元工作津贴或一次性 1 万元交通补贴，给予创业团队最高超 2000 万元项目资金扶持。首创企业自主评定人才优惠申购人才保障住房，共计 523 套，市财政补贴超 5000 万元。① 打破"三唯"限制，突出实用适用导向，把技能娴熟、急需紧缺的产业一线工人纳入人才范围。对掌握产业核心技术的顶尖人才，采取"一事一议"提供特殊政策。实施青年人才"生根计划"，促进青年扎根晋江。

---

① 相关数据来自《晋江市人民政府关于实施高层次人才"海峡计划"的意见》，http：//www.fjicip.com/system/2016/09/20/010966723.shtml，2016 年 9 月 20 日。

出台优秀人才享受工作生活待遇政策，为优秀人才提供子女就学、医疗保健、居住保障、出入境、落户及法律服务等10项生活优待，给予"一站式受理、一站式办结"服务。

3. 拓宽人才引进渠道

晋江坚持人才链和产业链融合，把立足产业引才作为主攻方向，广撒网，精捕捞，定向发力，广泛招引。成立"晋江博士协会"，大力开发海内外的优秀人才资源，从而吸引高层次人才到晋江市开展学术技术交流，或者鼓励高层次人才带着自己的项目、技术或团队到晋江发展。晋江启动"家园计划"，为广大会员构建交流合作平台，提供个性化、贴身式服务，努力打造"博士之家"。实施高层次人才"海峡计划"，推出"海峡八条"措施，采取"领军人才"+"创新团队"+"创业项目"引才模式，推动高端人才、高新技术、创新成果向产业聚集。做好海内外晋江优秀人才征集工作，建设优秀人才网络网上报名系统，收集相关单位海内外晋江籍人才相关信息，并加以汇总。

4. 搭建创业平台，吸引创新人才

晋江的城市建设目标是国际化创新城市，作为创新城市的先决条件是拥有众多的各层次创新人才，因此晋江十几年来，精心设计和实施人才引进政策，在财政不十分宽裕的情况下，补贴高级人才在地服务晋江民营企业发展，推动民营企业走创新之路。晋江打造了集创新、创业、创投于一体的区域创新体系，投入上百亿元建设创意创业创新园、洪山文化创意园、福州大学晋江科教园区等政产学研平台；通过帮助企业创建技术研发中心重点实验室等创新平台，从而实现优秀研发人才的集聚，进而促进产学研一体化的形成。实施大孵化器联盟，促进区域内双创空间、科研院校、园区和企业等资源开放共享、协同创新。晋江拥有国家级技术中心5个、省级技术中心24家，培育省级以上高新技术企业、创新型试点企业103家，吸纳各类创新人才6000余名，年创造经济效益近百亿元。为强化创新成果知识产权保护，晋江成立工信部电子知识产权中心泉州分中心和中国集成电路知识产权联盟泉州分部。为提高对于人才创新创业活动的资金支持，发挥专项资金的先导效应，晋江引导金融机构创新人才贷、成长贷等金融产品，实行投贷联动、股权众筹，创业人才最高可获得500万元政府风险投资和300万元的社会风投配套，并享有政府股权的收益返还、优先回购等权益。晋江市财政设立1亿元人才专项资金、5亿元产业创投引导基金，下设智能制造、"互联网+"和创业创新子基金，引导基金保障优秀人才实施创业项目。自2011年起，晋江累计投入人才资金3亿多元，其中近1亿元投资于科技创新项目，惠及优秀人才5000多人次。2015年，全社会R&D投入占GDP比重提升至2.6%，科技创新型企业增至200多家。[①] 例如，晋江落实鼓励高校毕业生自主创业的扶持政策。实施大学生创业助力计划，主要是面向高校毕业生，通过开设创业大讲堂、组织创业培训班、举办创业项目与企业对接会等方式，为具有创业意向的高校毕业生提供系统全面的创业辅导。建立大学生创业孵化基地。实施"大学生创客公寓计划"，为求职、就业大学生提供可拎包入住的免租公寓1000多套。

5. 优化人才发展环境

引进人才，需要留得住人才。十几年来，晋江优化人才居住环境，以高标准、高规格、高绿化的要求，构建起现代化的陆海空交通网络，建设起科学的水系系统和城市森林系统，基本上达到山水城市的目标。通过学前教育到高等教育体系的不断完善，形成完整的教育设施和高水准的义务教育系统，为各类人才提供教育供给。现在的晋江是一个绿带环绕、碧水蓝天、高楼林立、教育发达的现代化宜业宜居城市。晋江优化服务环境，建立健全协作落实、议事决策、挂钩联系等三大方面八项基本工作制度，从而统筹安排各方资源，做好人才工作。最后，依托市人事人才公共服务中心，设立人才综合服务部门，开通人才服务热线，为各类优秀人才开展学术交流、学习培训、创业援助以及组织人事关系挂靠、政策咨询仲裁提供完善服务。晋江优化人文环境，建立各级领导挂钩联系优秀人才制度，定期走访慰问人才，推荐各类人才参评参选社会荣誉评比，提高人才的成就感、荣誉感和自豪感。

6. 提升企业家素质，促进企业高起点转型

民营经济的发展，企业家起着举足轻重的作用。提升企业家的素质对于强化企业创新主体地位、促进企业高水平转型尤为关键。近年来，

---

① 相关数据来源于晋江市人民政府出台的《关于加快引进优秀创业团队和项目的若干意见》，http://www.fjicip.com/system/2016/09/20/010966728.shtml，2016年9月20日。

晋江针对民营企业家队伍开展各类培训，针对不同时期的产业发展现状，瞄准企业家群体，精心开展差异化培训活动。晋江引进麦肯锡来晋江设立领导力中心教学点，成功打造北大、港大总裁班、青商财俊班、鞋服领军人才东华大学研修班等系列高端培训品牌，民营企业家进名校学习，标志着晋江转型发展的新起点。有了这些高起点培训，晋江的企业家们站得更高，看得更远。晋江立足政府主导，依托本地职校，构建与产业发展需求相衔接的人才培养体系。由金龙集团等五大企业联合创办泉州轻工职业学院，与台湾首府大学等合作办学、引进台湾先进职教模式。校企联办，推进高校与企业人才合作，先后有216家企业与83所高校长期开展人才合作、联合办班。企业自办的"恒安管理学院""七匹狼商学院""利郎营销学院"等一批企业大学应运而生，活力迸发的晋江，成为人才成长的沃土。晋江开展科技创新"五清零、六提升"专项行动，通过扶持企业设立研发中心、重点实验室、院士（专家）工作站，突出企业创新主体地位，夯实企业研发力量。安踏的国家级技术研发中心，安踏人自豪地称它为"芯技术"生产中心。包括目前体育服装制造领域尖端工艺的冠军龙服就从这里开始走上2012年伦敦奥运会中国代表团的领奖台。目前，全市共有企业—高校共建实验室60家，省级以上技术中心、重点实验室45个，吸纳各类人才6000余名，年创造经济效益近百亿元。

7. 改善育才环境，坚持因材施教

政府全力主导：通过发展现代职业教育，并且依托于晋江市中、高等职业院校，开设了服装设计、鞋类设计与工艺、动漫设计与制作、机电一体化技术等晋江产业急需的专业和培训项目，从而成功构建了与晋江产业发展需求相衔接的人才。企业积极参与：泉州轻工职业学院就是由金龙、恒安、安踏、浔兴等企业联合创办的职业学院，该学校不仅配套引进了台湾先进的职教模式，而且与台湾首府大学、弘光科技大学、南亚技术学院、大华技术学院合作办学，开了晋台人才培养合作的先河。校企有效联办：据相关统计表明，先后共有200多家企业与80多所高校长期开展人才合作，一些企业还与高校联合办班。如恒安在华侨大学设立了恒安机电班，浔兴在福建江夏学院设立了SBS拉链学院，凤竹在天津工学院设立了凤竹函授班，从而实现了企业员工委托院校来培养。

三 借鉴意义

地处闽东南沿海,以践行"晋江经验"为动力的福州长乐区,在改革开放中显示出了高昂的发展锐气。长乐坚持把人才振兴作为乡村振兴的重要基础,着力从"聚才、育才、用才"上下功夫。依托专家、学者等高素质专业人才,打造服务长乐乡村振兴的一流"智库平台"。全方位提升乡村振兴干部队伍的能力和水平,着力打造一支政治过硬、本领过硬、作风过硬的乡村振兴干部队伍。激励人才回乡创业,主动服务乡村振兴战略,积极参与乡村建设行动,形成推动乡村振兴的强大合力。

(一)优化人才发展环境

长乐把人才振兴作为乡村振兴的重要基础,为了给企业发展提供全方位服务,从"聚才、育才、用才"上下功夫。依托专家、学者等高素质专业人才,打造服务长乐乡村振兴的一流"智库平台"与中介组织、科研院所建立密切合作关系。全方位提升乡村振兴干部队伍的能力和水平,打造一支政治过硬、本领过硬、作风过硬的乡村振兴干部队伍。激励人才回乡创业,主动服务乡村振兴战略,积极参与乡村建设行动,形成推动乡村振兴的强大合力。2020年起,长乐区人社局共为18人申报福建省B类引进高层次人才、15人申报福建省C类引进高层次人才、173人申报省工科类青年专业人才、311人申报福州市"双一流"高校毕业生引进落地奖励(244人已认证,正在申报有67人)。

(二)完善人才培养机制

在人才培养方面,长乐参照晋江模式,鼓励企业与大专院校、科研单位开展人才培养、技术交流合作,积极着手建立博士后流动站,并积极筹划与省内外的高校联办服装学院、冶金研究所,努力打造长乐的人才孵化基地。长乐加大就业创业培训力度、壮大技能人才队伍。为了让贫困劳动力、择业期内未就业高校毕业生、岗前培训人员等充分享受政策红利,长乐区人社局入社区、到企业、进校园,采取多项举措精准发力,并通过走访辖区企业,宣传职业技能培训相关政策,广泛听取员工需求,在各乡镇、街道、社区"量体裁衣",打造更适合他们的培训班。

(三)建立人才信息库,落实人才优惠政策

长乐联合乡团委,对现有长乐乡高校毕业生进行梳理,建立人才库,

同时联合长乐乡其他部门,向这些高校毕业生宣传返乡创业的各项优惠政策,展望美好愿景,共同探讨家乡发展方向,动员引导他们为家乡发展建言献策、贡献力量,诚邀他们回乡干事创业。为获评福州市级以上荣誉的各类高层次人才发放配套奖励补助,并鼓励人才以知识产权、科研成果等要素按贡献参与分配,激发人才创造积极性。制定出台《长乐市人才公寓保障管理办法》,推出114套公寓,以底价租赁或优惠购买的方式提供给符合条件的引进人才,切实解决人才住房问题。

（四）发挥平台优势精心育才

人才工作的活力取决于体制和机制。体制和机制活,人才工作才能推陈出新,体制机制活,人才工作才能满盘皆活。长乐整合资源,充分利用两个"平台"建设,培养各类大数据人才。一方面,通过"院校协作平台"推进人才培养机制建设,设立云计算、大数据、VR、物联网等新兴技术领域的专项学院,建立信息化人才实训基地。另一方面,通过众创空间培育创新文化,激发全社会创业创新活力,研究出台《关于贯彻落实省政府大力推进大众创业万众创新十条措施的实施意见》,全面推进大众创业、万众创新,以创业带动就业,以创新促进发展,构建创业创新生态体系。

第五节　激发基层党组织动能,推进乡村组织振兴

求木之长者,必固其根本。乡村振兴,组织振兴是根本和保障。没有组织振兴就没有产业振兴,更不会有人才振兴、文化振兴和生态振兴。组织振兴是乡村振兴的根本动力,是推动乡村全面振兴的强大保障。组织振兴的关键是加强农村基层党组织建设,使党支部更好发挥战斗堡垒作用,成为带领农民群众脱贫致富的主心骨。农村基层党组织是贯彻落实乡村振兴战略的组织者、推动者和实施者,是党在农村全部工作和战斗力的基础,是贯彻落实党中央决策部署的"最后一公里",肩负着深入推进乡村全面振兴的历史使命。火车跑得快,全靠车头带;农村富不富,关键看支部。选优配强村党支部书记,建设强有力的村两委领导班子,是加强农村基层党组织建设的关键。农村党支部书记是基层战斗堡垒的"班长"、农村改革发展的"领头雁"、乡村振兴的实践者,要选配对党忠

诚、品行过硬、能力过强，具有责任担当的基层党组织书记，这对充分激发党员群众干事创业的决心和信心、切实增强基层党员群众的凝聚力具有重要作用。陕西省礼泉县袁家村在两代村书记的带领下，经历了"从农到工，又从工到游"的转型，实现了从"烂杆村"到"标杆村"的蜕变，向我们充分证明了选优配强村干部对于推进乡村全面振兴有多么重要。

一 基本概况

袁家村隶属于陕西省咸阳市礼泉县烟霞镇，地处关中平原腹地，地势西北高、东南低，地貌分为南部台塬和北部丘陵沟壑区两大类。袁家村坐落在举世闻名的唐太宗李世民昭陵九嵕山下，周边有着丰富的历史文化资源，距离袁家村约10公里的唐太宗昭陵是全国第一批文物保护单位，是世界上最大的皇家陵园。袁家村境内的唐肃宗建陵石刻是关中地区诸多帝王陵墓中数量最多、保存最完整的雕塑石刻群。袁家村是陕西省著名的乡村旅游地之一，交通十分便利，处在西咸半小时经济圈内，距离省会西安60公里，约1小时车程，武银高速、关中环线312国道和关中旅游线均擦边而过。袁家村自然环境十分优越，属于暖温带半干旱大陆性季风气候，平均海拔402米，年平均气温12.96℃，无霜期214天，年均降雨量537—546毫米。袁家村村域面积0.4平方公里，村庄占地面积320亩，现有户籍人口62户286人，常住人口500人[①]。历史上，由于地处渭北，土地贫瘠，干旱少雨，资源匮乏，袁家村是礼泉县有名的"地无三尺平、砂石到处见""耕地无牛、点灯没油、干活选不出头、吃粮靠救济"的"烂杆村"。然而，从20世纪70年代开始，袁家村在郭裕禄和郭占武两代村党支部书记的带领下，历经农业、工业和服务业三个发展阶段，通过艰苦创业拔出穷根、兴办企业奔小康、乡村旅游促跨越"三步走"规划，最终实现了乡村共同致富和全面振兴，完成了从"烂杆村"到"标杆村"的蜕变[②]。2019年，袁家村接待游客超600万人

[①] 数据来源于陕西省礼泉县统计信息，http://www.liquan.gov.cn/zfxxgk/xzxxgkml/yxz/jg-zn/，2022年3月23日。

[②] 倪坤晓：《陕西袁家村兴盛密码》，《当代农村财经》2021年第11期。

次，旅游总收入已超过 10 亿元，本村的 62 户 286 个村民人均年收入均已经超过了 10 万元①。

回顾和总结袁家村发展历程，大致可以分为三个阶段。第一阶段，20 世纪 70 年代初，为了解决温饱问题，在第 36 任队长郭裕禄的带领下，袁家村大力发展粮食生产，挖坡填沟、平整土地、打井积肥，把靠天吃饭的坡地、小块地变成了平展整齐、旱涝保收的水浇地，粮食产量节节攀升，粮食亩产从 1970 年 160 斤逐年提高到 1650 斤，不但解决了吃饭问题，而且户户还有余粮，成功甩掉了贫困帽子，还一举成为全国发展农业"学大寨"的模范村②。第二阶段，20 世纪 80 年代初到 90 年代中期，袁家村抢抓改革开放机遇，根据中央"宜分则分，宜统则统"的精神，没有分田到户，选择继续集体经营，大力发展村办企业，依靠九嵕山丰富的矿山资源，"靠山吃山"，村里先后兴办了砖瓦窑、水泥预制厂等一大批村办集体企业，到 1995 年前后逐步发展成为集建筑、运输、餐饮、房地产开发、影视等于一体的农工商综合化经营的集团公司。同时，袁家村审时度势，放弃了原有的土地集体管理的旧有模式，将土地承包到农户，大力发展果品产业，使村民的收入变成了"果业收入＋工资收入＋村集体分红"的新模式。2000 年袁家村人均年收入已增长至 8600 元，集体资本积累已达到 1.8 亿元，全村人都住上了"楼上楼下、电灯电话"的连排楼房，成为全国闻名的"小康村"和"富裕村"③。第三阶段，20 世纪 90 年代后期，随着国家产业政策调整，淘汰落后产能，曾经带给袁家村经济高速发展的高耗能、高污染的水泥厂、石灰厂等村办集体小企业陆续破产倒闭。2000 年以后，由于集体经济萎缩，村民收入急剧下降，村里的年轻人为了谋出路纷纷外出务工，就连村党支部书记郭裕禄的儿子郭占武也成了外出务工的一员，曾经享誉全国的"明星村"逐渐变成了"东西一条街，南北两排房，工厂废墟多，环境脏乱差"的"空心

---

① 《小乡村有大时尚——陕西袁家村的乡村振兴密码》，新华社，https：//baijiahao.baidu.com/s？id＝1683241022750559019&wfr＝spider&for＝pc，2020 年 11 月 13 日。
② 魏丽莉：《以组织振兴统领乡村振兴：袁家村模式的镜鉴与启示》，《中国经贸导刊（中）》2019 年第 11 期。
③ 《乡村旅游第一村——袁家村，是怎么炼成的？》，https：//new.qq.com/rain/a/20210726A05LGW00，2021 年 7 月 26 日。

村"。

2007年，郭占武回村几乎全票当选了袁家村第37任村党支部书记，从其父亲郭裕禄手中接过了振兴袁家村的光荣使命和责任，他向全村人民郑重承诺，"要千方百计谋发展，绝不让一家一户掉队"。郭占武自担任袁家村书记以来，始终秉承着为人民服务的宗旨，把带领父老乡亲脱贫致富作为使命，他一心扑在振兴袁家村的事业上，不拿报酬，全心全意为群众、为袁家村的发展服务。郭占武在担任村党支部书记以前是一位返乡的成功商人，他富有远见、思路清晰、敢于创新，善于从村民日常生活中找寻发展机会，从乡村传统习俗中挖掘发展资源。为了不让袁家村继续衰落下去，郭占武想通过发展乡村旅游业来让村民富起来。当时，从旅游专业人士到地方领导乃至本村村民，都对郭占武的这一想法表示反对，他们均认为"没山没水"的袁家村不适合发展旅游业。最后，在没有政府项目资金投入，也没有外部资本进入，更没有银行贷款和社会融资的情况下，郭占武带领袁家村村民，因地制宜，以关中民俗和地道的农村生活为依托，走出了发展乡村度假旅游和壮大农副产品产业化的特色乡村振兴道路。

郭占武带领袁家村村民，以乡村旅游为突破口，打造农民创业平台，解决了袁家村产业发展和农民增收问题；以股份合作为切入点，创办农民合作社，解决了袁家村收入分配不均和共同富裕问题。袁家村在现任村党支部书记郭占武的带领下，十年磨一剑，通过一系列创新实践，成功探索出了一条独具特色的"从吃到住，再从住到产"的乡村振兴之路。2007年以来，袁家村引来了1000多名创客，吸纳就业3000多人，带动周边万余农民增收，实现年游客接待量700万人次以上，旅游收入超过10亿元，村民人均纯收入10万元以上[①]。袁家村先后获得了国家4A级旅游景区、中国十大美丽乡村、全国乡村旅游示范村、中国十佳小康村、中国最有魅力休闲乡村、国家特色景观旅游名村、全国一村一品示范村、中国乡村旅游创客示范基地等称誉。袁家村的发展经历三次转型，在每一次转型中袁家村都能抓住机遇，大胆创新，与时俱进。袁家村之所以能够攻坚克难，成功实现转型，关键在于有一支艰苦奋斗勇于创新的党

---

① 黄莉：《"袁家村模式"的成功与思考》，《巴中日报》2021年第5期。

员队伍。袁家村的党员干部脚踏实地、敦本务实、勤勤恳恳，是袁家村乡村振兴事业取得巨大成功的最大法宝。

二 主要成就及经验

在村党支部书记郭占武的带领下，短短的十几年时间里，袁家村就从一个贫穷落后的"空心村"迅速发展成为中国农村发展乡村旅游的先行者和行业标杆，走出了一条独具特色的乡村振兴之路，为落后地区乡村发展探索出了一条可借鉴的振兴之路。袁家村的成功可以归结于"村干部带领村民共同致富的典型"，其模式可以归结为"以村集体领导为核心，村集体平台为载体，构建产业共融、产权共有、村民共治、发展共享的村庄集体经济"的发展模式，具体表现为以下几个方面。

（一）以村党支部领导为核心

袁家村之所以能在几十年的发展中始终走在时代前列，根本原因在于有一个坚强有力的党支部班子，有一个团结实干的领导集体。从20世纪70年代的郭裕禄书记等一班人，到现在的郭占武、郭俊武等一班人，他们都有理想、敢担当、事业心强、责任心重，对群众感情深，对自己要求严，在他们身上充分体现了进取精神和实干精神，他们带领袁家村村民不断探索适合自身的发展道路，并取得了巨大成就。村党组织作为乡村全面振兴的领导核心，其自身建设的好坏直接关系到党的建设全局和乡村振兴的成败。袁家村坚持选能人配强人、建班子抓队伍，在农民群众犹豫观望不敢干的时候，村干部带头领办农家乐，做给群众看、带着群众干，打开了一片新天地，充分发挥了农村党员的先锋模范作用。袁家村所有村干部都是义务服务，不拿工资，他们把为群众办实事、为群众谋福利作为一切工作的出发点和落脚点。袁家村现任村党支部书记就任时，就曾向袁家村全体村民郑重承诺，"要千方百计谋发展，带领乡亲奔小康，绝不让一家一户掉队"，他也时常对其他村干部讲，"当干部就要有奉献精神，就要能吃亏，先群众后干部，最终才能达到共同富裕"。郭占武在任期间身体力行、以身作则，用切实的脱贫致富成果取得了袁家村全体村民的信任。正是在郭占武书记的带领下，袁家村所有村干部都形成了共同的思想认识，即"干部没有任何特权，干部队伍就是服务队，就是为村民跑腿、为群众服务的，村里发展好了，自己家也会跟着好,有大家才有小家"。多年来,村党支部始终是袁家村的核心,时刻发挥着战斗堡垒作用,从办农家乐、小吃街到建作坊、搞合作社,从招商引资到进城出省,袁家村所有的发展决策都要通过村党支部拿主意。袁家村正是在这样一个强有力的党支部和一心为民的支部书记的带领下,才保证了把党和国家的各项惠农政策能落到实处。袁家村的成功是村干部带领村民共同致富的典型案例,也充分说明了一个好的带头人、"领头雁"对乡村振兴的重要性。

（二）坚持村民的主体地位

袁家村取得巨大成功的另一大法宝是坚持了村民的主体地位不动摇,把村民培育成了乡村发展的主力军。袁家村在发展之初,就明确了自主发展的路径,村集体明确提出要坚持村民的主体地位不动摇,树立村民的主人翁意识,让全体村民当家做主,自主管理、自我发展,确保了全体村民的根本利益和长远利益。袁家村在发展旅游业的过程中,并没有让"原住民"消失,而是通过一系列措施把他们培育成了产业发展的主力军,充分调动了村民的激情与创造力,让全体村民共建共享袁家村。首先,袁家村以关中民俗文化为主题,以打造"关中印象体验地"为定位,为村民打造了创业平台,并提供优惠政策,让村民可以低成本或无成本进行创业和经营。最初,袁家村以集体经济对本村村民创业进行支持,承诺如果村民经营失败,亏损将由村集体经济进行补贴。例如,为鼓励本村村民发展农家乐,袁家村给愿意投资办农家乐的村民报销一半的装修费,同时免费供应水泥。2007—2008年间,在康庄老街开作坊,可以免除租金,甚至有的作坊因为要从外村请人,还由村集体承诺了保底工资。2010年,招募小吃街商户时也免除租金。为了解决袁家村发展过程中农民素质与旅游业发展速度不匹配的问题,袁家村开办了"农民学校"和"袁家村夜校",解决了农民的思想问题、教育问题和服务问题,切实提高了整体村民的素质。同时,为了适应旅游市场需要,提高服务质量,袁家村还在农民夜校为村民和商户教授英语,每一年也都会把村民组织起来去日本、泰国等国家学习服务意识和精细化管理。2016年,袁家村组织了300人分6批到日本学习。一个人富不算富,大家富才算富,袁家村坚持以人为本,走共同富裕道路。袁家村积极搭建旅游平台,吸引能人或手艺人先进入袁家村经营,通过市场动态选择,扶持优势项目，再通过股份合作社，实现全民参与、股份共享，实现了利益再分配，最终达到共同富裕的目的。农民和社员入股合作社坚持"全民参与，入股自愿，钱少先入，钱多后入，照顾小户，限制大户，风险共担，收益共享"的原则。

（三）村级"三驾马车"各司其职

发展壮大集体经济，必须构建"政经分开"的治理体系，村支部发挥领导核心作用，村委会发挥服务职能，村级经济组织发挥管理运营职能，在集体经济问题与其他问题之间建立起"防火墙"，促使三大组织各归其位。袁家村从发展旅游业开始就打破了村级党组织、村民自治组织和集体经济组织"三位一体""政经混合"的治理模式，而是让"三驾马车"各司其职。一是职责分开。村党支部作为执政党在农村的基层组织，具有贯彻执行党的方针政策、领导和推行村级民主自治、讨论决定村级经济社会重大问题、加强党员干部的教育和监管等职责，袁家村让村党支部回归了领导、引导和监督职能；村委会作为村民民主自治组织，重在尊重村民意愿，保障村民参与公共事务，为村民提供各项公共服务，维护村民各项合法权益，实现村民在村庄范围内当家做主，袁家村让村委会回归了管理、服务职能；村集体经济组织重在发展村庄集体经济，加强集体资产经营管理，袁家村让集体经济组织回归了集体资产经营管理职能。二是管理分开。村党支部、村委会、村集体经济组织负责人不宜简单提倡"一肩挑"，应当分开设立，民主选举，不得相互兼任。袁家村将村党支部、村委会、集体经济组织人员的选任、撤免、职责、考评、薪酬等方面进行分离管理。党支部成员不兼任经济组织领导成员，以便其发挥对村委会和集体经济组织的领导和监督作用；村委会委员不与集体经济组织成员交叉任职，也不直接参与集体经济的经营活动。三是账目分开。袁家村推行资产、账务、核算三者分离的制度，单独设立行政账簿和经济账簿，具体做法是将非经营性资产确权登记在自治组织名下，将经营性资产确权登记在集体经济组织名下。

（四）坚持自治、法治、德治融合发展

袁家村在村党支部、村委会的领导下，组织搭建了农民创业平台，成立了农民学校，建立了农副产品合作社，为每一个村民提供了平等参与乡村经营的机会，充分调动了村民的积极性和创造性。为了要求每家商户诚信经营,维持淳朴的乡风民情,袁家村制定了乡规民约,进一步保证了袁家村的可持续发展。"村委会监督+道德约束"的经营模式是袁家村旅游业发展的一大亮点。小吃街作为本村旅游业发展的重要内容,袁家村狠抓发展要点,在小吃街的食品安全上狠下功夫。一方面,小吃店的店主们在店门口用最原始的方式发毒誓承诺吃的原料绝不掺假,发重誓保证食品的安全;另一方面,为严格把控食品安全,确保食材的原生态,袁家村要求村集体管辖的商铺,必须使用合作社生产的面粉、油、醋等农副产品。村委会的监督,既保证了合作社的销量,又使广大游客可以品尝到原生态、无任何添加剂的食材。袁家村小吃街的每一道小吃,村民都必须按照传统工艺制作,不能有添加剂,所有原材料也由村里统一供应,不得私自外采,一旦发现将取消经营资格。久而久之,村民们也都把食品安全当成坚守的底线,自律互律,蔚然成风。面对来自全国各地各种形式小吃街的激烈竞争,袁家村的核心竞争力就是用乡情和小吃留住"关中味道",用匠心和诚信保障食品安全。袁家村这种民间自发的道德约束机制成为捍卫其食品安全的有力保障,这也是促进袁家村旅游业发展的生命线。近年来,袁家村致力于打造乡村旅游名片,建设美丽乡村、文明家园。一方面,袁家村通过会议、宣传栏、远程教育等形式开展社会主义思想道德教育,教育村民树立正确的人生观、价值观。另一方面,袁家村以"美丽乡村,文明家园"为依托,打造了文化活动广场、乡风文明一条街等。村上还通过开设"善行义举"榜、村规民约专栏、农民学校,举办旅游礼仪讲座、五好家庭评选、好媳妇好公婆评选等,大幅提升了全体村民的精神文明素养。

三 借鉴意义

(一) 坚持村民为主体,重视乡村"企业家"队伍建设

坚持农民的主体地位,充分发挥农民群众的主观能动性,将农民自主经营作为主旋律,以此来最大化地调动广大农民群众的积极性、主动性和创造性,消灭消极因素,保证公平、公正、公开的原则,保障所有农民的合法权益,使他们成为乡村振兴战略实施的主要依靠者和受益者。袁家村以关中民俗文化为主题,为村民打造了创业平台,并提供优惠政策,让村民可以低成本或无成本进行创业和经营,在村党支部、村委会的领导下,组织搭建了农民创业平台、成立了农民学校、建立了农副产品合作社,为每一个村民提供了平等参与乡村经营的机会,充分调动了村民的积极性和创造性。随着农村市场化的深入,乡村产业升级和农业六化建设(基地化、装备化、特色化、绿色化、组织化、数字化),乡村空间价值、资源要素亟须通过"资源变资产、资金变股金、农民变股东"三变的市场化体制机制安排为农民财富和收入创造条件。一定的组织形式是承载资源要素组合的重要依托,关键是要有一批能够将乡村资源价值高效配置的企业家和高效运作的职业经理人队伍。袁家村的案例表明,村党支部书记领导下的村两委就是这样一支干事创业的"企业家和职业经理人"队伍,党支部书记要成为农村市场化改革中的企业家,支部书记领导村两委一班人要成为一支企业家队伍。选人用人,要把既对党忠诚、有初心,能带领全村党员干部共致富,又有市场经济经营头脑、有管理能力和经验的人放在党支部领导位置上。各级政府和部门乡村振兴工作队和广大干部要成为打造"企业家和职业经理人"队伍的助推器,为其提供政策、资金、技术等全方位支持。同时也要广罗各路人才、乡贤、退休回乡造福桑梓的领导干部,充分发挥他们的才干,为他们在农村干事创业提供平台和创造机会。

(二)创新新型集体经济组织的实现形式

利用市场化利益激励机制将土地、资金、人才等乡村资源要素重新组织起来。我国集体经济产权制度改革虽然明晰集体产权和成员权,在清产核资、折股量化中组建了形式上的"集体经济组织",但全国大多数村庄这类组织并未实际有效运作,与支部书记领办的农民专业合作社也存在"两张皮"现象。集体经济组织的真正运作需要村社一级集体能够对包括土地在内的乡村空间价值、各类资源要素统筹协调,自主化地拥有对乡村资源要素定价权,乡村资源要素资本化的收益统一用于全体村民,以集体股权为保证、市场股权为补充的集体经济性质的股份合作制企业是推动袁家村产业升级和农民转型的关键所在产业发展需要配套的组织形式。它可以统一经营,也可以承包经营、双层经营或多层经营。袁家村个人股权和集体股权相结合的股份合作制集体经济组织创新了集体经济有效实现形式,依靠市场化的利益激励机制将农村土地、人才、资金、资源等重新组合起来,将个人利益和集体利益捆绑起来,将党的民主集中制与股份合作制企业的优势结合起来，使得"我为人人，人人为我"的理念深入人心，在行动上能够自觉贯彻执行，不断增进广大干部群众的集体意识和合作精神。2000年，袁家村积极适应经济形势，调整发展方向，转型投资关中民俗文化旅游，起名为"关中印象体验地"。袁家村村两委干部先带头，群众紧跟，瞄准消费转型，城乡居民对传统乡村民俗、餐饮、旅游旺盛需求，率先开辟出融各种关中小吃、面、油、油泼辣子、酸奶、醪糟、豆腐等加工、销售、餐饮、住宿于一体的新产业形态。同时以招商引资方式与开发商合作开发回民街、祠堂街、书画院等街区，所得收益由袁家村村民和外来商户共享，使袁家村逐步发展成为城乡要素资源深度融合、宜居宜业宜游。2016年以后，在社区市场和需求基本饱和的情况下，袁家村集体资本突破区域界限，不断对外扩张，对外输出袁家村的经验和做法，以品牌价值形式和域外主体进行合作，或以政府采购工程类服务方式，或由地方政府与袁家村共建项目公司的方式来运作各类特色小镇。袁家村产权清晰、激励与约束相容、村社合一的股份合作制集体经济组织高效率，其集体经济组织实行"村支两委＋集团公司"村企合一的职能结构。按照全民参与、入股自愿、钱少先入、钱多少入、照顾小户、限制大户、风险共担、收益共享的原则由全体村民入股组建而成。既充分发挥个人独立经营、自主决策的积极性，又发挥集体统一规划设计、统一项目筛选、统一利润分配的统筹协调作用，形成个体经营与集体统一经营相互促进协调发展的1+1>2的效应。

（三）发展"生产、供销、信用"三位一体综合性农民合作社组织

当前中国农民专业合作社发展因资本不足和参与性不足陷入"异化"和"空壳化"的双重困境，必须摆脱单一经济功能的发展倾向，深入挖掘和拓展农业多功能性和农村的多重价值，通过农业六化建设，加大农民专业合作社的组织创新。在现有土地股份合作的基础上，适应乡村产业发展需要，积极拓展农民信用合作、供销合作、住宅合作、消费合作、养老幼教等社会事业合作等多领域的合作，强化合作社自身的教育功能和价值属性。农村专业合作经济组织是农村生产方式组织化的有效途径。实践证明，它是保护农民合法经济利益，解决小生产与大市场矛盾，实现农业现代化的有效组织形式。2018年中央农村工作会议指出，在农业

生产经营某些环节乃至全过程，通过提供社会化服务的方式，提升小农生产经营组织化程度，把小农户引入现代农业发展轨道，既是规模经营方式的重大创新，也是实现特色农业现代化的重要路径。因此，在目前小农户生产经营长期存在的情况下，要提高农民的组织化程度，就要充分发挥农村专业合作经济组织的龙头带动作用，推动多种形式的适度规模经营。要支持各类公益性农业服务机构、经营性农业服务组织为各类新型农业经营主体提供全程农业社会化服务，为小农户提供全托管或半托管社会化服务，有效解决"谁来种地"的问题，以服务的规模化加快农业社会化服务体系建设。要坚持质量兴农，依托特色产业型专业合作组织，建立优质农产品基地，实行专业化、标准化、规模化生产，打造区域农产品公共品牌。产品产得出，更要卖得出。要发挥加工型农民合作组织在产业融合中的引领作用，对接种养殖合作社、家庭农场等新型农业经营主体，利用"互联网+现代农业"平台，实行贸工农一体化经营，联结千家万户农民进市场。同时，加强与文化、旅游、教育等新兴产业的有机融合，积极发展乡村休闲旅游、文化体验、养生养老、农村电商等新业态新模式，实现乡村经济多元化，发展"生产、供销、信用"三位一体综合性农民合作社组织。

（四）聚焦社会组织，培育文明乡风

社会组织是农村民主管理的组织基础。党的十九大报告指出，要推动社会治理重心向基层下移，发挥社会组织作用，实现政府治理和社会调节、居民自治良性互动。聚焦村民自治组织，在创新乡村治理中推进组织振兴。近年来，随着经济社会的发展，行业协会、社会团体、基金会等各种社会组织在破解农村社会治理难题方面发挥了越来越重要的作用，已经成为政府管理、服务的重要组成部分和加强精神文明建设的有力抓手。乡村振兴，不仅是经济的振兴，还是文化的振兴、农民素质的提升。因此，要加大对社会组织培育力度，发挥其在推动乡风文明、促进社会和谐方面的"草根"作用，不断激发广大农民群众参与乡村振兴的主动性、积极性。村民委员会是村民自我管理、自我教育、自我服务的基层群众性自治组织。实现乡村治理现代化，关键在于构建自治、法治、德治"三治结合"的现代乡村治理体系，真正让农村社会充满活力、和谐有序，袁家村制定了乡规民约，进一步保证了袁家村的可持续发展，

"村委会监督+道德约束"的经营模式是袁家村旅游业发展的一大亮点，并通过开设"善行义举"榜、村规民约专栏、农民学校，举办旅游礼仪讲座、五好家庭评选、好媳妇好公婆评选等，大幅提升了全体村民的精神文明素养。

参考文献

《中共中央国务院关于实施乡村振兴战略的意见》,《人民日报》2018年2月5日第1版。

《中共中央关于党的百年奋斗重大成就和历史经验的决议》,《人民日报》2021年11月17日第1版。

魏后凯、姜长云、孔祥智、张天佐、李小云:《全面推进乡村振兴:权威专家深度解读十九届五中全会精神》,《中国农村经济》2021年第1期。

《中共中央国务院关于全面推进乡村振兴加快农业农村现代化的意见》,《人民日报》2021年2月22日第1版。

周晓波:《全面推进新时代乡村振兴——2018年中央一号文件解读》,《农村金融研究》2018年第2期。

杨智明:《以生态文明建设引领新时代乡村振兴》,《人民周刊》2018年第24期。

尹成杰:《巩固拓展脱贫攻坚成果同乡村振兴有效衔接的长效机制与政策研究》,《华中师范大学学报》(人文社会科学版)2022年第1期。

田毅鹏:《脱贫攻坚与乡村振兴有效衔接的社会基础》,《山东大学学报》(哲学社会科学版)2022年第1期。

黄祖辉:《准确把握中国乡村振兴战略》,《中国农村经济》2018年第4期。

廖彩荣、陈美球:《乡村振兴战略的理论逻辑、科学内涵与实现路径》,《农林经济管理学报》2017年第6期。

张海鹏、郜亮亮、闫坤:《乡村振兴战略思想的理论渊源、主要创新和实现路径》,《中国农村经济》2018 年第 11 期。

张润泽、胡交斌:《脱贫攻坚同乡村振兴有效衔接的现实问题与逻辑进路》,《甘肃社会科学》2021 年第 6 期。

贺雪峰:《关于实施乡村振兴战略的几个问题》,《南京农业大学学报》(社会科学版) 2018 年第 3 期。

郭爱君、毛锦凰:《新时代中国县域经济发展略论》,《兰州大学学报》(社会科学版) 2018 年第 4 期。

贾晋、李雪峰、申云:《乡村振兴战略的指标体系构建与实证分析》,《财经科学》2018 年第 11 期。

毛锦凰、王林涛:《乡村振兴评价指标体系的构建——基于省域层面的实证》,《统计与决策》2020 年第 19 期。

陈培彬、谢源、王海平、朱朝枝:《福建省乡村振兴实施成效分析及其优化路径——基于 2015—2019 年 9 地市面板数据》,《世界农业》2020 年第 1 期。

陈俊梁、林影、史欢欢:《长三角地区乡村振兴发展水平综合评价研究》,《华东经济管理》2020 年第 3 期。

陈炎伟、王强、黄和亮:《福建省县域乡村振兴发展绩效评价研究》,《福建论坛》(人文社会科学版) 2019 年第 9 期。

易小燕、陈印军、向雁、王恒:《县域乡村振兴指标体系构建及其评价——以广东德庆县为例》,《中国农业资源与区划》2020 年第 8 期。

张挺、李闽榕、徐艳梅:《乡村振兴评价指标体系构建与实证研究》,《管理世界》2018 年第 8 期。

斯丽娟、王佳璐:《农村绿色发展的政策文本分析与政策绩效实证》,《兰州大学学报》(社会科学版) 2018 年第 6 期。

刘秋艳、吴新年:《多要素评价中指标权重的确定方法评述》,《知识管理论坛》2017 年第 6 期。

袁晓玲、仲云云、郭轶群:《中国区域经济发展差异的测度与演变分析——基于 TOPSIS 方法的实证研究》,《经济问题探索》2010 年第 2 期。

崔灵周、李占斌、曹明明、李勉:《陕北黄土高原可持续发展评价研究》,《地理科学进展》2001 年第 1 期。

闫周府、吴方卫：《从二元分割走向融合发展——乡村振兴评价指标体系研究》，《经济学家》2019 年第 6 期。

陈锡文：《实施乡村振兴战略，推进农业农村现代化》，《中国农业大学学报》（社会科学版）2018 年第 1 期。

汪三、冯紫曦：《脱贫攻坚与乡村振兴有机衔接：逻辑关系、内涵与重点内容》，《南京农业大学学报》（社会科学版）2019 年第 5 期。

孙久文、李方方、张静：《巩固拓展脱贫攻坚成果 加快落后地区乡村振兴》，《西北师大学报》2021 年第 3 期。

张琦：《稳步推进脱贫攻坚与乡村振兴有效衔接》，《人民论坛》2019 年第 S1 期。

附 录

附表1 全国31个省（市、区）乡村振兴水平评价原始数据

地区	农田节水灌溉率	劳动生产率	农业规模经营化率	农副食品加工业产值与农林牧渔业产值比	农业从业人员占乡村从业人员比重	人均农产品出口额	农产品优质化水平	农业生产中化肥使用强度	卫生厕所普及率	对生活垃圾进行处理或部分处理的村的占比	对生活污水进行处理或部分处理的村的比例	农村居民高中及以上学历占比	农村居民平均每人观看文艺术团体下乡表演的次数	人均教育文化娱乐消费支出占比	有农民文化组织的村占比	村民委员会中党员比例	村民委员会中本科及以上学历比率	党支部书记村委会主任比率	农民专业合作社密度	农村非贫困发生率	人均食品烟酒消费支出比重	城乡居民人均可支配收入比	饮用经过处理的自来水的比例	农村养老机构密度	互联网宽带接入户率	农村居民每百户用有家用汽车数
北京	95.99	30273	0.94	1.13	19.18	2203.53	44.49	621.18	100.00	100	51.42	35.98	0.95	5.5	62	71.58	7.12	86.33	2.97	100	28.54	2.51	63.81	0.604	85.63	51.80
天津	84.40	34913	2.26	0.69	33.03	1538.03	5.90	364.98	100.00	100	29.29	21.43	0.59	5.5	44	49.20	1.80	44.23	5.18	100	33.37	1.86	58.71	0.156	66.33	46.30
河北	84.89	22345	1.24	0.16	51.84	92.65	0.43	353.18	80.81	84	12.16	15.82	0.80	9.1	56	52.99	0.66	53.79	3.80	100	29.16	2.26	47.79	0.102	97.14	40.80
山西	68.80	12551	1.27	0.09	57.61	14.01	2.54	303.26	67.36	78	10.33	19.24	3.13	9.4	43	35.36	0.93	23.33	7.01	100	31.56	2.51	29.05	0.220	44.64	16.30
内蒙古	96.23	34895	10.55	0.13	96.72	157.44	1.05	233.82	85.88	65	10.54	15.99	1.29	10.6	55	46.81	1.97	35.25	9.66	100	30.63	2.50	36.08	0.267	26.13	30.10

续表

地区	农田节水灌溉率	劳动生产率	农业规模经营化率	农副食品加工业产值与农林牧渔业产值比	农业从业人员占乡村从业人员比重	人均农产品出口额	农产品优质化水平	农业生产中化肥使用强度	卫生厕所普及率	对生活垃圾进行处理或部分处理的村的占比	对生活污水进行处理或部分处理的村的比例	农村居民高中及以上学历占比	农村居民平均每人观看艺术团体下乡表演的次数	人均教育文化娱乐消费支出占比	有农民业余文化组织的村占比	村民委员会中党员比例	村民委员会中本科及以上学历普及率	党支部书记兼村委会主任比率	农民专业合作社密度	农村非贫困发生率	人均食品烟酒消费支出比重	城乡居民人均可支配收入比	饮用经过处理的自来水的比例	农村养老机构密度	互联网宽带入户率	农村居民每百户拥有家用汽车数
辽宁	62.37	33767	2.79	0.27	84.13	669.74	0.89	320.91	87.32	92	10.21	10.67	0.19	9.0	66	52.48	1.19	39.39	4.76	100	29.73	2.31	39.38	0.209	16.41	21.70
吉林	45.15	30419	5.77	0.26	88.56	223.32	1.23	366.28	89.85	50	5.96	11.42	0.15	9.9	63	9.89	0.41	35.62	7.64	100	31.44	2.08	27.47	0.502	31.44	26.80
黑龙江	37.40	48304	20.46	0.24	97.82	138.96	1.91	150.37	79.71	45	12.03	11.76	0.24	9.7	41	50.45	0.50	28.84	7.14	100	34.33	1.92	64.66	0.126	35.72	21.60
上海	76.16	26218	1.72	1.21	15.70	4280.42	63.63	270.38	100.00	100	72.93	23.02	1.20	4.5	79	69.42	12.55	39.65	4.52	100	39.14	2.19	121.43	0.741	2.08	35.30
江苏	71.10	41352	1.77	0.21	47.80	343.57	3.78	375.48	100.00	100	44.37	22.40	0.94	8.5	58	65.97	3.32	30.29	4.53	100	30.65	2.19	113.04	0.455	100.00	24.70
浙江	82.67	46064	1.84	0.25	18.87	1130.20	4.65	345.50	100.00	100	100.00	21.59	9.18	8.2	76	60.16	5.17	86.07	4.28	100	32.25	1.96	107.94	0.280	100.00	33.00
安徽	24.29	21025	1.50	0.19	56.13	90.66	1.23	328.76	81.36	100	19.81	13.65	5.38	9.5	45	63.72	2.17	45.97	3.15	100	34.25	2.37	67.10	0.621	82.06	26.10
福建	68.57	52072	3.36	0.32	44.43	1937.27	1.24	617.91	100.00	100	33.06	15.87	1.88	7.5	47	47.05	0.85	35.26	2.95	100	38.40	2.26	70.86	0.230	121.20	18.50
江西	32.53	21334	1.50	0.40	47.00	63.46	1.47	192.76	100.00	100	14.83	15.16	0.84	10.9	44	36.11	1.13	20.66	3.05	100	33.56	2.27	37.19	0.760	85.11	22.50
山东	69.02	22812	3.19	0.39	63.45	718.64	1.51	349.80	82.69	66	16.29	16.32	1.02	10.2	50	73.73	2.32	55.72	2.68	100	29.40	2.33	62.48	0.200	75.05	40.00
河南	43.16	16598	1.79	0.31	53.34	72.90	0.91	441.18	91.84	94	13.01	16.37	2.70	10.5	50	57.62	0.86	53.46	3.45	100	27.84	2.16	60.78	0.393	58.45	26.60
湖北	19.88	33850	2.56	0.48	64.58	151.54	0.81	335.20	91.78	88	17.99	15.71	1.00	9.6	59	70.35	0.68	90.55	3.48	100	29.74	2.25	68.07	0.508	72.26	24.70
湖南	14.95	26280	1.15	0.18	59.33	73.64	0.71	266.31	91.07	88	18.48	19.72	0.48	11.9	53	67.08	1.32	34.01	2.43	100	30.96	2.51	40.48	0.651	69.29	21.00
广东	25.17	37221	2.15	0.04	47.32	906.33	0.47	493.73	100.00	100	28.20	17.94	0.52	7.4	36	77.51	2.50	82.51	1.49	100	40.81	2.49	75.48	0.366	98.35	27.70

续表

地区	农田节水灌溉率	劳动生产率	农业规模经营化率	农副食品加工业产值与农林牧渔业产值比	农业从业人员占乡村从业人员比重	人均农产品出口额	农产品优质化水平	农业生产中化肥使用强度	卫生厕所普及率	对生活垃圾进行处理或部分处理的村的占比	对生活污水进行处理或部分处理的村的比例	农村居民高中及以上学历占比	农村居民平均每人观看艺术团体下乡表演的次数	人均教育文化娱乐消费支出占比	有农民文化组织的村占比	村民委员会中村委会党员比例	村民委员会中本科及以上学历普及率	党支部书记兼任村委会主任比率	农民专业合作社密度	农村非贫困发生率	人均食品烟酒消费支出比重	城乡居民人均可支配收入比	饮用经过处理的自来水的比例	农村养老机构密度	互联网宽带入户率	农村居民每百户拥有家用汽车数
广西	71.28	28010	1.08	0.25	71.04	191.34	0.52	405.91	100.00	100	12.76	14.51	0.12	11.3	52	67.20	0.46	22.93	1.81	100	34.57	2.42	39.02	0.049	89.51	20.00
海南	34.47	53411	2.57	0.09	76.68	284.81	0.62	629.34	95.15	100	13.25	17.07	1.45	9.5	35	61.81	2.31	72.03	4.65	100	43.79	2.28	62.72	0.062	91.98	10.50
重庆	38.89	21189	0.59	0.31	65.63	89.10	2.23	266.27	72.99	77	25.53	15.05	2.98	9.1	42	65.10	3.39	18.04	3.15	100	36.66	2.45	65.88	0.370	59.05	17.70
四川	63.73	20043	0.99	0.15	68.35	31.91	1.18	214.01	91.95	87	14.34	12.70	0.26	7.4	40	52.48	0.84	20.25	2.14	100	36.64	2.40	42.94	0.447	77.89	22.30
贵州	31.86	20994	0.65	0.07	69.29	50.76	1.99	143.92	71.11	55	16.09	10.81	0.21	12.7	38	42.54	0.67	21.65	2.85	100	29.71	3.10	39.14	0.385	35.53	23.40
云南	52.43	15891	1.16	0.16	80.98	316.77	0.65	281.41	81.03	55	10.94	11.31	0.31	12.0	59	66.99	0.26	42.28	1.95	100	34.30	2.92	36.47	0.272	55.03	29.90
西藏	13.02	12222	2.07	0.24	57.50	53.51	1.13	161.71	8.05	93	13.13	9.29	1.25	4.3	33	82.47	0.46	18.09	3.20	100	37.78	2.82	13.13	0.090	43.15	35.20
陕西	79.35	22227	1.57	0.14	72.64	67.89	1.92	485.24	52.04	72	14.95	20.88	1.78	9.3	46	42.07	1.28	29.03	3.79	100	27.98	2.84	46.19	0.234	63.31	20.30
甘肃	83.65	14268	0.98	0.10	83.73	48.12	0.73	204.49	85.33	53	7.90	16.26	1.65	12.2	46	42.87	0.25	83.45	6.37	100	30.89	3.27	82.65	0.114	84.08	21.30
青海	64.49	17644	3.19	0.07	65.14	13.58	1.87	96.25	76.29	58	13.25	11.50	1.23	8.2	29	38.56	1.03	19.17	6.65	100	30.20	2.88	38.65	0.119	68.99	50.70
宁夏	81.53	22641	2.20	0.16	66.94	111.26	1.05	324.48	81.92	70	18.35	15.72	0.55	10.1	42	58.99	0.70	32.38	6.18	100	28.41	2.57	89.34	0.242	69.01	33.50
新疆	89.92	34695	11.91	0.12	77.83	155.79	0.47	395.22	72.32	57	16.65	16.46	0.65	11.4	48	38.15	2.94	37.24	3.56	100	32.23	2.48	85.44	0.118	68.61	22.70

数据来源:《中国农村统计年鉴 2021》《中国社会统计年鉴 2021》《中国民政统计年鉴 2021》《中国农村贫困监测报告 2020》等。

附表 2　甘肃省 14 个市（州）乡村振兴水平评价原始数据

	地区	兰州市	嘉峪关市	金昌市	白银市	天水市	武威市	张掖市	平凉市	酒泉市	庆阳市	定西市	陇南市	临夏州	甘南州
产业兴旺	农田节水灌溉率	66.33	21.3	49.08	71.76	62.7	59.97	61.00	41.14	63.34	54.35	40.48	34.48	55.67	16.18
	劳动生产率	16693.2	65061.1	40401.4	20453.7	13442.4	34990.6	38423.0	19841.5	53592.9	14461.1	9790.6	11504.3	10356.0	20536.7
	主要农作物机播（机收）面积占农作物播种面积比重	48	53	84	48	19	72	76	58	94	63	28	16	28	22
	农业技术服务机构个数	201	5	34	195	370	300	196	390	210	371	493	501	260	173
	农业技术人员	1225	20	123	1116	6624	2864	1489	9794	2921	5098	3845	9639	1302	696
	农村中农林牧渔业从业人员比重	51.54	61.83	54.54	68.11	54.71	55.49	54.11	52.19	57.52	55.69	62.36	53.29	52.60	67.69
	农业生产中化肥使用强度	612.1	145.2	1224.9	432.0	574.7	1585.2	1043.0	912.2	867.6	543.1	581.3	533.6	480.3	97.1
	通公共交通的村占比	90.92	100.00	100.00	83.05	76.07	95.05	95.10	89.72	91.55	80.10	81.51	73.51	95.68	76.44
生态宜居	对生活垃圾集中处理的村占比	77.17	100.00	83.45	73.93	66.32	93.68	98.45	72.97	92.74	81.84	62.00	40.32	81.28	87.61
	对污水集中处理的村占比	8.94	100.00	9.35	6.7	6.58	15.48	38.11	30.22	4.57	16.18	5.41	8.05	13.86	6.95
	营业面积超过 50 平方米的综合商店或超市的村占比	39.25	16.47	33.23	26.95	37.19	15.86	23.79	99.33	22.87	32.65	13.97	19.09	26.94	14.44

续表

	地区	兰州市	嘉峪关市	金昌市	白银市	天水市	武威市	张掖市	平凉市	酒泉市	庆阳市	定西市	陇南市	临夏州	甘南州
乡风文明	农村居民高中及以上学历占比	20.34	13.55	15.65	21.39	14.94	19.43	17.56	17.61	19.66	20.02	19.01	12.58	11.85	8.77
	农村居民平均每人观看艺术团体下乡表演的次数	0.96	0.20	0.96	1.62	1.70	0.36	1.10	2.66	0.45	2.21	3.27	0.71	0.74	0.64
	人均教育文化娱乐消费支出占比	12.20	14.88	13.82	12.17	11.58	15.32	13.55	10.52	10.46	10.49	11.09	8.79	5.06	4.43
	小学数量	1229	5	23	535	1486	429	267	923	105	1153	659	1445	1089	367
	图书馆数	105	2	7	41	24	27	27	157	57	66	27	80	57	81
治理有效	村民委员会中党员比例	42.30	67.67	63.45	53.34	27.45	68.52	62.41	67.86	13.39	43.02	16.37	61.09	34.07	29.43
	村民委员会中本科及以上学历普及率	11.69	51.25	3.00	3.00	3.00	3.26	3.13	3.00	3.00	3.00	3.20	3.00	3.00	3.00
	党支部书记兼任村委会主任比率	6.87	50.06	3.00	3.29	26.38	22.56	12.33	11.27	22.54	3.00	3.05	3.82	3.00	3.00
	农民专业合作社密度	10.20	24.19	12.92	12.76	8.62	12.95	13.67	9.34	12.31	9.50	10.62	11.07	7.81	11.78

续表

地区		兰州市	嘉峪关市	金昌市	白银市	天水市	武威市	张掖市	平凉市	酒泉市	庆阳市	定西市	陇南市	临夏州	甘南州
生活富裕	人均食品烟酒消费支出比重	30.82	30.23	29.59	32.47	29.17	33.05	28.57	27.30	29.01	32.18	33.32	33.34	31.63	42.31
	城乡居民人均可支配收入比	2.74	1.99	2.54	3.09	3.31	2.34	1.81	3.19	2.01	3.23	3.12	3.20	2.81	3.03
	最低生活保障人员占户籍人口比重	1.57	2.54	3.25	8.13	1.64	4.81	5.70	9.02	3.63	8.86	8.80	8.76	11.35	5.39
	养老保险参保人数占户籍人口比重	66.02	84.50	62.67	69.04	73.04	69.95	63.27	60.03	76.99	66.88	63.98	60.69	58.90	58.15
	医疗保险参保人数占户籍人口比重	87.67	96.59	82.67	81.21	87.50	79.89	84.09	80.32	89.27	86.29	78.21	83.52	77.32	75.10
	通宽带的村的占比	88.45	100.00	96.40	93.59	84.79	97.57	99.04	98.57	93.61	96.35	99.31	63.55	99.64	87.46

数据来源:《甘肃发展年鉴20201》《甘肃农村年鉴2021》和《甘肃民政年鉴2021》。

附表 3 甘肃 85 个县域乡村振兴水平原始数据

地区	劳动生产率	农村居民工资性收入	农林牧渔业服务业产值占农林牧渔业总产值比重	交通运输、仓储和邮政业从业人员占乡村从业人员比重	劳均无公害农产品数量	劳均商标注册强度	住宿和餐饮业从业人员与农林牧渔业从业人员之比	垃圾集中处理的村占比	污水集中处理的村占比	化肥使用强度	社会用电强度	乡村从业人员中高中及以上学历从业人员占比	农村居民平均每人观看艺术团体下乡表演的次数	教育、文化、娱乐支出占消费支出的比重	农民合作社成员数量占农林牧渔业从业人员比重	城乡收入比	食品烟酒支出占比	通自来水的户数占比	通公共交通的村占比
七里河区	23375.7446	10662.8292	21.6086	4.3488	0.9840	159.1255	2.7674	66.1017	1.6949	200.0920	104.0435	21.9415	0.0000	14.8093	3.9622	1.7570	29.2398	94.6716	64.4068
西固区	22967.2220	12768.2992	4.0572	7.9406	2.3914	89.0730	3.1072	70.0000	27.5000	221.9196	28.2115	24.5123	0.0008	12.9016	7.3336	2.0334	26.0431	98.4210	75.0000
红古区	35031.9150	8425.3978	2.8937	6.6693	5.4318	28.6387	2.7462	90.9091	6.0606	249.3668	23.1209	23.5386	0.0000	9.0004	7.2666	1.5254	35.0719	72.7050	90.9091
永登县	14758.8952	4735.2948	3.0916	6.3514	9.8768	9.4264	3.2765	62.5000	14.5000	133.9097	43.5303	22.4317	0.3841	12.4154	6.1501	2.1238	31.0043	83.4400	98.0000
皋兰县	25934.9180	6824.1780	5.2483	6.8393	14.4888	15.4282	3.6582	100.0000	0.0000	184.0984	55.3801	24.1761	0.0000	8.6035	3.6403	2.0150	37.9458	55.7422	100.0000
榆中县	14245.7293	6197.0714	10.7269	4.3099	7.4064	26.5298	2.9690	85.8209	8.5821	240.0950	63.8086	21.7889	0.2777	13.6908	8.5750	1.8460	29.5933	81.6641	96.2687
嘉峪关市	65434.3909	11324.4007	0.4473	5.3419	7.4359	173.2295	3.8156	100.0000	100.0000	50.3373	27.7992	14.4994	0.0000	14.8772	33.0896	1.9919	30.2347	95.2051	100.0000
金川区	51903.4236	7418.3606	27.7884	5.6447	6.9611	64.9144	5.2919	88.8889	11.1111	192.5952	5.3441	29.9877	0.0000	12.7851	18.4660	2.2728	25.5012	99.9888	100.0000
永昌县	40889.1036	5246.7706	8.8052	4.4730	1.4670	7.6538	3.4790	82.1429	8.9286	170.5705	22.6554	18.8861	0.0000	12.4658	8.1237	2.1011	31.3700	73.7844	100.0000
白银区	37846.5988	3738.6877	17.7983	11.3482	6.5283	100.4312	1.9859	77.7778	0.0000	642.8013	18.2442	44.5415	3.0592	12.4821	8.3301	2.3716	32.1631	87.8367	68.8889
平川区	15542.6005	5144.9583	6.1040	3.0235	6.4929	18.7166	2.7355	100.0000	0.0000	118.4154	10.6115	35.2736	0.0000	10.0505	6.7189	3.3722	33.7387	96.0050	100.0000
靖远县	22786.4162	3965.1844	4.8768	2.3431	3.4106	13.2916	1.4484	80.6818	16.4773	163.9116	23.4043	30.2044	1.0554	10.9253	12.6435	2.5049	30.0480	83.7449	87.5000
会宁县	16176.1241	4267.0854	4.7371	1.6527	0.9887	9.6221	1.2487	45.4225	5.2817	69.0898	86.6357	23.6146	0.8950	13.0731	5.7246	2.3502	34.7381	65.7922	71.1268
景泰县	30498.7648	4600.0365	7.8656	2.5856	2.2086	20.1675	3.5164	98.5294	2.2059	216.2855	16.9309	23.6839	0.5330	13.9121	20.4654	2.3200	31.7158	85.0280	99.2647

续表

地区	劳动生产率	农村居民工资性收入	农林牧渔业产值占农林牧渔业总产值比重	交通运输、仓储和邮政业从业人员占乡村从业人员比重	农林牧渔业劳均无公害农产品数量	劳均商标注册强度	住宿和餐饮业从业人员与农林牧渔业从业人员之比	垃圾集中处理的村占比	污水集中处理的村占比	化肥使用强度	社会用电强度	乡村从业人员中高中及以上学历从业人员占比	农村居民平均每人观看艺术团体下乡表演的次数	教育、文化、娱乐支出占消费支出的比重	农民合作社成员数量占农林牧渔业从业人员比重	城乡收入比	食品烟酒支出占比	通自来水的户数占比	通公共交通的村占比
秦州区	15862.7569	3296.8752	1.1762	2.4464	1.2420	15.2401	5.0533	64.5238	7.6190	92.2532	64.1521	24.1837	0.3010	13.2927	7.6704	3.1231	23.6462	93.2135	37.3810
麦积区	1355.8004	3618.5960	1.3317	2.3384	1.2132	11.5305	4.0720	56.4644	8.1794	275.5735	45.4181	21.0049	1.2879	12.3004	22.8998	3.3547	27.4917	93.2715	83.6412
清水县	12964.7848	2927.5441	2.1034	1.6903	0.1000	3.5683	0.9390	59.6154	8.0769	103.2155	76.4400	15.1498	1.0381	8.9269	28.4560	3.4423	26.8642	89.1014	76.1538
秦安县	11780.0269	2427.8229	0.2168	1.3470	0.1724	4.9165	2.6603	69.3925	7.7103	222.8946	55.4014	24.9868	0.7188	15.9454	26.2802	3.2172	29.6070	84.5744	125.7009
甘谷县	13446.6578	2926.3075	1.7507	1.6177	0.6368	6.0746	2.1459	85.4321	11.8519	100.5787	69.1258	16.3751	0.1979	10.4317	9.0579	3.2298	34.2062	82.0199	97.7778
武山县	18597.6687	3289.2246	1.7042	2.7486	0.8422	5.4555	1.4159	75.0000	2.0349	198.6662	61.4228	15.0338	2.3113	16.5738	5.8248	2.9683	28.4981	85.6293	78.4884
张家川县	8700.4111	2125.1934	3.2194	1.6579	0.5215	5.5085	2.4601	90.1961	5.0980	52.0439	90.7470	12.6213	0.0000	4.2988	8.8916	3.3790	30.5650	91.2067	85.4902
凉州区	41629.3029	4883.9182	3.2917	3.7284	0.9890	14.0693	3.3532	70.9751	17.6871	316.8254	23.9780	24.9731	0.0000	15.6989	8.1963	2.0355	35.1836	78.4090	97.0522
民勤县	48791.1665	2895.6491	5.1142	2.2274	0.0000	22.6307	1.2474	97.5806	2.4194	725.5903	20.5503	29.5803	0.0790	17.7620	18.0430	1.7585	29.9074	96.6235	95.1613
古浪县	21709.2474	2992.9686	3.7157	2.5899	0.0000	5.6459	2.6934	81.9672	27.0492	316.0291	15.9410	25.3806	0.0000	9.7808	11.7650	3.1477	29.9513	74.1752	83.1967
天祝县	24299.3287	2971.3187	6.7297	3.3338	0.5286	11.1511	2.4142	64.6067	17.4157	161.0005	25.1606	14.7148	0.6463	18.2794	22.4280	3.1363	34.0755	52.3793	93.2584
甘州区	42288.9981	6796.7512	25.4619	3.3146	2.5744	26.2837	2.1942	99.1837	68.9796	340.7448	27.5387	24.6031	0.7012	11.0912	8.3112	1.7625	26.5101	92.0423	93.0612
肃南县	72881.2971	1662.8296	2.8935	2.6278	10.9002	51.8986	2.6278	87.2549	26.4706	100.4366	17.8314	28.2486	0.1295	14.4206	18.8028	1.5756	29.3736	89.6052	76.4706
民乐县	24582.5476	4856.3176	3.1086	1.3381	1.2075	10.0357	2.4532	100.0000	24.4186	299.6865	148.2728	23.3423	0.6373	15.4113	9.2207	1.9278	28.3727	89.2224	100.0000

续表

地区	劳动生产率	农村居民工资性收入	农林牧渔服务业产值占农林牧渔业总产值比重	交通运输、仓储和邮政业从业人员占乡村从业人员比重	劳均无公害农产品数量	劳均商标注册强度	住宿和餐饮业从业人员与农林牧渔业从业人员之比	垃圾集中处理的村占比	污水集中处理的村占比	化肥使用强度	社会用电强度	乡村从业人员中高中及以上学历从业人员占比	农村居民平均每人观看戏剧团体下乡表演的次数	教育、文化、娱乐支出占消费支出的比重	农民合作社成员数量占农林牧渔业从业人员比重	城乡收入比	食品烟酒支出占比	通自来水的户数占比	通公共交通的村占比
临泽县	59049.3088	3819.0543	15.2054	2.3567	2.3563	14.9258	3.0113	100.0000	16.9014	431.6599	25.6053	20.5557	1.1516	12.8931	18.7637	1.6485	29.8864	66.6132	100.0000
高台县	49177.2832	7556.2027	1.6675	2.7892	7.6272	17.9477	3.3806	100.0000	32.3529	225.9029	22.6450	20.2518	0.0000	16.6925	11.3129	1.7317	31.6742	90.1874	100.0000
山丹县	33461.1026	6611.8709	1.4914	4.9266	2.5861	14.2667	2.1554	100.0000	13.5135	318.5125	17.5748	21.5539	0.0218	14.5237	13.5982	1.8669	30.4029	95.1718	100.0000
甘州区	16769.8110	4918.9645	1.8034	4.2379	2.8608	25.8513	5.1385	80.9524	0.0000	178.8593	59.7997	21.1366	0.1352	11.3937	10.4111	2.5602	29.8423	81.9762	82.1429
泾川县	11894.5518	2846.8062	1.1318	2.3605	0.4269	8.2617	4.0998	68.8679	16.5094	518.2359	47.0020	21.1824	0.7179	10.0176	21.0457	2.5110	25.6642	85.5587	98.5849
灵台县	19800.7696	5201.7510	1.7676	2.7359	2.0432	8.9138	3.8833	90.3226	5.3763	190.2552	34.8579	27.9771	1.4944	3.4464	48.0862	2.5844	33.3695	97.8105	90.8602
崇信县	38745.6108	4957.4352	3.8852	2.6780	2.5396	12.5659	2.0600	100.0000	6.3291	216.7037	53.1740	33.9898	2.6988	8.9395	27.7576	3.9651	32.7477	93.6543	100.0000
庄浪县	20825.7427	1873.7295	1.9426	2.0608	1.4195	5.4673	1.2196	64.5051	9.2150	308.6658	42.4040	23.6357	1.2377	12.4057	26.2279	3.8897	27.4707	92.1874	87.0307
静宁县	23633.6071	1716.2124	1.4376	2.9074	1.0668	12.9713	1.8339	64.2643	15.6156	299.0784	31.1920	24.8692	2.5122	11.0703	26.6547	3.1882	24.8211	94.5815	86.7868
华亭县	21850.8468	6341.9393	3.4999	6.7446	1.3604	14.0182	5.1576	66.6667	12.2807	151.4374	50.5433	16.6631	1.3110	10.0085	18.1064	3.5169	24.7731	62.9561	90.3509
甘州县	61676.2611	5536.5810	27.7706	2.8195	7.2956	37.8620	3.4640	45.9016	0.0000	382.8710	38.2524	24.5700	0.0000	8.5295	29.3297	2.1791	27.7151	84.8462	99.1803
金塔县	80415.2057	7489.8261	12.7358	3.8284	4.4243	20.5774	2.5522	96.6292	2.2472	245.5241	44.2041	24.7248	0.0935	9.2366	47.2486	1.8736	34.5858	82.8604	96.6292
瓜州县	42779.4243	3285.4800	8.1598	2.6745	5.1275	15.3782	2.8416	100.0000	1.3333	245.0346	19.5310	17.7183	0.1207	10.2986	9.0194	1.8323	29.9673	121.5216	100.0000
肃北县	55357.2747	3077.3244	1.3800	3.1857	0.0000	47.7859	3.1857	34.6154	3.8462	144.8906	99.1006	19.1144	5.0000	16.5163	18.2418	1.4495	28.8781	37.4232	34.6154
阿克塞县	85504.2994	6249.2394	1.6330	0.0000	7.9618	36.2100	0.0000	81.8182	81.8182	222.7000	33.2439	18.1050	1.5000	10.6012	20.7006	1.3941	33.6475	105.3171	100.0000

续表

地区	劳动生产率	农村居民工资性收入	农林牧渔业产值占农林牧渔业总产值比重	交通运输、仓储和邮政业从业人员占乡村从业人员比重	劳均无公害农产品数量	劳均商标注册强度	住宿和餐饮业从业人员与农林牧渔业从业人员之比	垃圾集中处理的村占比	污水集中处理的村占比	化肥使用强度	社会用电强度	乡村从业人员中高中及以上学历人员占比	农村居民平均每人观看艺术团体下乡表演的次数	教育、文化、娱乐支出占消费支出的比重	农民合作社成员数量占农林牧渔业从业人员比重	城乡收入比	食品烟酒支出占比	通自来水的户数占比	通公共交通的村占比
玉门市	57273.2405	5409.2281	5.5760	2.9513	3.9628	22.2984	3.2792	100.0000	5.0847	279.9404	22.1867	30.3323	0.0000	11.4903	32.2070	1.8557	28.3258	91.6802	100.0000
敦煌市	41730.2427	9875.9334	5.5903	5.0335	2.5664	63.5262	7.9842	91.0714	1.7857	684.4417	27.1774	27.7710	0.4107	14.6815	23.1302	1.8830	26.2638	89.6470	83.9286
西峰区	10395.5768	5592.8236	15.5023	5.4000	0.5502	36.3597	3.1680	94.0000	4.0000	215.9005	64.6534	29.8078	3.6434	8.7950	4.9968	3.0242	32.6218	99.8084	84.0000
庆城县	13665.4566	4335.6586	4.5388	2.6918	0.0000	12.6674	1.5834	88.2353	32.0261	216.4456	26.6008	23.3556	1.2688	13.2872	9.2184	3.3388	24.5919	53.8655	92.1569
环县	18992.2211	3104.1873	2.1451	1.3833	0.0000	11.0109	1.5493	50.5976	11.5538	126.3591	16.4816	18.2593	0.7646	12.7335	33.0099	3.3021	34.1932	36.2227	40.6375
华池县	12499.1142	4422.1805	2.8576	1.6237	0.0000	13.9640	2.2732	86.4865	37.8378	85.7322	53.6674	20.6212	3.3316	10.2160	15.3404	3.4333	35.8059	44.4665	89.1892
合水县	13776.2450	3730.5037	3.4096	2.7214	0.0000	9.8960	3.0925	100.0000	15.0000	287.1414	39.0502	22.1422	0.3159	5.7319	19.1201	3.1425	35.5461	88.7091	100.0000
正宁县	8356.3451	3090.3310	7.5893	3.2254	0.2934	8.0187	2.5660	100.0000	9.5745	586.3440	48.3508	30.3108	0.7475	10.6522	12.0549	2.8185	33.1096	67.4756	100.0000
宁县	12253.5966	2756.6024	3.5641	1.8643	0.2024	12.0631	3.8017	100.0000	21.0117	124.2912	109.2436	28.4762	0.1510	9.4950	25.1646	3.2271	35.7377	93.8091	100.0000
镇原县	22876.2678	3393.7542	2.5537	2.2645	0.0000	17.2838	1.2940	68.8372	1.8605	135.4488	50.1094	25.3249	0.4354	10.9247	5.3723	3.1797	29.7355	76.9846	80.0000
安定区	13319.8630	2245.0919	1.5197	2.2905	0.2250	17.8943	1.3361	34.9673	4.9020	154.0606	34.5495	22.6661	6.6112	9.0248	7.6653	3.1432	36.2066	86.7211	89.2157
通渭县	7780.0287	1701.9750	1.1854	1.4377	0.0726	5.2715	1.3941	56.6265	3.0120	174.7657	49.1720	24.8326	0.2914	21.2636	5.4164	2.3698	29.6145	89.6925	82.5301
陇西县	10823.9335	4293.2535	12.8433	2.1700	0.3394	9.0894	3.1526	83.2258	5.1163	169.5980	70.3364	23.9928	2.9692	9.2025	13.2787	2.7495	33.8421	90.9392	91.1628
渭源县	11001.8137	1270.3837	1.7671	1.1629	0.9172	9.6356	1.2737	100.0000	5.9908	107.0829	46.1458	29.1837	1.1003	12.7154	23.6468	3.0132	32.6015	88.0646	100.0000
临洮县	10827.7970	2271.5704	6.2494	2.2530	0.8071	9.3741	2.6956	89.4737	9.9071	233.8768	12.0384	25.7084	0.2887	8.7996	54.9658	2.9691	35.0402	88.9109	95.6656

续表

地区	劳动生产率	农村居民工资性收入	农林牧渔业产值占农林牧渔业总产值比重	交通运输、仓储和邮政业从业人员占乡村从业人员比重	劳均无公害农产品数量	劳均商标注册强度	住宿和餐饮业从业人员与农林牧渔业从业人员之比	垃圾集中处理的村占比	污水集中处理的村占比	化肥使用强度	社会用电强度	乡村从业人员中高中及以上学历占比	农村居民平均每人观看艺术团体下乡表演的次数	农村居民教育、文化、娱乐支出占消费支出的比重	农民合作社成员数量占农林牧渔业从业人员比重	城乡收入比	食品烟酒支出占比	通自来水的户数占比	通公共交通的村占比
渭县	13162.4697	2434.6130	0.8855	0.9937	1.2974	6.8566	1.2918	72.5926	14.0741	188.4211	125.5631	20.9673	0.0266	11.0466	14.3812	3.2146	30.5265	89.5360	81.4815
岷县	6114.1211	2683.4781	0.7096	1.9416	0.2893	7.6886	1.1261	25.0267	0.5571	169.5227	115.5390	19.1827	0.0562	5.9812	6.1881	3.2360	34.4435	81.5718	41.5042
武都区	21079.9517	3722.9101	1.1068	1.9385	0.4665	18.3972	1.8245	44.8326	7.5691	178.3158	39.5324	12.1634	0.0000	12.1775	25.6683	3.2730	33.0729	91.5732	64.1921
成县	13741.9587	6245.1194	11.1173	2.2516	1.2673	40.6952	1.3343	40.0000	2.4490	182.4856	30.0573	20.5144	1.1333	9.4792	8.3391	2.6104	32.9439	94.1501	79.1837
文县	9591.6152	3016.5662	1.8532	2.2528	2.3773	7.0921	2.0859	52.1311	28.8525	86.3297	23.9172	17.6052	0.2846	7.7008	10.8334	3.2507	34.6945	83.1548	98.6885
宕昌县	8635.8639	3816.3978	1.1744	2.4460	1.6870	4.6936	2.0493	25.0000	14.2857	104.0922	54.7166	13.0232	0.0664	5.6504	14.8411	3.3475	38.5393	94.7941	100.0000
康县	7332.1654	2935.1532	5.3628	2.3871	0.5027	11.4167	2.2833	45.4286	11.1429	311.5110	76.7936	12.6622	0.0683	8.7918	16.5234	3.2851	27.8643	96.0650	82.0000
西和县	6230.6954	2261.3866	5.6586	1.8149	0.2421	5.2536	2.7701	50.2604	0.2604	135.3920	96.1104	15.6176	0.6309	7.4569	6.5748	3.3085	28.8025	83.6953	96.3542
礼县	8097.9888	2159.1383	7.4007	1.4412	0.4095	4.5293	0.7823	13.3803	0.0000	140.9162	75.8627	16.0586	0.0964	7.5994	4.6347	3.1962	35.7413	98.0820	28.8732
徽县	23002.4156	5882.5769	4.2524	3.1940	0.0000	17.4218	1.7422	54.9296	8.4507	311.7547	30.7795	21.2933	1.0484	8.5493	11.7630	2.5689	33.4551	62.2163	52.1127
两当县	30699.3625	2050.6867	2.5850	2.0250	0.8854	10.6313	3.0375	83.6207	5.1724	62.3941	34.4627	17.7188	1.5046	8.5627	37.6926	3.5818	32.9067	93.8353	100.0000
临夏市	24596.8839	7907.6493	26.1811	7.1245	6.1100	45.8004	8.3967	100.0000	28.5714	285.2526	31.6002	21.8824	0.0000	5.2525	24.9796	1.4963	31.5475	108.2988	100.0000
临夏县	13929.1164	3319.2796	11.1794	6.0679	0.4176	7.6508	10.0779	73.3945	11.9266	122.4108	78.9100	1.1080	0.0000	5.1793	23.3611	2.7039	33.6731	93.1545	87.1560
康乐县	7593.5814	1329.3320	15.3542	1.8633	1.2635	9.4600	2.5083	100.0000	3.2895	109.6761	16.8997	13.2583	0.0837	4.6426	9.5858	2.7867	25.2083	86.4370	96.0526
永靖县	23548.7608	2626.4438	6.2764	2.6079	6.1027	11.8921	3.7554	100.0000	9.8361	184.1456	9.5628	23.5756	4.0878	9.1405	45.9773	2.8742	33.7777	93.3063	100.0000

续表

地区	劳动生产率	农村居民工资性收入	农林牧渔业服务业产值占农林牧渔业总产值比重	交通运输、仓储和邮政业从业人员占乡村从业人员比重	劳均无公害农产品数量	住宿和餐饮业从业人员与农林牧渔业从业人员之比	劳均商标注册强度	垃圾集中处理的村占比	污水集中处理的村占比	化肥使用强度	社会用电强度	乡村从业人员中高中及以上学历从业人员占比	农村居民平均每人观看艺术团体下乡表演的次数	教育、文化、娱乐支出占消费支出的比重	农民合作社成员数量占农林牧渔业从业人员比重	城乡收入比	食品烟酒支出占比	通自来水的户数占比	通公共交通的村占比
广河县	5803.2628	2411.8673	11.6704	4.6093	0.2692	9.3861	7.8776	82.3529	8.8235	73.2815	44.4662	11.3136	0.0000	3.0126	8.8071	2.4969	32.4628	69.9215	100.0000
和政县	11803.8449	2674.4424	10.9041	3.0484	1.7216	3.0484	5.4193	80.3279	0.8197	31.8084	86.7477	21.0845	0.0000	3.8491	13.5290	2.9376	29.3128	87.3167	97.5410
东乡县	9821.7440	1431.4103	7.9669	1.4844	0.2179	9.9665	1.7671	51.6279	29.7674	135.5556	26.0175	6.3616	0.0000	3.4823	7.2088	3.4510	32.0266	75.8136	100.0000
积石山县	6108.6719	2023.5762	6.9823	1.4716	0.5346	3.4080	2.0138	100.0000	18.6207	178.3964	81.5510	18.1245	0.0000	7.4636	8.5409	3.2823	35.7664	91.0045	100.0000
合作市	22768.4892	6011.5457	11.0650	3.8601	1.1146	57.4186	0.4825	94.8718	0.0000	18.4094	79.7017	5.3076	0.0000	3.7217	10.2931	2.9732	40.8053	73.5172	71.7949
临潭县	11727.8378	4777.9455	14.7715	2.8860	1.4465	7.3461	3.4107	92.9078	9.9291	89.2806	58.6576	10.6256	0.2092	1.4561	8.9355	3.1320	40.2787	81.7389	96.4539
卓尼县	17115.1370	2486.4472	12.9772	1.5159	1.0849	9.8532	0.7579	97.9381	0.0000	11.1726	108.2922	9.6637	0.9270	4.1805	11.5812	3.0813	42.0334	92.4479	70.1031
舟曲县	17353.9737	5762.4091	20.8365	3.3152	4.3012	8.2880	1.9590	79.8077	3.8462	41.5782	62.4021	12.8087	0.0000	9.1261	32.3418	3.0899	44.6379	92.4167	51.4423
迭部县	34437.9457	3880.5750	4.5557	3.3193	0.0000	19.4414	3.3193	75.0000	32.6923	9.2863	23.8788	11.8545	0.3308	2.5463	34.7507	3.1519	43.8891	93.6549	100.0000
玛曲县	27460.2815	83.1994	10.1258	0.4117	0.4371	6.1749	1.2350	80.5556	0.0000	0.0000	68.8634	9.4681	0.7026	4.8300	13.8005	2.6478	44.4476	59.2017	72.2222
碌曲县	36592.8445	1407.2427	17.9077	1.2285	0.6795	10.4423	3.0713	75.0000	20.8333	10.9387	117.1495	6.1425	0.8772	8.5093	34.0310	2.6348	40.0873	91.3823	100.0000
夏河县	29014.4575	2412.8992	11.5307	2.3010	0.0000	10.7381	2.3010	100.0000	3.0769	4.9775	64.5366	5.8804	0.0635	2.6796	8.5907	3.0158	39.8873	61.3983	100.0000

数据来源：无公害农产品数据来自中国绿色食品发展中心网站；注册商标数据来自《2018 年甘肃省知识产权事业发展报告》；艺术团体下乡表演人数通过甘肃省文化和旅游厅官方网站依申请公开得到；其余数据来源于《甘肃发展年鉴 2021》和《甘肃农村年鉴 2021》。